특수교육실습의 실제

이 경 면

청목출판사

서 문

'특수교육실습'은 특수교육을 전공하는 학생이라면 누구나 거쳐야 하는 필수 과정입니다. 특수교육실습은 대학 혹은 대학원에서 배운 전공지식을 실제 교육 현장에 적용해 볼 수 있는 기회가 됩니다. 또한 현장 선생님들로부터 교육철학, 교수방법, 인간관계 등을 배워 나가는 기회가 될 뿐 아니라 교사로서의 자질과 가능성들을 시험해 볼 수 있는 중요한 기회라고 할 수 있습니다. 따라서 학부, 대학원 혹은 장애아동 교육 관련 분야를 공부하는 학생들에게는 매우 흥미로운 도전의 기회가 됩니다. 하지만 어떤 학생들에게는 실습이 두렵고 부담되는 시간이 되기도 합니다. 필자 역시 대학시절, 특수교육실습을 하면서 많은 좌절감을 맛보았던 기억이 납니다. 수업은 생각한 대로 진행되지 않고 아이들은 점점 더 산만해지고 결국 뒤죽박죽 되어버린 수업으로 인해 내내 아쉬워했던 기억이 있습니다.

돌이켜보면 "조금만 더 여유를 갖고 임했더라면, 조금만 더 준비를 했더라면" 하는 아쉬움이 남습니다. 이 작은 책은 특수교사가 되기 위해 반드시 거쳐야 하는 가장 중요한 관문의 하나인 특수교육실습에 대해 안내하기 위한 것입니다. 따라서 이론적인 내용보다는 실제 실습장면을 염두에 두고 작성되었습니다.

근래에는 임용에 대한 부담감 때문에 간혹 특수교육실습기간을 '배움의 시간'이 아닌 '손실의 시간'으로 생각하는 학생들도 있다고 합니다. 하지만 교직을 평생의 직업으로 삼아야 할 우리들에게 특수교육실습이 갖는 의미는 각별할 수밖에 없습니다. 또한 현실적으로 보더라도 특수교육실습기간 동안의 수업경험은 임용 수업실기를 위해서도 중요하다고 생각됩니다.

또한, 특수교육실습을 통해서 비로소 교직에 대한 확고한 신념을 갖고 미래를 위해 정진하는 학생들의 모습을 많이 보아 왔습니다. 여러분들이 주어진 한 달여의 시간을 성실하게 잘 보낸다면, 여러분 모두는 특수교육을 시작했을 때의 그 초심으로 돌아가 더 좋은 특수교사가 되기 위한 큰 동기와 힘을 얻게 되리라 확신합니다.

아직은 많이 부족하지만 이 작은 책을 통해서 특수교육을 공부하는 여러분들 모두가 좀 더 알차고 보람 있는 실습을 할 수 있기를 기대합니다. 그리고 실습을 통해서 스스로 특수교사로서의 자질과 가능성을 확인할 수 있기를 기대해 봅니다.

이 경 면

차 례

Ⅰ

특수교육실습의 의의

특수교육실습[1]은 교사로서의 자질을 갖추기 위해서 반드시 거쳐야 하는 과정입니다. 특수교육실습은 대학에서, 혹은 대학원에서 배운 교직과 전공과정의 내용을 실제 학교 및 교실장면에서 적용해 보고 현장 선생님들로부터 점검을 받는 과정입니다.

특수교육실습에는 크게 참관실습, 실무실습, 수업실습 등이 포함되는데, 이러한 것들은 여러분들이 현장에 근무하게 되었을 때에 직접 수행해야 할 업무들과 관련된 것입니다. 특수교육실습은 특수교육전공학생들에게 매우 중요한 과정이기에 각 특수학교에서도 여러분들에게 효과적인 실습지도를 제공하기 위한 '교육실습계획'을 수립해 놓고 있습니다. 그러나 실습에 참여하는 여러분 스스로가 먼저 철저한 준비와 계획을 해야 합니다. 그래야만 좀더 효과적이고 효율적으로 실습에 참여하고 실습을 통해서 많은 것들을 배울 수 있습니다.

최근에는 많은 대학들이 거의 같은 시기에 실습을 나오기 때문에 예전처럼 밀도 높은 실습이 어려운 경우도 있습니다. 이 때문에 여러분 스스로가 실습기간동안 많은 것들을 배우겠다는 의지를 갖는 것이 중요합니다.

특수교육실습의 의미는 여러 가지 측면에서 찾을 수 있지만 몇 가지 대표적인 내용들을 살펴보면 다음과 같습니다.

1) 이 책은 특수교육 및 관련분야를 전공하는 학부 혹은 대학원생들을 대상으로 한 까닭에 '교육실습'을 편의상 '특수교육실습' 등으로 혼용 표기하였음을 밝힙니다.

1. 특수교육 이론의 현장적용

특수교육실습은 대학 4년 동안에 배워온 전공교과와 교직의 이론적인 지식들을 실제 교육장면에 적용해 보는데 그 의미가 있습니다. 특수교육을 전공하는 학생들이라면 교육실습 이전에 이미 자원봉사나 장애아동 가정 교습 등 다양한 경로를 통해서 여러 형태의 교육경험들을 하였을 것입니다. 그러나 자원봉사활동만으로는 자신이 배운 학문적 내용들을 소신껏, 그리고 체계적으로 적용하는데 한계가 있습니다. 교육실습은 여러분이 직접 한 학급의 담임이 되어 교과를 분석하고 교재를 개발하며 아동들의 수업을 이끌어가기 위한 교수방법들을 적용해야 하는 과정입니다. 따라서 이 과정을 통해 여러분들이 배운 이론적 관점과 방법들을 적용해 보고 그 의미와 한계점, 새로운 아이디어들을 얻을 수 있습니다.

2. 교사로서의 품성과 교직관의 기초 형성

교직을 수행하기 위해서는 기본적으로 바른 인성이 중요합니다. 교육실습은 4주 내외의 짧은 시간동안 이루어지지만 이 시간은 교사로서 중요한 품성이 무엇인지 깨달을 수 있는 기회가 됩니다. 교육실습기간동안 여러분들은 배우는 입장이 되는 동시에 가르치는 입장이 되기도 합니다. 여러분들은 여러 선배선생님들을 통해서 교사로서 갖추어야 할 품성과 자질에 대해 듣게 됩니다. 이러한 과정은 "좋은 교사란 어떤 교사인가, 나는 어떤 교사가 되어야 하는가?" 하는 질문을 스스로에게 끊임없이 제기하고 이에 대한 답을 찾아보는 기회를 제공합니다. 자신에 대해 이러한 진지한 질문을 던지는 것은 교육에 대한 자신의 철학, 즉 교직관의 기초가 되고 교직자가 갖추어야 할 품성에 대해 고민하는 기회를 제공합니다.

3. 장애학생에 대한 이해

여러분들은 특수교육실습을 통해서 특수교육 대상학생들을 접하게 되고 이를 통해 학생들에 대한 폭넓은 이해를 신장하는 기회를 갖게 됩니다. 여러분들은 이미 다양한 기회들을 통해서 특수교육대상 학생들을 경험하였겠지만 중요한 것은 '학교'라는 공간을 통해 학생들을 이해하게 된다는 것입니다. 앞으로 여러분들이 교사로서 서야할 공간은 주로 학교의 교실일 것입니다. 학생들은 교실이라는 환경 안에서 다양한 사람들과 상호작용하면서 자신의 가능성을 보여주기도 하고 혹은 어려움들을 보여주기도 하기 때문에 학교와 교실이라는 맥락 안에서 아동을 이해하는 기회를 갖는다는 것은 매우 중요합니다.

4. 새로운 교수방법 및 기술의 습득

교육실습은 여러분들이 배워온 교수전략 및 방법들을 직접 적용해볼 수 있는 기회가 될 뿐 아니라 끊임없이 새로운 장면과 상황들을 접하게 되면서 새로운 교수방법을 찾고 습득하는 기회가 됩니다. 장애아동들을 지도하다 보면 여러분 스스로에 대한 한계를 경험하게 되고 이 한계를 극복하기 위한 노력의 과정을 통해서 다양한 교수방법들을 습득하게 되는 것입니다. 또한 선생님들로부터 그간의 교육경력을 통한 노하우들을 지도받기도 합니다. 그러나 이 과정이 결코 쉽지만은 않은 까닭에 교육실습은 여러분들에게 많은 도전과 모험의 시간이 될 수도 있습니다. 하지만 이러한 도전과 모험을 적극적으로 받아들인다면, 특수교육실습은 여러분에게 큰 의미를 줄 것입니다.

5. 사회적 관계의 훈련

어느 직장이나 마찬가지이겠지만 학교도 하나의 작은 사회입니다. 따라서 학교라는 울타리 안에서 동료 교사들과의 화합과 협력 등 사회적 관계가 매우 중요합니다. 아쉽게도 교육실습동안에 적절한 사회적 관계를 제대로 이루지 못해서 어려움을 호소하는 경우를 간혹 볼 수 있습니다.

교육실습은 다른 선생님들과 어떻게 긍정적인 관계를 유지해야 하는지, 어떻게 상호 협력하고 지원해야 하는가를 배우는 소중한 기회가 됩니다. 여기에는 여러분들과 같이 실습을 하는 동료 교육실습생들과의 협력도 포함이 됩니다.

6. 교직에 대한 적성 점검

교육실습은 교직이 자신의 적성에 적합한가를 점검하는 기회를 제공합니다. 그렇다고 교육실습 이후에 특수교육 교사로서의 길을 포기하는 사람은 없겠지만 예비 교사로서의 마음가짐을 새롭게 하고 자신이 부족한 점이 무엇인지, 자신의 장점이 무엇인지를 깨닫는 소중한 기회가 됩니다. 실제 많은 학생들이 실습 후에 비로소 교직에 대한 확신을 갖게 되었다고 말합니다. 이는 교육실습이 힘들기는 하지만 실제 교사로서의 생활을 경험해본 후에 교직이 갖는 가치와 보람을 좀더 확실하게 느끼게 되었다는 의미일 것입니다.

아래의 글은 실습생들이 작성한 실습 후기의 한 부분입니다.

- 무엇보다 감사한 것은 실습이 끝나는 지금 저의 막연했던 교사의 꿈이 더 확고해지고 열망이 훨씬 강해졌다는 것입니다. 실습 후에는 이 힘으로 열심히 임용준비를 해야겠지요.

○○학교 실습생.

- 실습기간은 저에게 현장에서의 특수교육이 어떤 것인지 알고 느끼게 해주었습니다. 현장은 아주 커다란 시스템이 체계적으로 돌아가는 곳이라는 것을 알게 되었습니다. 지금의 제 모습을 실습 전과 비교해 보면 몰라볼 정도로 많이 달라진 것 같습니다. 너무나 많은 것을 알게 하고 느끼게 해준 교육실습기간이 너무나 소중하게 느껴집니다.

○○학교 실습생.

- 봉사할 때에는 "이 길이 내 길이구나" 싶다가도 현장을 벗어나면 특수교육보다 다른 학문에 더 매력을 느껴서 회의를 느낄 때가 많았는데 이번 교육실습을 계기로 특수교사에 대한 확신을 가지게 되었습니다.

○○학교 실습생.

7. 통합교육의 확대와 특수교육실습

현재 한국의 특수교육은 양적으로 매우 확대되어 왔습니다. 특히 통합교육의 강조로 특수학급의 수가 빠른 속도로 증가했고 이에 따라 특수학교 뿐 아니라 통합장면에서의 실습이 매우 중요하게 제기되고 있지만 아직 특수학급에서 교육실습이 이루어지고 있지 못한 실정입니다. 물론 자원봉사나 현장실습 등의 이름으로 특수학급에 참여하고 있는 학생들도 적지 않지만 실습담당교사가 선정되어 제대로 된 교육실습이 이루어지지는 못하고 있는 것입니다. 이는 특수학급이 일반 학교체제 안에 있기 때문에 특수교육을 전공하는 학생들이 교육실습지로 선정하기 어렵기 때문일 것입니다. 하지만 대부분의 특수교육과 졸업생들이 임용고사를 통해 통합교육 현장에 발령 받고 있는 현실을 감안할 때에, 앞으로는 특수학급에서 특수교육과 학생들이 실습할 수 있는 기회들이 주어져야 할 것입니다.

Ⅱ

특수교육실습의 준비

1. 특수교육실습생의 자세 및 태도

여러분들은 전공을 공부하면서, 혹은 다양한 실습과 봉사활동을 하면서 스스로에게 "내가 정말 특수교사로서의 자질을 갖고 있을까?" 하는 질문을 한 번쯤 던져보셨을 것입니다. 여러분들은 약 4주간의 실습기간을 통해서 이 질문을 다시 한번 던지게 될 것이며 이 질문에 긍정적인 답을 얻기 위해서 저마다 최선을 다할 것입니다.

특수교육실습동안 여러분들은 "배우는 학생임과 동시에 가르치는 선생님"의 위치에 서게 됩니다. 따라서 이 미묘한 역할을 잘 수행하기 위해서는 실습생으로서의 기본적인 자세들을 갖추고 있어야 합니다.

"가장 바람직한 교육실습생의 자질"을 한 마디로 정의하기는 어렵습니다. 그 이유는 학교마다 학교운영의 철학이 다르고 또 교생을 지도하시는 선생님마다 교육실습을 바라보는 관점이 다르기 때문입니다. 예를 들어서 학교에는 학교문화가, 학급에는 학급의 문화가 있는데, 어떤 경우 "교생은 철저하게 배우는 입장이므로 성실히 따르고 배우는 것"을 중요시 여기지만 또 어떤 경우에는 "교생은 새로운 사고를 지닌 젊은 예비교사들이므로 기존의 틀에 얽매이지 않고 창의적인 발상을 쏟아 내는 것"을 더 중요시 여기기도 합니다.

여기에서는 특수교육실습생으로서 최소한 갖추어야 할 점들만을 말씀드리겠습니다.

1) 실습학교의 문화와 교육방침의 존중

어느 학교에나 학교 나름의 학교문화가 있습니다. 이러한 문화는 특히 '학교의 경영 중점', '학교의 경영철학' 혹은 '학교 교육의 목적' 등을 통해서 확인할 수도 있지만 실습 중에 선생님들과의 대화를 통해서 자연스럽게 학교의 문화를 이해하게 됩니다.

여러분이 실습하게 될 학교의 문화는 교육에 대한 여러분들의 생각이나 관점과 같을 수도 있고 그렇지 않을 수도 있습니다. 예를 들어 안전사고에 대한 대비를 우선적으로 하는 학교는 야외학습보다는 실내학습을 우선할 수 있으며 일상생활지도를 우선으로 하는 학교는 교과교육보다 생활지도를 우선으로 할 수도 있습니다. 어떤 경우이든 여러분들은 이러한 학교의 문화와 교육방침을 존중하고 따라야 합니다. 이는 앞으로 여러분이 현장에 나아가 학교조직의 한 성원으로서 동료 선생님들과 협력하며 학교에서 추구하는 공동의 목표들을 이끌어가기 위해 기본적으로 갖추어야 할 태도라고 할 수 있습니다.

2) 학생들에 대한 존중과 사랑

교육실습생으로서 학생들을 사랑해야 하는 것은 당연한 것입니다. 여러분들은 이미 아동들을 사랑하는 마음과 열정이 있었기에 특수교육과에 지원했으리라 믿습니다. 하지만 교사로서 아동을 사랑하는 것은 조카나 어린 동생들을 사랑하는 것과는 또 다른 차원의 능력과 자질을 요구합니다. 교사는 때때로 자신의 감정을 조절할 수 있어야 하며, 경우에 따라서는 학생을 위해 단호한 태도를 보여야 합니다. 또한 여러 가지 희생을 기꺼이 감수할 수 있어야 합니다. 그리고 그 바탕에는 언제나 장애아동에 대한 깊은 애정과 존중하는 마음이 기초하고 있어야 합니다. 여러분들은 언어의 사용에서부터 아동의 행동을 안내하는 것, 심지어 부적응 행동을 교정하는 과정에서도 아동에 대한 존중과 사랑을 유지해야 합니다.

3) 학교 선생님들에 대한 신뢰

교육실습 동안 여러분들은 학교의 많은 선생님들을 만나게 됩니다. 그분들은 모두 여러분의 선배교사로서 여러분들에게 여러 가지 가르침과 영향을 주실 것입니다. 여러분들은 학교에서 만나는 모든 선생님들을 인생의 선배로서, 교직의 선배로서 깊이 신뢰하고 존경하는 마음을 가져야 합니다. 그러한 마음을 갖게 되면 실습기간을 통해 선생님들로부터 좀 더 많은 것들을 배우실 수 있습니다. 그러나 불행하게도 지도 선생님과 좋은 관계를 쌓지 못해 실습기간 내내 힘들어하는 경우들을 간혹 볼 수 있습니다. 특수교육은 기본적으로 사람을 대하는 일입니다. 따라서 나와 생각이 다른 사람들을 존중하고 이해하는 능력은 특수교사로서 매우 중요한 자질이 됩니다.

4) 담임선생님에 대한 존경과 지도방침의 준수

"한번 해병은 영원한 해병"이라는 말이 있듯이 "한 번 담임선생님은 영원한 담임선생님"이라고 할 수 있습니다. 아주 특별한 경우가 아니라면 여러분들은 특수교사로서의 길을 걷기 위한 과정에서 단 한 번의 교생실습을 하게 됩니다. 이때 만난 지도 선생님은 앞으로 여러분들이 교직생활을 하는 동안에 자주 떠오를 것입니다. 여러분이 배치 받게 될 학급의 담임선생님은 실습기간동안 여러분들을 안내하고 지원하는 역할을 수행하게 됩니다. 따라서 담임선생님을 늘 존경하고 담임선생님의 학급 지도방침을 따르셔야 합니다. 이것은 곧 학급의 문화를 이해하는 일이기도 합니다. 학급의 문화를 빨리 읽으면 그만큼 쉽게 아동들에게 다가설 수 있을 것입니다.

흔한 경우는 아닙니다만 어떤 경우에는 담임선생님의 지도방침을 무시하고 자신이 원하는 대로 학급을 이끌어가려고 하는 경우도 있습니다. 심각한 경우에는 교생실습 후 흐트러진 학급분위기를 바로잡는데 많은 시간이 소요되기도 합니다. 기억하셔야 할 것은 여러분들이 실습하는 기간은 4주에 불과하지만 담임선생님은 최소 1년 이상 학급을 담당하게 되신다는 것입니다.

5) 학교의 비품 사용에 유의

모든 것이 풍부한 시대를 살다보니 종이 한 장 정도는 쉽게 생각하는 경향이 있습니다. 그러나 교사는 종이 한 장도 쉽게 생각하지 말고 아껴서 사용해야 합니다. 그 이유는 선생님들은 늘 "물건을 아껴서 사용 하세요", "깨끗하게 사용 하세요"라고 습관처럼 학생들에게 말해주고 가르쳐야 하는 직업이기 때문입니다. 따라서 선생님이 먼저 아껴 쓰고, 깨끗하게 사용하는 것을 보여주어야만 합니다. 학교의 종이 한 장을 아끼는 것, 수업이 끝난 교실의 전등을 소등하는 것도 특수교육실습동안 배워야 할 중요한 공부라고 할 수 있습니다.

학교에 있는 비품, 특히 종이, 프린터, 시트지 등 소모성 비품들을 사용할 때에는 반드시 담당 선생님과 상의를 하고 사용에 대한 허락을 얻어야만 합니다.

〈그림 1〉 특수학교 자료실의 예

6) 학교의 기밀

"학교에 무슨 기밀이 있어?"라고 생각하시는 분도 계실 것입니다. 그러나 학교 안에서 이루어지는 회의 내용, 아동의 개인적인 신상 등은 모두 학교의 기밀이라고 생각하셔야 합니다. 이러한 학교의 기밀은 절대로 외부에 누출해서는 안됩니다.

한편, 실습 후나 실습 중 외부에서 실습학교에 대한 불만이나 비판 등을 하는 경우를 종종 볼 수 있는데, 이러한 언행도 피하셔야 합니다. 실습학교는 여러분들이 근무하는 학교라는 생각으로 항상 학교가 발전하고 화합하는 방향으로 일조를 해야 합니다.

7) 교육실습생들 간의 협력

앞에서 선생님들을 신뢰하고 따르라고 말을 했습니다만 이는 동료 교육실습생에게도 적용되는 말입니다. 여러분들은 같은 학교의 친구, 혹은 동기생이 아니라 "같은 학교의 동료교사"로서 서로를 이해하고 서로에게 협력해야 합니다. 이렇게 서로 협력하는 것을 배우는 것 역시 교육실습의 중요한 과제라고 할 수 있습니다. 물론 여러 대학이 함께 실습하는 경우 간혹 경쟁의식을 느끼는 경우도 있지만 대부분의 경우 실습기간 동안 실습생들은 끈끈한 유대감을 형성하게 됩니다. 열심히 상대방을 도울 수 있는 여유와 자세를 갖는 것이야말로 여러분이 참다운 경쟁력을 갖추는 일이라고 할 수 있습니다.

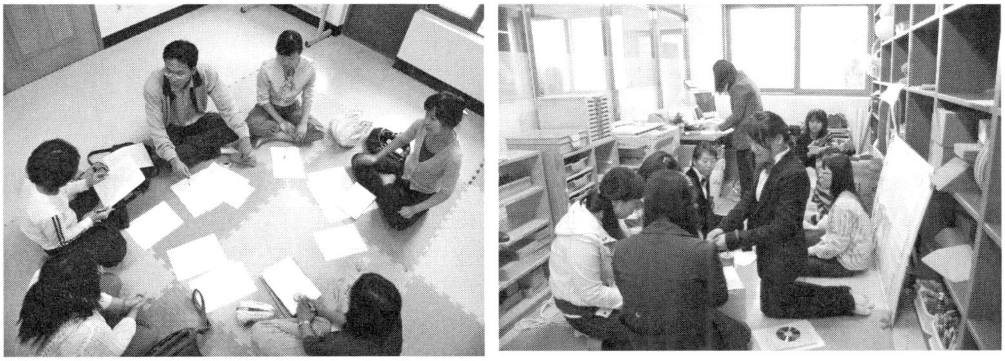

〈그림 2〉 실습생 간의 협력은 특수교육실습의 중요한 과정입니다.

8) 밝은 표정

4주간의 교육실습은 어찌 보면 무척 고되고 힘든 시간일 수 있습니다. 수업준비, 연구수업발표, 사례연구, 교재·교구제작 등에 힘을 쏟다보면 자신도 모르게 지치고 힘들 때가 많습니다. 하지만 항상 밝은 표정과 웃음을 지으려고 노력한다면 주변 분들에게 좋은 이미지를 줄 수 있을 뿐 아니라 본인에게도 큰 도움이 됩니다. 그리고 무엇보다 여러분들이 가르치는 학생들에게 좋은 영향을 미칠 수 있습니다. 또한 학교에는 학부모들을 포함, 수시로 외부에서 손님들이 오시곤 하는데, 여러분들의 웃는 얼굴은 외부 손님들로 하여금 학교의 이미지를 좋게 남기는데 큰 역할을 합니다.

9) 특정 대학의 교생이 아니라 실습학교의 교사

일단 교육실습을 시작하게 되면 여러분들은 '해당 학교의 교직원'이라는 생각을 하셔야 합니다. 그러한 자세를 갖고 있어야만 배우는 일이든, 가르치는 일이든 좀더 적극적으로 솔선수범할 수 있습니다. 외부에서 손님이 오시는 경우, 전화를 받는 경우, 부모님과 담소를 나누는 등 모든 상황에서 여러분들은 실습학교의 현직교사라는 생각으로 임하셔야 합니다.

10) 실습학교에 대한 자부심

전국적으로 약 150여개의 특수학교가 있습니다. 그런데 각 학교는 그 규모와 시설, 지리적 위치, 프로그램 등에서 많은 차이가 있습니다. 그러나 여러분들이 어떠한 학교에서 실습을 하시든 "내가 실습하고 있는 이 학교가 전국 최고의 학교"라는 자부심을 갖고 실습에 임하셔야 합니다. 이러한 자부심은 여러분들이 좀더 철저하고 성실하게 실습할 수 있게 하는 힘이 됩니다. 또한 그러한 신념과 자세를 갖고 실습에 임하게 되면 비록 짧은 실습이지만 여러분들이 담당하는 학급, 더 나아가 학교에 좋은 영향과 이미지를 남기고 올 수 있습니다.

11) 실습생으로서 배우려는 자세

교육 실습생으로서 가장 중요한 덕목은 항상 배우려는 자세, 항상 최선을 다하려는 자세일 것입니다. 여러분들이 교육실습생이라는 것은 누구나 다 알고 있습니다. 따라서 누구도 여러분에게 '완벽한 수업', '완벽한 교육실습'을 요구하지는 않습니다. 오히려 "얼마나 열심히 배우려고 하는가?"에 주의를 기울이고 있다는 것을 명심하시기 바랍니다. 또한 가장 기본적인 사항들에 충실해야 합니다.

교사는 학생들에게 가장 기본적인 것부터 가르쳐야 하는 직업입니다. 따라서 여러분 스스로도 가장 기본적인 것들을 잘 지키셔야 합니다. 예를 들어, 학교에서 반드시 지켜야 할 몇 가지 기본적인 것들을 말씀드리면 다음과 같습니다.

① 출근시간을 철저히 지켜야 합니다. 보통 교육실습생들은 다른 선생님들이 출근하시기 전에 학교에 도착하여 그날 필요한 준비들을 해 놓는 것이 좋습니다. 학교에 따라서는 "너무 일찍 오지 말아라", 혹은 "너무 늦게까지 남아서 일하지 말아라"고 요구하는 경우도 있습니다. 그러나 여러분들은 좀더 일찍 출근해서 좀더 늦게까지 준비하는 모습을 보여주어야 합니다. 실제 실습이 끝나고 나면 현장의 선생님들은 그런 학생들에 대한 칭찬을 많이 합니다.

② 결근, 지각, 조퇴, 외출 등은 하지 않아야 하지만 부득이 필요한 상황이 생기더라도 반드시 사전에 지도교사와 상의를 해야 하며 적절한 절차에 따라서 결재를 얻어야 합니다.

③ 단정하고 품위 있는 모습을 유지해야 합니다. 특수교육기관에서 옷차림에 대한 두 가지 견해가 존재합니다. 첫째는 아동과 열심히 몸으로 부딪치며 활동하려면 옷차림이 편해야 한다는 관점과 또 하나는 교생으로서 항상 예의를 갖춘 단정한 옷차림을 해야 한다는 관점입니다. 얼핏 들으면 상반되는 내용처럼 들리지만 '편안하되 결코 품위를 벗어나지 않는 옷차림'이 중요함을 말해줍니다. 즉 수업에 방해가 될 정도의 장식은 피하되 아동들에게 멋진 선생님의 모습을 보여줄 수 있도록 항상 단정한 모습을 취해야 합니다.

한편 옷차림에 대한 견해는 장애영역에 따라서도 달라질 수 있습니다. 청각장애학교나 시각장애 학교라면 정장 차림의 단정한 옷차림을 요구할 수도 있지만 중증장애아동이나 정신지체 아동들이 주로 있는 경우에는 활동성을 좀더 강조할 수도 있기 때문입니다. 이에 대해서는 학교의 방침을 따르시면 됩니다.

④ 인사를 잘 해야 합니다. 인사 이야기를 들으면 "무슨 초등학생 교육시키나요?"라고 생각하는 분도 계실 것입니다. 그러나 학교 현장에서 '바른 인사'는 생각보다 중요한 요소입니다. 교육실습생의 자질로서 '인사'를 첫 번째로 꼽는 교장선생님들이 생각보다 많습니다.

⑤ 바른 언어를 사용해야 합니다. 최근 학생들은 인터넷이나 핸드폰 용어들에 익숙해져 있어서 표준용어와 표현을 사용하는 데에 어려움을 겪는 경우가 생각보다 많습니다. 문제는 본인 스스로도 무엇을 잘못 말하고 있는지 모르는 경우가 많다는 것입니다. 교육실습 동안 여러분들은 말 한 마디에도 신경을 쓰셔야 합니다. 그 이유는 여러분들은 교사가 될 사람들이기 때문입니다.

또한 교육실습생들이 혼동하기 쉬운 어법 중의 하나가 바로 압존(壓尊)법입니다. 압존법은 어른에 대한 공대가 그보다 더 높은 어른 앞에서는 줄어드는 것을 말합니다. 실습동안 여러분들은 동료에 대해서 ○○선생님이라고 불러야 합니다. 그러나 실제 선생님 앞에서 다른 교생에 대해서 이야기를 할 때에는 "○○교생 선생님께서 말씀하셨습니다"라고 하지 않고 "○○교생이 말하였습니다"라고 해야 하는 것입니다. 그러나 주의할 것은 교장선생님 앞에서 담임선생님에 대해서 이야기할 때 등 여러분들의 윗사람에 대해서는 항상 높여서 말해야 합니다. 특히 직장이나 공공장소에서 자신의 윗사람에 대해서는 항상 높여서 말하게 되어 있기 때문입니다.

2. 특수교육실습의 과정

특수교육실습은 아래의 그림처럼 크게 준비단계, 시행단계, 평가단계 등으로 나누어 볼 수 있습니다.

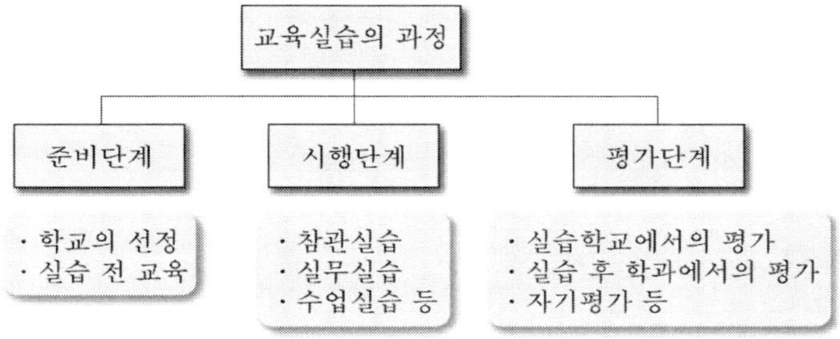

〈그림 3〉 특수교육실습의 단계와 단계별 내용

실습생들을 내보내는 각 대학 뿐 아니라 실습지도를 하게 되는 각 특수학교에서도 이러한 단계를 고려하여 교육추진 일정을 수립해 놓고 있습니다. 예를 들어, 아래의 〈표 1〉은 특수학교 입장에서 교육실습지도를 위해서 선생님들이 얼마나 많은 준비와 노력을 기울이고 있는지를 보여줍니다.

〈표 1〉 E특수학교의 "교육실습지도를 위한 교육추진 일정"의 예시

단계	순	업무내용
준비 활동	1	• 지도교사 사전 협의회
	2	• 교육실습 계획 발표
	3	• 교생 사물함, 신발장 지정 및 정리
	4	• 교생 교육실습일지, 시간외 근무 카드 준비
	5	• 교생실습 정비(시청각실)
	6	• 교육실습 입교식 준비
	7	• 특별실 정리 정돈
	8	• 학습준비물 및 자료 미리 확인 구입
	9	• 실습생 배정 학반표
	10	• 근무상황부 준비
	11	• 환영 입간판(현관)
	12	• 교생 옷장 및 탈의실 지정(기숙사 및 교사 연구실)
	13	• 교실 정리정돈
	14	• 학생 생활지도
	15	• 아침활동 등 일과운영 정착
	16	• 시범수업 지도안 및 준비
	17	• 기숙사 방 배정
	18	• 방송시설 점검
지도 활동	1	• 교육실습 안내 및 계획서 배부
	2	• 전체, 대표선출(대표선서준비)
	3	• 입교식, 교육실습생 조·종례
	4	• 사도헌장 낭독
	5	• 오리엔테이션
	6	• 실습일지 작성 지도
	7	• 근무상황지도
	8	• 일일반성 및 협의회
	9	• 시범수업 지도안 제출 및 결재
	10	• 시범수업 공개
	11	• 치료교육 실제
	12	• 체육활동 지도의 실제
	13	• 실습지도 제출(2회)-지도교사가 취합
	14	• 사례연구발표자 선정 및 지도
	15	• 소감발표자 선정 및 지도
	16	• 다과회 및 간담회
	17	• 수업장면 및 교육실습생 활동 사진촬영 및 기념 촬영
	18	• 퇴교식
사후 활동	1	• 실습평가표 제출
	2	• 실습결과 통보
	3	• 보완점 탐색

〈표 2〉 M특수학교의 교육실습생 지도계획

영 역	지 도 내 용
참관실습	• 학교현황 및 직원조회 • 교육과정 운영 및 지도 방법 • 교수-학습지도 · 교육계획 운영방법 • 학생실태 파악
생활지도	• 등하교지도 • 신변처리 • 정리정돈 지도 • 식사지도
교수-학습지도	• 교육과정 운영 • 개별화교육계획서 작성 및 지도방법 • 교수-학습지도의 이론과 실제 • 수업기술 • 교수-학습자료 제작방법
학급경영	• 학급경영 • 부모교육 및 부모상담 • 업무추진 방법 • 심리검사 • 치료지원 • 직업교육 • 교단선진화 • 행동수정방법 • NEIS 업무(발달상활 및 출석부)
교원복무자세	• 공무원 복무규정 • 바람직한 교사상 • 교원인사 관계 • 공문서 작성 및 기안

1) 특수교육실습의 준비단계

(1) 실습학교의 선정

특수교육실습의 준비단계에서는 교육실습 학교를 선정합니다. 즉 여러분들이 실습할 학교를 결정하는 것입니다.

- 교육실습 협력학교의 선정은 대학이 책임을 지고 해야 하나, 학생이 희망하는 경우에는 개별적으로 선정하는 것이 가능합니다.
- 교육실습 협력학교는 교육실습 대상 인원 및 협력학교의 규모를 감안하여 선정함으로써 실습생이 실습기간 중 실제수업 또는 실무를 경험할 수 있도록 해야 합니다.
- 반드시 취득하고자 하는 교사자격증에 해당하는 학교급에서 교육실습을 실시하여야 하며, 보건 · 사서 · 전문상담 · 영양교사의 경우 초 · 중등 · 특수학교에서 도두 실시가 가능합니다.

교육실습 실시 가능 학교들은 다음과 같습니다.

- 「유아교육법」 제7조에 의해 설립된 유치원
- 「초 · 중등교육법」제2조에 의하여 설립된 초등학교, 중학교, 고등학교, 특수학교, 각종학교, 고등기술학교, 산업체 부설 중 · 고등학교, 외국인학교 등
- 「초 · 중등교육법」 제2조에 의한 '각종학교'로 인가된 대안학교
- 「평생학습법」에 의하여 설립된 학력인정 평생교육시설 또는 학교

- 타 법령에 의하여 「초・중등교육법」 제2조에 의한 학교에 준하는 학교
- 외국의 정규 유치원 및 초・중등학교 : 대학과 학점교류 협정을 체결한 외국대학에서 지정한 학교 또는 해당 국가대사관에서 정규학교임을 공증받을 수 있는 학교 등입니다.

특수교육을 전공하는 학생들이라면 거의 대부분 특수학교에서 교육실습을 하게 되며, 경우에 따라서는 특수학급 등에서 실습을 하는 경우도 있습니다.

(2) 실습을 위한 사전교육

여러분들은 특수교육실습을 하기 전에 실습생으로서의 태도 및 유의점 뿐 아니라 실습 동안에 필요한 제반 기능을 갖추기 위한 준비를 하게 됩니다. 일반적으로 교육실습을 담당하고 계신 교수님으로부터 여러 가지 주의사항과 준비할 것들에 대해서 강의를 듣게 됩니다. 또한 선배들의 교육실습 경험이 좋은 방향역할을 하기도 합니다. 하지만 교육실습은 개별적으로 경험하는 바와 느끼는 바가 다를 수밖에 없기에 여러분들은 실습에 대해서 극단적으로 두려워하거나 혹은 너무 쉽게 생각하지 말고 최선을 다해서 준비하셔야 합니다.

2) 특수교육실습의 시행단계

특수교육실습은 약 4주에 걸쳐서 이루어지며 크게 참관실습, 실무실습, 수업실습 등의 영역에서 이루어지게 됩니다. 하지만 실습의 내용과 세부 일정들은 각 학교의 상황에 따라 다릅니다. 각 특수학교에서는 학교의 여건에 따라서 '교육실습 지도계획'을 수립하게 되는데, 경우에 따라서는 별도의 안내책자로 제작하여 실습생들에게 나누어 주기도 합니다.

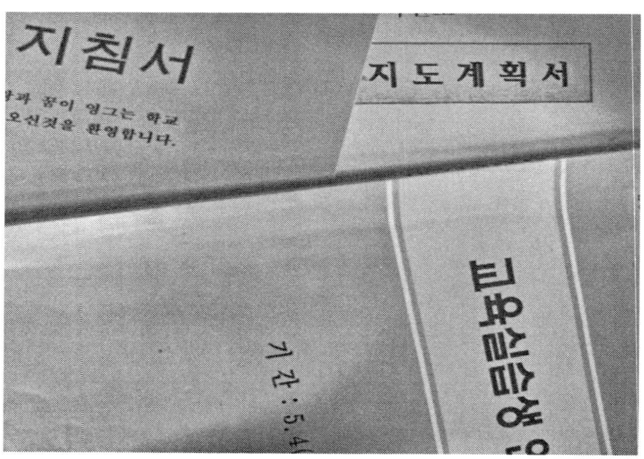

〈그림 4〉 각 특수학교에서 제작한 교육실습계획서들

교육실습 지도계획 안에는 교육실습의 목적, 교육실습기간, 교육실습 내용, 교육실습 담당교사와 역할, 교육실습생 지도교사 배정, 실습생의 일과운영, 날짜별 교육실습 세부일정, 실습 중 유의사항, 교육실습관련 과제물, 보고서 작성요령 등 다양한 내용이 포함됩니다. 따라서 여러분들이 일단 실습학교를 배정받게 되면 해당 학교의 교육실습 일정과 내용을 꼼꼼하게 살펴보아야 합니다.

참고로 각 특수학교에서는 실습 전 실습생들을 대상으로 오리엔테이션 시간을 갖는 것이 일반적인데, 이때에 여러분들은 교육실습 지도계획에 의거한 실습일정과 내용 및 유의점 등을 전달받게 됩니다.

실습 중에는 해당 학과 교수님들이 출장 지도를 통해서 교육실습을 내실화하도록 자문을 제공하거나 교육실습과 관련한 현장의 요구, 의견 등을 수렴하게 됩니다.

〈그림 5〉 교육실습에 앞서 실습생들을 환영하는 자리에 선 실습생들

3) 특수교육실습의 평가단계

교육실습이 모두 끝나면 학교에서는 여러분의 실습에 대한 평가회가 열립니다. 이때는 담임선생님을 포함한 여러 선생님들과 특수교육실습생들이 한 자리에 모여서 한 달여 간의 실습에 대한 평가를 하게 됩니다. 이 때 선생님들은 여러 가지 조언을 해주시게 됩니다.

여러분들이 실습을 마치고 대학으로 복귀하게 되면 실습지도선생님들은 실습에 대한 최종평가를 서면으로 작성한 후에 이를 학과로 발송하게 됩니다. 실습평가의 기준은 대학에서 제시한 틀을 따르기도 하고 아니면 각 학교에서 자체적으로 개발한 평가 용지를 사용하기도 합니다.

마지막으로 여러분이 대학으로 돌아와서는 그간의 실습경험들을 다른 학교에 실습 갔던 학생들과 함께 나누고 서로 반성을 하면서 실습에 대한 최종 평가를 하게 됩니다. 이러한 평가 과정을 통해서 여러분들은 전국의 특수교육기관에 대한 소식과 정보들 그리고 각 기관이 갖고 있는 특성들에 대한 경험을 공유함으로써 특수교육 현장에 대한 안목을 키우게 됩니다. 이로써 실습의 전 과정을 마치게 됩니다.

아래의 사진은 실습 전·후 실습생들의 모습을 사진으로 담아 전시한 어느 특수학교의 사례입니다.

3. 실습 전에 준비해야 할 사항들

1) 실습학교의 선정과 학교에 대한 이해

2010년 현재, 전국에는 약 150개의 특수학교가 있습니다.

〈표 3〉 설립별 전국 특수학교 현황

구 분	학교수	학급수	학생수	교원수
국 립	5	173	1,033	343
공 립	55	1,722	10,839	3,115
사 립	90	1,865	11,986	3,399
계	150	3,760	23,858	6,857

*출처: 2010 교육과학기술부 교육통계

표에서 보는 바와 같이 특수학교의 사립학교가 학교수로는 가장 많고 그 다음이 공립학교, 국립학교의 순입니다. 학생 수 역시 사립학교, 공립학교, 국립학교의 순으로 이어지고 있습니다. 여러분들은 세 가지 학교의 유형 중에서 실습할 학교를 선택하게 됩니다. 어떤 학생들은 사립을 어떤 학생들은 국공립학교를 선택하게 되는데 특수교육실습의 측면에서 볼 때에 어느 유형의 학교가 좋고 어느 유형의 학교가 좋지 않다고 말할 수는 없습니다. 왜냐하면 국공립이나 사립의 유형과 상관없이 각 학교는 학교 나름대로의 독특한 특성과 문화를 갖고 있기 때문입니다.

〈표 4〉 시·도별 특수학교 현황

시도	설립별 학교수				장애영역별 학교수					
	국립	공립	사립	계	시각장애	청각장애	정신지체	지체장애	정서장애	계
서울	3	7	19	29	2	4	15	5	3	29
부산	-	6	7	13	1	2	9	1	-	13
대구	-	2	6	8	1	1	3	2	1	8
인천	-	3	4	7	1	1	4	1	-	7
광주	-	2	3	5	1	1	2	1	-	5
대전	-	2	2	4	1	-	2	1	-	4
울산	-	1	2	3	-	1	2	-	-	3
경기	2	5	19	26	-	3	20	1	2	26
강원	-	5	2	7	1	1	5	-	-	7
충북	-	2	7	9	2	1	3	2	1	9
충남	-	4	2	6	-	-	5	1	-	6
전북	-	4	5	9	1	1	5	2	-	9
전남	-	2	5	7	1	1	5	-	-	7
경북	-	2	5	7	-	-	6	-	1	7
경남	-	6	1	7	-	1	6	-	-	7
제주	-	2	1	3	-	-	2	1	-	3
총계	5	55	90	150	12	18	94	18	8	150

*출처: 2010 교육과학기술부 교육통계

실습할 학교를 선택하는 것은 교육실습의 첫 단계입니다. 특수교육을 전공하면서 딱 한 번 교육실습을 하게 되는 만큼 실습지를 고른다는 것은 여러분에게 매우 신경 쓰이는 일일 것입니다. 실습학교를 선정할 때에는 선배들의 경험담, 평소 학교에 대해 들었던 정보들, 혹은 자신의 관심영역(예, 장애영역), 집에서의 거리, 머무를 곳, 비용 등 여러 현실적인 요인들을 종합적으로 고려하게 됩니다. 어느 학교든 다 훌륭한 선생님들이 계시기에 "어느 학교에 실습을 가는가"보다는 "어느 학교에 가든 내가 어떻게 실습에 임할 것인가"가 중요합니다. 하지만 여러분 개인이 확고한 관심영역이 있다면 해당되는 학교를 선택하시면 됩니다. 물론 대학에 따라서는 학과에서 실습지를 정해주는 경우도 있습니다.

실습할 학교에 대해서는 사전에 조사를 통해서 이런 저런 정보들을 알고 계시면 좋습니다.

〈표 5〉 시·도별 학교과정 설치별 학교수

시도	학교수	학교과정 설치별 학교수					
		영아학급	유치원	초등학교	중학교	고등학교	전공과
서울	29	5	26	26	26	25	15
부산	13	2	11	11	10	9	4
대구	8	0	3	8	8	8	3
인천	7	1	6	7	7	7	4
광주	5	0	3	5	5	5	2
대전	4	0	4	4	4	4	3
울산	3	1	2	3	3	3	2
경기	26	1	23	22	22	20	9
강원	7	0	7	7	7	7	4
충북	9	1	9	9	9	9	5
충남	6	1	5	6	5	5	4
전북	9	0	5	8	8	8	3
전남	7	0	6	7	7	7	2
경북	7	0	4	7	7	7	6
경남	7	0	5	7	7	7	5
제주	3	0	3	3	3	3	2
총계	150	12	122	140	138	134	73

*출처: 2010 교육과학기술부 교육통계

2) 실습을 위한 사전준비

교육실습 동안 여러분들은 교내 연수, 학급경영, 연구수업 및 평가, 사례연구 등을 통해서 많은 것들을 배우게 됩니다. 그러나 좀더 효과적이고 유익한 특수교육실습이 되기 위해서는 특수교육실습 전에 반드시 준비할 것들이 있습니다.

여러분들은 앞에서 이야기한 "특수교육실습생의 자세"뿐 아니라 예비교사로서 최소한의 지식과 기술을 갖추고 있어야 합니다. 이미 대학(대학원)에서 여러 가지 준비를 하였겠지만 교육실습 전에 다시 한번 스스로를 점검해 보고 준비한다면 교육실습을 좀더 알차게 할 수 있을 것입니다.

교육실습을 하기 전에 기본적으로 갖추어야 할 지식과 기술들에는 다음과 같은 것들이 있습니다.

(1) 교육과정의 이해

교육과정은 학생들에게 가르쳐야 할 것들을 체계화시켜 놓은 것입니다. 따라서 교육과정에 대한 이해는 교사로서 갖추어야 할 가장 기본적인 지식이라고 할 수 있습니다. 학생들에게 무엇을 가르쳐야 하는지 모르고 있다면 교사로서의 전문성을 의심받을 수밖에 없습니다.

여러분들은 먼저 일반학교의 교육과정(국민공통기본교육과정)이 어떻게 편제되어 있으며 어떠한 내용들을 포함하고 있는지 알아야 합니다. 그리고 이러한 이해의 기반 위에서 특수학교 교육과정(기본교육과정)을 이해해야 합니다.

교육과정을 이해한다는 것은 막연히, 추상적으로 "교육과정이란 ~이다"라는 식의 이론적인 지식의 이해만을 말하는 것이 아니라 실제 사용되는 교과서들의 내용과 체계들을 살펴보고 그 내용을 분석하여 아동의 능력과 특성에 맞게 재구성할 수 있어야 한다는 것입니다.

여러분들이 잘 알고 있듯이 아무리 잘 만들어진 교육과정이 있다고 할지라도 개인차가 다양한 장애학생들에게 일괄적으로 적용하기에는 어려움이 있습니다. 따라서 교육과정은 학생의 요구에 따라서 수정되어야 하는 경우가 대부분입니다. 하지만 교육과정의 기본적인 틀을 머리에 두지 않고 수업을 하게 된다면 수업은 임기응변식의 즉흥적 수업내용으로 채워지고 학생들의 장기적인 발달을 도모하기 어려울 것입니다. 이러한 과정은 교육실습 동안에도 마찬가지입니다.

제가 권하는 방법은 적어도 실습 전에 국민공통기본교육과정 및 기본교육과정 교과서를 한번 정도 살펴보시라는 것입니다. 어떤 내용들을 배우고 그 내용이 어떤 체계로 구성되어 있는지 살펴보시면 교육과정에 대한 전체적인 흐름을 이해하실 수 있습니다. 또한 학교교육계획에 실린 실습학교의 교육과정을 살펴보는 것도 좋습니다. 교육과정의 흐름을 이해한 후에 이를 가르치기 위해서 다양한 아이디어와 교재교구들을 활용하는 것입니다.

특히 시각장애학교나 청각장애학교에서 실습을 하는 경우 일반학교 교육과정을 따르면서도 장애의 특수성을 고려해야 하기 때문에 국민공통기본교육과정에 대한 이해와 장애의 특성에 대한 사전이해가 매우 중요합니다.

(2) 수업지도안의 작성

수업을 위해서는 어느 시간에, 어떤 내용을, 어떤 방법으로 가르칠 것인지에 대한 구체적이고 체계적인 계획이 필요합니다. 이를 위해서 여러분들은 수업지도안을 적절히 작성할 수 있어야 합니다.

수업지도안의 양식과 내용은 각 학교별로 차이가 있습니다. 하지만 수업지도안이 갖추어야 할 기본적인 양식과 지도안에 포함되어야 할 기본적인 내용들이 있기에 어떠한 주제가 주어지더라도 이를 지도안으로 적절히 옮길 수 있어야 합니다.

군인들은 총을 들고 전쟁터에 나가지만 교사들은 지도안을 들고 수업에 임해야 합니다. 여기서 말씀드리는 '지도안'이란 단지 '서류로서의 지도안' 그 이상의 의미를 갖습니다. 지도안은 학생들에게 가르쳐야 할 내용과 절차, 방법, 자료들에 대한 체계적인 계획이라고 볼 수 있습니다. 이것이 적절히 그려져 있지 못하다면 당연히 부실한 수업이 될 수밖에 없을 것입니다. 그런데 안타깝게도 대부분의 특수교육실습생들이 가장 어려움을 겪는 것이 바로 지도안 작성입니다. 따라서 여러분들은 실습에 앞서서 다양한 지도안들을 살펴보시고 교과의 주제를 어떤 식으로 이끌어 나가는지 그 과정을 눈여겨보셔야 합니다.

최근에는 학교의 홈페이지나 각 지역교육청에 우수 지도안, 혹은 학교별 지도안들의 예들이 올려져 있습니다. 이들을 잘 활용해 보시면 지도안에 대한 이해를 높일 수 있습니다.

〈그림 7〉 수업지도안을 포함한 다양한 교수 · 학습자료들이 제공되는 홈페이지의 예

한편 지도안은 세안(細案)과 약안(略案)이 있습니다. 세안은 지도안을 세밀하고 구체적으로 작성하는 것을 의미하며 약안은 말 그대로 대략적인 지도안의 작성을 의미합니다. 연구수업을 진행할 경우 세안을 작성하지만 일상적인 수업진행을 위해서는 약안을 작성하여 사용합니다. 따라서 교육실습 전에 세안뿐 아니라 약안을 작성하는 연습을 하시는 것이 좋습니다.

(3) 사례연구 방법

교육실습을 통해서 여러분들은 특정한 아동, 혹은 집단을 대상으로 사례연구를 실시하게 됩니다. 이를 위해서는 아동과 환경에 대한 체계적인 관찰, 다양한 중재방법 등을 적용할 수 있어야 합니다. 비록 사례연구의 틀과 요구하는 수준은 각 실습학교마다 다르겠지만 장애학생들의 부적응 행동과 관련하여 다양한 사례들을 미리 읽어보시고 사례연구 보고서 작성법을 익혀두시면 좋습니다.

(4) 생활지도

적절한 생활지도는 학생들로 하여금 학교생활에 적응할 수 있도록 하고 적절한 사회적 관계를 유지할 수 있게 하며 이를 통해 학교생활의 즐거움과 보람을 경험할 수 있게 합니다.

일반학교라면 교과지도에 비해서 그 중요성이 덜할 수도 있지만 특수교육의 경우에는 생활지도 자체가 중요한 교육내용이자 목표가 되기 때문에 생활지도에 대한 관심을 갖고 생활지도를 위한 다양한 방법을 알고 있어야 합니다.

특수학교에서의 생활지도는 학교생활의 거의 모든 영역에서 요구되지만 특히 부적응행동지도와 신변자립의 측면에서 중요하게 고려되고 있습니다. 따라서 장애학생을 대상으로 한 생활지도를 위해서는 학생들의 행동에 대한 충분한 이해와 부적응행동 중재를 위한 다양한 전략들을 알고 있어야 합니다. 또한 장애학생의 신변자립을 돕기 위해서도 과제분석을 포함한 다양한 전략들을 알고 있어야 합니다.

생활지도의 영역과 내용은 시각장애, 청각장애, 지체장애, 정서장애학교 등의 특성에 따라서 그 내용과 방법이 달라질 수 있음도 기억하셔야 합니다.

〈표 6〉 정신지체 학교인 E학교의 생활지도 중점내용의 예시

구분	생활지도 중점	
등교시간	• 버스 안에서 조용히 하기 • 질서 지켜 버스에서 내리기 • 자기 교실로 스스로 찾아가기 • 학습 준비물 정리정돈하기	• 선생님께 인사하기 • 실내화 갈아 신기 • 통학버스 시간에 맞추어 타기 • 운전기사님께 아침인사하기
수업시간	• 준비물과 알림장 제출하기 • 학습도구로 위험한 장난하지 않기 • 학용품 아껴쓰기	• 주어진 과제에 열중하기 • 바른 학습태도 갖추기 • 학습시간에 조용히 하기
쉬는시간	• 화장실 바르게 이용하기 • 실내에서 조용히 하기 • 다른 친구와 사이좋게 지내기	• 차례지켜 놀이시설 이용하기 • 학교 시설물 아껴쓰기 • 복도 좌측통행하기
중식시간	• 식사 전 손씻기 • 식당에서 차례 지키기 • 바른 자세로 식사하기 • 식사예절 지키기	• 음식 남기지 않고 먹기 • 편식이나 과식하지 않기 • 식사 후 뒷정리, 입 주위 닦기 • 식사 후 이 닦기
청소시간	• 1인 1역하기 • 쓸기, 닦기, 쓰레기통 비우기, 책상 정리하기, 사물함 정리하기	
하교시간	• 교실 정리 정돈하기 • 단정한 옷차림 하기 • 신발 갈아 신기	• 자기 소지품 정리하고 간수하기 • 선생님과 친구에게 인사하기 • 질서지켜 버스 타기
가정시간	• 자기 물건 제자리에 정리하기 • 정해진 시간에 식사하기 • 정해진 시간에 자고 일어나기	• 형제간에 사이좋게 지내기 • 부모님께 인사하기 • 학습과제 스스로 하기

〈표 7〉 맹학교인 S학교의 생활지도 내용 예시

순	영역	내 용
1	식사지도	• 숟가락 사용, 젓가락 사용, 식판 사용 • 물 떠먹기, 식사 후 입을 닦거나 씻기
2	탈의와 착의지도	• 옷 입기 및 벗기, 옷걸이에 걸기, 옷의 앞과 뒤 구별하기 • 양말 신고 벗기와 신발 신고 벗기, 운동화 끈 매기
3	세면지도	• 세수하기, 수건으로 닦기 및 걸기 • 양치질 하기, 머리 빗기
4	화장실 사용지도	• 화장실 문 닫기, 대변 본 후 물 내리기, 휴지 적당히 사용하기 • 화장실 사용 후 손 씻고 말리기, 옷 바르게 입기
5	인사지도	• 방향감각 익히기(좌 우향우 연습, 뒤로 돌아 연습) • 45도로 고개 숙여 인사하기
6	보행지도 (이동시)	• 저시력 학생이 리더가 되어 어깨잡고 이동 • 저시력 학생과 전맹 학생이 짝을 이루어 이동 • 주변 환경을 이용하여 이동 • 걸을 때 발소리 내지 않기 • 고개 숙이지 않고 걷기(횡경막을 올리고 걷기)
7	우유 급식지도	• 1교시 후에 우유 가져오기 • 2교시 중간 체조 후에 마신 후 우유곽 씻어 엎어놓기
8	청소지도	• 물 떠오기, 교실 비품 정리하기 • 걸레 빨기, 책상 닦기, 사물함 정리 (1인 1역을 정하고 윤번제로 함)
9	새 교실 익히기	• 자리, 사물함 위치, 세면대, 에어컨, 교사 책상위치, TV위치, 출입구 등의 위치 익히기(첫 주) • 현관에서 스스로 걸어 교실로 들어오기
10	차 안에서	• 정숙지도, 주변모습 설명해 주기

〈그림 8〉 화장실, 식당 등은 생활지도를 위한 주요 공간이 됩니다.

(5) 교재교구의 제작

교육실습 중에서 가장 중요한 비중을 차지하고 있는 수업실습, 특히 연구수업은 교재교구의 제작과 밀접하게 연관되어 있습니다.

좋은 교재교구 제작을 위해서는 교과의 내용을 잘 분석해야 합니다. 또한 아동들의 요구를 적절히 읽어야 할 뿐 아니라 좋은 교재교구를 제작할 수 있는 기술적인 능력과 창의적 발상이 필요합니다.

"특수교사는 만능이 되어야 한다"는 말을 자주 들었을 것입니다. 그만큼 특수교사의 역할과 해야 할 일이 많다는 것을 의미합니다. 수업장면에서 적절한 교재교구를 사용하는 것은 주의집중시간이 짧은 장애학생들의 주의집중 시간을 증진시킬 뿐 아니라 이해력이 낮은 아동들의 수업에 대한 흥미를 증진시키고 참여를 높이는 등 중요한 역할을 하게 됩니다.

교육실습 전에 여러분들은 가능한 한 다양한 교재교구들을 접해보시고 직접 만들어 보는 것이 좋습니다. 다양한 실물을 접하기 어려운 경우에는 교재교구 회사에서 발행하는 교재교구 리플렛 등을 살펴보는 것도 좋은 방법이 됩니다.

또한 복사기, 코팅기 등 교재교구 제작이나 기타 업무를 위한 기기사용법 등에 대해서도 알고 있으면 도움이 됩니다.

〈그림 9〉 교재교구의 제작 장면

(6) 체력관리

특수교육실습은 많은 체력 소모를 요구합니다. 빡빡한 일정과 과제들, 학급운영 및 수업 등 여러분들이 익숙하지 않은 많은 일들을 짧은 시간동안 수행해야 하고 새로 만나게 되는 여러 사람들과의 관계에 빨리 적응해야 하는 스트레스까지 겹쳐서 체력관리가 되어 있지 못하면 많은 어려움을 겪을 수 있습니다. 따라서 여러분들은 실습 전부터 반드시 철저한 체력관리를 하셔야만 합니다. 체력은 아동들과 많은 활동들을 할 수 있는 기초가 된다는 것을 잊지 마시고 평소 운동량이 부족한 분들은 미리 꾸준한 운동을 하시는 것이 좋습니다. 또한 많은 학교들이 교육실습을 실시하는 5월경에는 특수학교 간 배구대회 등 야외

운동행사가 적지 않아 운동삼아 미리 준비해 두셔도 좋습니다.

〈그림 10〉 스스로의 체력관리는 좋은 실습을 위한 기초가 됩니다.

3) 특수교육실습을 위한 준비물

특수교육실습을 위해 필요한 준비물들은 무엇일까요? 이 질문에 대한 답을 하기 위해서는 우선 여러분이 실습하게 될 학교에 대해 사전에 알아보는 것이 필요합니다.

실습학교가 본인이 살고 있는 곳에서 그리 멀지 않은 곳에 위치하고 있다면 어지간한 물건들은 미리 준비하지 않아도 괜찮습니다. 그러나 실습학교가 본인이 거주하는 곳에서 멀리 떨어진 곳이라면 4주 동안 집을 벗어나 실습생끼리, 혹은 혼자서 자취를 해야 하는 상황이 생기기도 합니다. 이 경우에는 여러 가지 준비물들이 필요합니다. 실습학교가 다소 외진 곳에 위치하여 여러 가지 물품 조달이 어려운 경우에는 특히 필요한 준비물들을 사전에 꼼꼼하게 챙길 필요가 있습니다.

평소 학교생활을 할 때에는 친구들과 이런 저런 자료들을 나누거나 필요한 물품들을 주변의 문구점이나 상점에서 쉽게 구입할 수 있겠지만 실습지가 멀리 떨어져 있는 경우에는 모든 것들이 부족하고 아쉬울 수밖에 없기 때문입니다.

실습시간동안 여러분들은 늘 시간에 쫓기게 되는데, 필요한 준비물들을 갖추지 않았을 경우, 이를 구하기 위해서 많은 시간을 허비할 수도 있습니다. 따라서 아래에 말씀드리는 내용들을 잘 읽어보시고 준비할 것들을 미리 챙기시기 바랍니다. 참고로 여러 명이 한 학교에 실습을 나갈 경우에는 필요한 물건들을 나누어서 준비하면 비용과 노력을 줄일 수 있습니다.

(1) 기본적인 준비물들

① 실습비

특수교육실습을 위한 실습비는 「교원자격검정령 시행규칙」 제12조 「별표3」에 의거 해당 학생에게 부담하게 할 수 있다고 되어 있습니다. 또한 실습비는 통일되어 있지 않고 지역마다 약간의 차이를 두고 있습니다.

② 목도장

실습일지, 혹은 출근부 등에 사용할 목도장을 준비하셔야 합니다. 학교에 따라서는 직접 사인을 하기도 합니다. 참고로 도장을 찍을 때에는 세워서 바르게 찍으셔야 합니다.

③ 이름표

각 대학에서 제작한 이름표를 준비하시고 착용하셔야 합니다. 이름표의 규격은 학교마다 약간씩 차이가 있습니다만 일반적으로 대학명과 실습생의 이름, 그리고 학교의 마크가 들어가게 됩니다. 이름표는 여러분들이 실습생임을 알려줍니다. 아주 간혹 이름표를 잃어버리거나 이름표가 파손되어 난감해 하는 경우도 있습니다. 이를 위해서 여분의 이름표를 준비하는 것도 도움이 됩니다.

④ 체육복

수업활동은 실내에서 이루어지기도 하지만 체육수업처럼 야외나 체육관 등에서 이루어지는 수업도 있습니다. 게다가 실습이 주로 이루어지는 5-6월은 야외행사가 특히 많아 체육복을 입게 되는 경우가 많습니다. 따라서 몸에 편안한 체육복을 준비하셔야 합니다.

⑤ 운동화

특수교육실습 동안 현장 체험학습, 운동회 등 활동적인 프로그램에 참여할 기회가 많습니다. 이 경우에는 반드시 각 활동에 적합한 옷차림을 갖추어야 하는데, 그 중의 하나가 바로 신발입니다. 특히 현장학습 등을 나가게 되는 경우에는 활동에 지장을 주는 구두나 굽이 있는 신발들을 착용하시면 안되고 발에 잘 맞는 편안한 운동화를 준비하셔야 합니다.

아주 간혹 야외 수업 때에 굽이 있는 구두를 신고 오는 실습생이 있는데, 이는 절대적으로 피해야 합니다. 야외에서는 여러 가지 안전의 문제가 도사리고 있기에 교사는 다양한 상황에서 민첩하게 대응할 수 있는 준비가 필요하기 때문입니다.

〈그림 11〉 야외현장학습, 체육수업 등 활동적 프로그램을 위해 편안한 운동화가 필요합니다.

⑥ 교육실습일지

교육실습일지는 대학에서 해당 실습학교로 발송하게 됩니다. 그러나 경우에 따라서는 여러분이 직접 지참하여 실습학교에 제출하기도 합니다.

교육실습일지는 여러분들이 실습기간동안 경험하고 활동하는 모든 내용들을 기록하고 피드백을 받는 매개가 됩니다. 실습기간 동안 잘 관리하셔서 절대로 분실하거나 훼손되지 않도록 해야 합니다. 실습일지는 실습 후 일정 기간 동안 대학에서 보관합니다.

〈그림 12〉 실습기간동안 항상 실습일지와 함께 하게 됩니다.

(2) 추가적인 준비물들

① 노트북 컴퓨터

교육실습동안 실습일지에 대부분의 내용을 기록하겠지만 학교에서 요구하는 여러 가지 과제들을 제출하기 위해서는 컴퓨터를 사용해야 할 일이 많습니다. 어떤 학교는 실습일지를 컴퓨터로 작성하도록 요구하는 경우도 있습니다. 이 경우 학교의 컴퓨터를 이용할 수도 있으나 최근에는 정시에 학교를 나가야 하는 경우가 많아진 관계로 학교에 남아 컴퓨터 작업을 하지 못하는 경우가 생길 수 있습니다. 교육실습 중에는 여러 가지 과제들로 밤늦

게까지 작업해야 하는 경우가 많으므로 자신의 컴퓨터를 지참하시는 것이 도움이 됩니다. 특히 주말에 여러 가지 작업들을 하게 되는데 컴퓨터가 없을 경우 PC방 등을 전전하게 되어 체력과 비용 면에서 적지 않은 어려움을 경험할 수 있습니다.

〈그림 13〉 노트북 컴퓨터는 교육실습의 필수품이 되었습니다.

② 소프트웨어

노트북 컴퓨터에는 한글을 포함한 파워포인트, 포토샵 등 보고서 작성 및 교재교구 제작과 관련하여 사용빈도가 높은 소프트웨어가 설치되어 있으면 좋습니다. 특히 근래에는 ICT 수업에 대한 관심도 많을 뿐더러 대부분의 수업에서 ICT 자료를 활용하는 까닭에 이와 관련한 자료를 제작하거나 활용하기 위해서는 사전에 필요한 소프트웨어들을 설치하시는 것이 좋습니다. 물론 소프트웨어의 사용법에 대해 숙지해야 하는 것은 두 말할 필요가 없겠죠.

가능하다면 구형과 신형버전의 소프트웨어가 모두 설치되어 있으면 좋습니다. 작업은 본인의 노트북으로 하고 출력은 학교에 출근해서 하는 경우도 있는데, 가끔 애써 작업한 내용이 학교 컴퓨터와 version이 맞지 않아 사용하지 못하는 경우가 생기기 때문입니다.

③ 저장장치

휴대하기 편리한 USB 저장장치 혹은 소형의 외장하드 등을 갖추시는 것이 좋습니다. 앞에서 말한 바와 같이 개인 컴퓨터로 작업한 지도안이나 학습자료들을 옮기거나 프린터가 갖추어져 있는 학교에서 출력할 경우에 저장장치가 반드시 필요합니다. 물론 웹하드 등에 저장할 수도 있으나 실습기간 동안 외지에서 머무르는 경우 이도 수월하지가 않습니다. 종종 학교에서 요구하는 작업을 해놓고도 출력을 하지 못해서 애를 태우는 학생들을 볼 수가 있습니다.

참고로 저장메모리는 충분한 용량을 갖춘 것을 지참해야 합니다. 근래에는 한글문서 뿐 아니라 파워포인트, 음악, 동영상 등 다양한 매체를 통해서 수업이 이루어지고 있기 때문입니다.

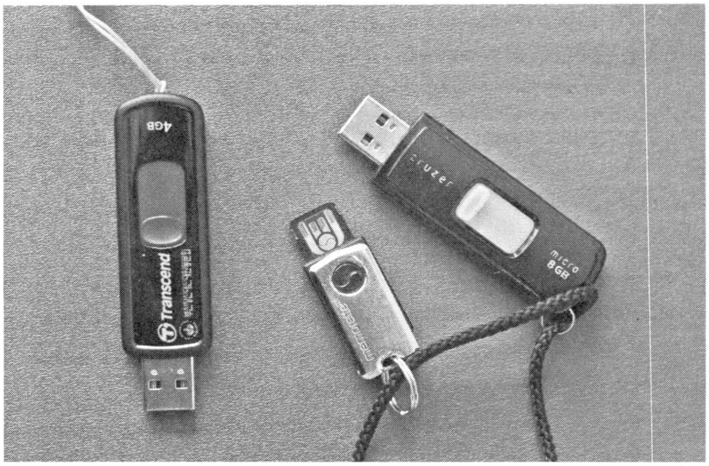

〈그림 14〉 저장용 메모리는 수업과 관련한 동영상, 사진 등을 충분히 담을 수 있도록 넉넉한 용량의 것을 준비하는 것이 좋습니다.

④ 디지털 카메라

최근에는 다양한 기능을 갖춘 디지털카메라가 많이 보급되어 있습니다. 디지털 카메라는 수업장면에서, 그리고 다양한 자료를 제작하는 과정에서 요긴하게 사용될 수 있습니다.

디지털 카메라는 학습자료의 제작, 환경구성, 간단한 동영상작업, 학생관련 자료의 수집 등 다양한 목적으로 활용될 수 있습니다. 물론 학생들과의 소통을 증진시키고 수업의 적극적인 매체로서 활용도 가능합니다. 예를 들어 야외 체험학습 장면 등을 촬영하여 수업의 소재로 사용할 수 있습니다. 학생들의 수업장면을 촬영하여 학생들로 하여금 자신의 행동, 활동 등을 점검해 보게 할 수도 있습니다. 또한 학생들에게 직접 카메라를 건네주고 사진 촬영을 해보도록 할 수도 있습니다. 창의적 아이디어만 갖춘다면 작은 카메라 한 대로 많은 작업이 가능한 것입니다.

〈그림 15〉 디지털 카메라는 스틸사진, 동영상제작 등 다양한 용도로 활용될 수 있습니다.

⑤ 간편한 가방

야외 현장학습이나 소풍, 운동회 등에 대비하여 간단히 사용할 수 있는 가방을 준비합니다. 가방은 손에 드는 것이 아니라 어깨에 멜 수 있는 것이 좋습니다. 또한 외부에 다양한 수납공간이 있어서 필요한 상황에 물건(예, 휴지, 볼펜 등)들을 재빨리 꺼내어 쓸 수 있는 것이 좋습니다.

어깨에 멜 수 있는 가방이 필요한 것은 야외 현장학습 중에 아동들의 관리를 위해서 양손은 항상 자유롭게 사용할 수 있어야 하기 때문입니다.

⑥ 교재교구자료집

여러분들은 "교과 · 교재연구 및 지도법", 혹은 "교재교구 연구" 등의 강의를 들으셨을 것입니다. 그리고 강의를 통해서 여러 유형의 교재교구들을 접하셨을 것입니다. 하지만 실습학교에서 막상 교재교구를 제작하려고 하면 아이디어도 떠오르지 않을 뿐 아니라 막막할 때가 많습니다. 따라서 평소 강의시간을 통해서, 혹은 개인적인 관심에 의해서 수집된 교재교구 관련 자료들을 바인더나 파일형태로 제작해 놓았다가 실습 때에 지참하고 가시면 큰 도움이 됩니다. 근래에는 CD로 자료를 만들어가거나 외장하드 혹은 노트북의 하드디스크 등에 관련 자료들을 담아가는 것도 도움이 됩니다.

⑦ 수업지도안 자료

교재교구와 마찬가지로 평소 좋은 수업이 담긴 수업지도안을 보신 경우에는 이를 모아놓아 자료집을 만들어보는 것이 좋습니다. 이러한 자료들은 본인이 수업을 계획, 진행, 평가하는 과정에서 큰 도움이 됩니다. 물론 지도안의 틀과 지도안에 포함되어야 할 내용들은 각 학교마다 조금씩 다릅니다. 또한 학교 내에서도 선생님들의 관점에 따라서 지도안의 전개방식이나 내용기술이 다른 경우가 많습니다. 하지만 여러분들이 다양한 지도안들을 통해서 보아야 하는 것들은 "단원과 주제에 대해서 어떤 내용 어떤 방식으로 수업을 이끌어 가는가" 하는 것입니다.

〈그림 16〉 수업지도안 자료집은 수업내용, 수업방법, 지도안 작성 등의 과정에서 도움이 됩니다.

여러분들은 아직 직접적인 수업경험이 없거나 부족한 상황이기 때문에 선배선생님들의 좋은 지도안들을 통해서 수업을 진행해 나가는 방식을 간접적으로 체험하는 것입니다. 그리고 이러한 자료들을 미리미리 수집해 놓고 중요한 부분을 표시해 놓으시면 본인이 지도안을 작성하는 과정에서 많은 아이디어와 실질적인 도움을 얻을 수 있습니다. 지도안은 출력물을 스크랩해 놓으시거나 혹은 파일 형태로 보관하셨다가 실습 시 활용하시면 좋습니다.

이 밖에도 실습을 위해서 옷가지 등 많은 물품들이 필요한데, 미리 물건들을 포장해 놓은 다음, 실습지에 도착한 후 택배를 이용하여 받으면 편리합니다.

Ⅲ

특수교육실습의 내용별 실제

1. 실습학교에 대한 이해

1) 실습학교의 유형및 실습생의 역할 이해

실습학교에 대한 이해를 위한 첫 단계는 여러분이 실습하게 될 학교의 유형과 특성을 이해하고 이에 기초하여 자신의 역할을 미리 생각해 보는 것입니다

예를 들어서 청각장애 학교로 실습을 가게 되었다면 수화 및 국민공통기본교육과정에 대한 이해가 필요할 것입니다. 만약 지체장애학교로 실습을 나가게 되었다면 다양한 보장구의 명칭이나 사용방법 등을 알고 있어야 할 것입니다. 간혹 청각장애학교에서 실습을 하면서 수화를 하지 못해 어려움을 겪는 학생들을 볼 수 있습니다. 또한 지체장애 학교에서 실습을 하면서 학생들이 사용하는 다양한 보장구들을 다루지 못해서 당황하는 학생들도 볼 수 있습니다. 따라서 여러분들은 우선적으로 실습학교의 유형과 특성 및 요구되는 기술들에 대해서 준비하시는 것이 좋습니다.

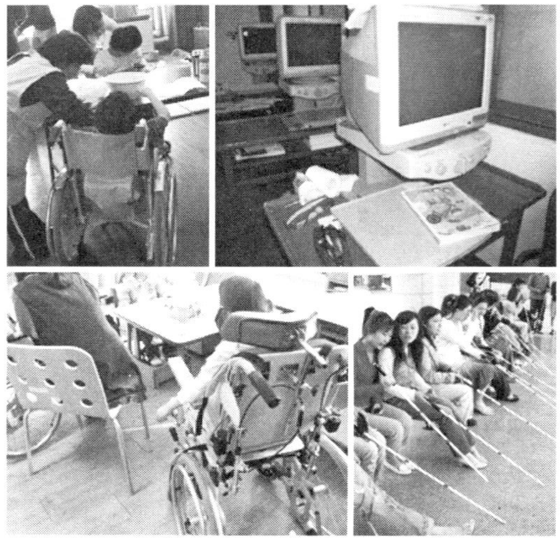

〈그림 17〉 실습학교의 특성과 요구에 대한 사전이해는 실습의 기본입니다.

최근에는 특수학교에 재학 중인 학생들이 점차 중증화, 중복화되고 있는 경향이 있기 때문에 지체장애 학교라고 할지라도 지체장애를 포함하여 정신지체나 자폐스펙트럼 장애 등을 함께 갖고 있는 학생들을 쉽게 볼 수 있습니다. 또한 어떤 학교들의 경우에는 청각장애, 정신지체, 지체장애 등 여러 영역의 장애학생들에 대한 교육을 한 학교에서 제공하는 경우가 있는데, 이 경우 실습기간동안 어떤 장애영역의 학급에 배정될지 알 수 없기에 좀더 다양한 준비가 필요할 것입니다.

2) 학교문화의 이해

앞에서도 여러 번 말씀드린 바와 같이 여러분들이 실습학교에 들어가서 먼저 파악하셔야 할 것은 '학교의 문화'입니다. 각 학교는 학교별 경영철학을 바탕으로 학교교육의 목표를 세우고 이를 실천하기 위해 노력하고 있습니다. 이 과정에서 고유한 학교의 문화가 만들어지게 됩니다.

여러분들이 실습하게 될 각 학교에는 '학교교육계획서'와 '학교교육과정'이라는 것이 있습니다. 이중에서 '학교교육계획서'는 각 학교의 교육방침과 학교운영 전반에 대한 계획을 담고 있습니다. 여기에는 학교의 교훈을 포함하여, 학교별 교육의 현황 및 방향, 교육의 목표, 교육과정의 운영계획, 부서별 업무계획, 교육활동 지원계획, 학교교육과정의 평가 등 학교운영에 대한 전반적인 계획과 내용들이 담겨 있습니다. 이러한 계획과 내용은 학교별로 차이가 있는데, 각 학교별 여건과 상황, 학교경영의 철학이 다르기 때문입니다. 실습 직

전에 각 학교에서 이루어지는 교육실습생 오리엔테이션을 통해서 학교의 문화를 구체적으로 안내받을 수도 있습니다. 여러분들은 실습학교가 지향하고 있는 교육의 방향과 강조하는 점, 학교의 특성들에 대해 잘 듣고 이해하는 것이 필요합니다. 그러나 학교문화를 제대로 이해하기 위해서는 무엇보다 선생님들과 많은 이야기를 나누고 선생님들의 말씀에 귀를 기울여야 합니다.

교장선생님, 교감선생님, 주임선생님, 담임선생님 등 여러 선생님들과 이야기를 나누다보면 해당 학교에서 무엇을 강조하고 어디에 중점을 두는지 아실 수 있습니다. 특히 학교별로 교육과정과 연계한 중점사업, 특색사업 등을 하고 있는 경우가 많은데, 이 또한 학교에서 무엇을 강조하고 학교교육을 어떤 방향으로 이끌어 가려고 하는지를 이해하는 중요한 키워드가 됩니다.

3) 학급문화의 이해

집안에는 가풍이 있고, 학교에는 교풍이 있듯이 학급에도 학급 나름대로 학급 성원들이 공유하는 가치나 신념, 가정, 감정, 태도, 행동규범이 있어서 그 학급만이 가지는 독특한 분위기가 있는데, 이와 같이 한 학급이 다른 학급과 구별되는 독자적인 분위기를 학급의 사회적 풍토 혹은 문화(남정걸, 1996)라고 합니다. 여러분들이 학교의 여러 교실들을 돌아보시면 학급별로 분위기가 다르다는 것을 아실 수 있습니다. 그런데 학급의 문화는 학급 안에서 상호적인 관계를 형상하고 있는 담임선생님과 학생들, 그리고 학생들 상호간의 관계에 의해서 형성된다고 할 수 있습니다.

새 학기가 시작되어 새로운 학급이 형성되면 서로 개성이 다른 학생들이 모이는 까닭에 산만하고 알 수 없는 이질감이 느껴지지만 일정한 시간이 지나면 담임선생님과 학생들이 하나가 되어 고유한 학급문화를 형성하게 됩니다. 즉 학생들의 특성, 학교 및 교실환경의 특성, 담임선생님의 특성 등 여러 요소들이 모여서 또 하나의 고유한 학급의 특성을 형성하는 것입니다.

교육실습생으로서 여러분이 담당하게 될 학급의 문화를 가능한 한 빨리 이해하시는 것이 필요합니다. 학급의 문화를 이해한다는 것은 아동들과 아동들이 학습하고 생활하는 방식을 이해한다는 것을 의미합니다. 학급의 문화를 빨리 이해하지 못하게 되면 실습 내내 학급 내에서 이방인처럼 느껴지고 관계가 어색하며, 아동들과 활동에 참여하거나 수업을 진행하는 것에도 어려움을 경험하게 됩니다.

학급의 문화를 빨리 이해하기 위해서는 담임선생님의 교육철학, 학급운영 방향 등을 알아보고 선생님의 학급운영 방식을 잘 관찰하셔야 합니다. 또한 세심한 관찰을 통해서 개별 아동의 특성과 개별 아동들이 학급 내에서 집단으로 만났을 때 나타나는 특성 등을 이해하는 것도 필요합니다.

한 가지 종종 문제가 되는 부분이 있는데, 이는 교육실습생이 담임선생님의 학급운영 방향과 방침을 따르지 않는데서 오는 마찰입니다. 담임선생님은 긍정적인 학급 분위기를 형성하기 위해서 학년 초부터 노력을 하시게 됩니다. 그런데 중간에 교육실습생들이 이 흐름과 분위기를 깨게 되면 실습 후에 다시 분위기를 추스르는데 많은 시간과 노력이 들 수 있습니다. 바로 이 때문에 종종 실습을 지도하시는 담임선생님과 교육실습생 사이에 어려움이 생기고는 합니다. 여러분들이 학생들을 관찰하고 평가하고 지도하는 기간은 약 한 달 정도이지만 담임선생님은 1년 이상 이들을 책임져야 하는 위치에 계시다는 생각을 잊지 마시고 각 학급 담임선생님의 교육철학과 방향을 존중하는 자세가 필요합니다.

여러분이 실습하는 동안 학생들과 같은 공간에서 생활하게 되기에 여러분이 원하든 원하지 않든 학급의 문화는 작은 변화를 경험하게 됩니다. 그 변화는 긍정적일 수도 있고 부정적일 수도 있습니다. 일생에 딱 한번 하게 되는 특수교육실습임을 고려할 때에 가능하면 좋은 학급문화를 형성해야겠지요?

〈그림 18〉 각 학급마다 독특한 문화가 있습니다.

4) 선생님들과의 관계

교육실습 평가회에서 일반적으로 학생들은 어떤 실습을 '성공적인 실습'으로 이야기할까요? 흥미로운 사실은 선생님과의 관계가 좋았던 경우에 성공적인 실습으로 생각하는 경우가 많다는 것입니다. 실습생이 스스로 생각하기에 만족할 만한 실습을 한 경우에는 좋은 선생님을 만난 덕분이라고 생각하고 실습기간동안 자신의 노력이 부족했다고 생각하는 경우에도 좋은 지도 선생님께 누를 끼쳤기 때문에 더욱더 열심히 해야겠다고 결심하는 경우가 많습니다. 반대로 실습에 불만족인 경우는 대부분 실습기간 동안 만났던 사람들(특히 담임선생님)과의 관계가 만족스럽지 못한 경우입니다.

교직사회 역시 생각과 성격이 서로 다른 여러 사람들이 근무하고 있는 작은 사회입니다. 따라서 대인관계에서 갈등이 발생할 수밖에 없습니다. 그나마 다행인 것은 여러분들의 실습기간이 한 달 정도이기에 대부분은 심각한 관계의 손상 없이 실습을 마칠 수 있다는 것입니다. 하지만 경우에 따라서는 마음의 상처를 받고 오는 실습생도 있을 수 있습니다. 따라서 특수교육실습기간 동안에 여러분들은 선생님들과 좋은 관계를 형성하기 위한 노력을 기울여야 합니다. 물론 모든 선생님들과 원만한 관계형성을 한다는 것이 쉽지 않을 수도 있지만 그것이 실습의 중요한 부분이라는 점을 꼭 기억하실 필요가 있습니다. 아래의 내용은 실습기간 동안 선생님들과의 좋은 관계를 위한 몇 가지 제안들입니다.

(1) 실습지도 선생님의 어려움 이해하기

특수교육실습과정에서 가장 기본이 되는 관계는 당연히 실습생과 실습지도 선생님입니다. 그러나 문제는 교육실습생과 실습지도선생님 모두 교육실습에 대한 부담을 가질 수 있다는 점입니다. 특수교육실습생은 실습생으로서 수행해야 할 많은 과제와 빠듯한 일정, 체력 그리고 무엇보다 처음 접하게 되는 학생들과 학교문화, 생소한 관계 등으로 인해서 실습에 대한 부담을 갖게 됩니다. 실습지도 선생님 역시 지도교사로서 많은 시간과 노력을 통해서 실습생을 지도해야 하는 부담이 있습니다. 박은혜 · 조윤주(2006)는 실습지도 선생님이 경험할 수 있는 어려움에 대해서 다음과 같이 제시한 바 있습니다.

“교육실습생을 지도하는 지도교사도 실습지도에 대해 불안과 갈등을 경험한다. 실습생 지도는 과외업무가 되며 실습생들에게 좋은 교사로서의 모델을 보여 주어야 한다는 중압감을 갖게 되며 실습생과 원만한 인간관계를 맺지 못할 경우 더 많은 갈등을 경험하게 된다. 지도교사의 갈등 원인으로는 과외의 업무, 바람직한 모델제공, 교육실습생과의 인간관계, 평가 등을 들 수 있다.”

특수교육실습에 대해서 나름대로 어려움과 부담을 경험하고 있다 보니 특수교육실습 초기에는 조금 서먹한 분위기일지라도 실습 말미가 되면 “역시 우리 선생님밖에 없다”는 말이 저절로 나올 정도로 친숙한 관계로 변하게 되는 경우가 거의 대부분입니다. 여하튼 특수교육실습생들은 실습지도 선생님들도 실습생만큼이나 많은 부담을 갖고 계신다는 것을 이해해야 합니다.

(2) 교직에 대한 긍지와 자부심을 가져야 합니다. 그리고 그 길을 앞서 선택한 선생님들을 존경해야 합니다.

교직은 여러분들이 선택한 것입니다. 여러분들은 여러분 선택에 대해 스스로 존중해 주고 자랑스러운 마음을 가져야 합니다. 현장의 선생님들은 여러분보다 앞서서 바로 그 교직을 선택한 분들입니다. 이것을 생각하면 출신학교를 떠나서 같은 길을 선택하고 같은 길을 걷는 사람으로서의 동질성과 동료의식, 그리고 존경심을 느낄 수 있습니다. 교직에 종사하는 선생님들을 교직을 선택한 여러분들이 존중해주지 않으면 여러분들도 결국은 존중받지 못할 수밖에 없습니다.

(3) 감사의 마음을 작은 행동으로 표현해봅니다.

사람의 마음은 누구나 비슷합니다. 관심 받고 싶고, 사랑받고 싶고, 인정받고 싶어합니다. 여러분들이 특수교육실습생으로서 인정받고 싶어하는 것과 마찬가지로 선생님들은 지도 선생님으로서 특수교육실습생들이 자신을 믿고 따라주기를 바랍니다. 여러분들은 그런 선생님께 여러분들의 마음을 아주 작은 방법으로 표현할 수 있습니다. 아침마다 선생님 책상 앞에 "선생님, 힘드시죠? 오늘도 힘찬 하루 되세요"라고 메모 글을 써 놓는 것도 좋은 방법입니다. 이것은 낯간지러운 일이 아니라 교직의 길을 택하고 여러분들보다 먼저 그 길을 걷고 있는 선생님에 대한 작은 감사와 예의 표시일 수 있습니다. 이러한 작은 표현들이 서로에게 힘이 되고 그러한 힘으로 우리 교직은 좀더 긍정적으로 바뀌어 갈 수 있는 것입니다.

매년 실습 때마다 실습생들에게 이런 작은 일들을 실천하게 합니다. 여러분들이 현장에 나가게 되면 이러한 실천이 학부모로 향하게 될 것입니다. 그렇게 서로가 서로에게 작은 격려를 보내고 마음을 보낼 때에 앞으로 특수교육현장은 좀더 신나고 즐거운 곳이 될 것이라고 믿습니다.

5) 교육실습생간의 관계

여러분들과 함께 실습을 하는 학생들은 여러분들의 학교 동료라고 생각하셔야 합니다. 따라서 적절히 예의를 갖추어야 할 뿐 아니라 서로 협력하고 도와야 합니다.

요즘에는 특수교육과가 개설되어 있는 대학들이 많다보니 실습현장에서 다른 학교 학생들을 많이 만나게 됩니다. 그런데 이들의 관계를 잘 살펴보면 매우 협력적인 실습생이 있는가 하면 매우 배타적인 실습생도 있습니다. 실습지도를 하시는 선생님 입장에서 보면 누가 협력을 하고 누가 배타적인지 바로 눈에 들어올 수밖에 없습니다. 여러분들은 같은 동료라는 생각으로 서로 도움을 주고 협력해야 합니다. 이러한 협력을 통해서 해당 학년도 실습생들 간에도 좋은 문화가 만들어집니다.

2. 참관실습

1) 참관실습의 의미

참관실습은 학교 교육활동의 제 현상들을 깊게 이해하기 위한 과정입니다. 즉 교육 관련 환경에 포함되는 학교시설 및 교실, 교사와 아동의 관계, 학교의 경영, 수업지도, 생활지도 등 학교에서 이루어지고 있는 총체적인 활동들을 관찰하고 이해하기 위한 과정인 것입니다. 이런 과정이 없다면 학생들을 대상으로 수업을 진행하거나 학급을 운영하는데 많은 어려움을 경험하게 될 것입니다. 따라서 참관실습은 교육실습의 초보적인 과정임과 동시에 교육실습의 준비과정이라고 볼 수 있습니다.

여러분들은 직접 수업실습을 하기 전에 선생님들의 교육활동을 관찰하고 이를 통해 교육현장의 노하우를 배워갈 수 있습니다. 따라서 참관실습 동안에 여러분들은 선생님들이 안내해 주시는 것을 그냥 따라다니며 보는 것이 아니라 적극적으로 배우겠다는 생각으로 임하셔야 합니다.

참관실습은 또한 학교의 전반적인 문화를 이해할 수 있다는 점에서 의미가 있습니다. 참관실습 동안에 학교의 여러 선생님들을 통해서 학교에 대한 소개를 듣게 됩니다. 이 과정에서 학교의 철학이나 교육의 방향에 대해서 이해하게 됩니다. 이러한 과정들을 통해서 여러분들은 학교의 문화를 이해할 수 있게 됩니다. 앞서 밝힌 바와 같이, 학교마다 독특한 문화가 있습니다. 이러한 학교의 문화는 학교에서 이루어지는 교육활동, 현장실습 및 각종 행사 등에 전반적으로 영향을 미치게 됩니다.

2) 참관실습의 대상 및 방법

(1) 학교, 학급환경에 대한 참관

실습학교의 교직원, 학생, 학부모 현황, 시설현황 등 학교의 전반적인 현황과 실태를 알아볼 수 있습니다. 참관실습은 학교 및 학교의 운영에 관한 오리엔테이션의 성격을 갖습니다.

① 시설참관

시설참관은 말 그대로 실습하게 되는 기관의 제반 시설들에 대해서 알아보는 과정입니다. 실습하는 기관이 여러분들이 이전에 자주 왔던 곳이라면 모르겠지만 그렇지 않다면 실습기관의 여러 환경들은 매우 낯설 것입니다. 시설참관을 통해서 학교의 시설에 대해서 알아보게 되며, 이를 통해 학교를 친숙하게 느낄 수 있어야 합니다. 시설참관에는 학교의 식당, 화장실, 컴퓨터실, 교재교구 제작실 등을 포함하여 교장실, 교무실, 서무실, 창고 등 학교의 제반 시설들이 포함됩니다. 규모가 작은 학교라면 별 문제가 없겠지만 규모가 큰 학교의 경우는 세심하게 각 시설의 위치와 이용방법 등에 대해서 알고 있어야 실습기간 내내 다양하게 이용할 수 있습니다. 시설참관의 경우 담당 부장선생님께서 교육실습생들을 안내하는 방식으로 주로 이루어집니다. 그렇지 못할 경우에는 담임선생님께서 안내를 할 수도 있습니다.

② 학급참관

학급참관을 통해서는 각 학급의 위치, 공간사용 등 물리적인 환경들을 살펴보고 또 각 학급의 문화에 대해서 살펴보기도 합니다. 특수교육기관의 각 학급은 일반학교와 마찬가지로 선생님의 특성, 그리고 학급을 구성하고 있는 학생들의 특성에 따라서 독특한 문화를 형성하고 있습니다. 여러분들은 장애학생들의 개인차만큼이나 학급의 개인차가 크다는 것을 경험하게 될 것입니다. 이러한 학급의 다양한 문화들이 모여서 결국은 전체 학교의 독특한 문화를 만들어내게 됩니다.

학급참관을 통해서 여러분들은 본인이 담당하게 될 학급 뿐 아니라 다른 학급의 특성에 대해서도 잘 알아 놓으셔야 합니다. 교육실습 과정동안 실습생간에 서로서로 도움을 주고받아야 하는데, 그렇게 하기 위해서는 다른 학급의 특징에 대해서도 잘 알고 있어야 합니다. 예를 들어 우리 학급에는 없지만 다른 학급에 좋은 교재교구가 있는 경우 나중에 수업을 위해서 도움을 받을 수 있기 때문입니다.

학급참관 동안에 여러분들은 학급의 물리적인 특성에 대해서도 잘 알고 있어야 합니다. 예를 들면 학생들의 안전과 관련하여 위험한 요소는 없는지 알아보아야 하고 학급의 비품들이 어디에 어떻게 비치되어 있는지도 살펴보아야 합니다.

(2) 학생 관찰

① 학생관찰의 중요성

여러분들은 교육실습 기간 동안에 연구수업 뿐 아니라 학급경영, 사례 연구 등을 실시하여야 하는데, 이를 위해서 가장 중요한 과정이 바로 학생들에 대한 관찰과 이해입니다. 흔히 교육실습생들은 "학생들을 조금 이해할만 하면 실습이 끝난다"라고 자주 말합니다. 실습학교에 도착해서 가장 힘들고 당황되는 것 역시 새로 만난 학생들을 이해하는 일입니다. 좋은 연구수업을 위해서도 학생들에 대한 정확한 이해가 가장 중요합니다. 그러나 여러분들에게는 학생들을 충분히 파악하고 이해할 수 있는 시간이 많지 않다는 것입니다. 실습 후 첫 주는 선생님들과 얼굴을 익히고 학교 환경에 대해서 적응하는 일로도 매우 빠듯합니다. 그리고 각종 연수에도 참여해야 합니다. 그러함에도 실습학교에 따라서는 첫 주나 둘째 주부터 직접 학급의 학생들을 지도해야 하는 경우도 있습니다. 학생들에 대해서 빨리 파악한 실습생이라면 능숙하게 학생들을 지도할 수 있겠지만 그렇지 못한 경우라면 매 순간순간이 긴장의 연속이 될 수도 있습니다. 게다가 3주차가 넘어가면서 여러분들은 학급의 특정 학생을 대상으로, 혹은 학급 전체를 대상으로 사례연구 결과를 발표하거나 이런 저런 보고서들을 제출해야 합니다. 이런 모든 상황들을 고려하면 학생들을 빨리 파악하는 것이 얼마나 중요한 일인지 알 수 있을 것입니다.

② 학생관찰의 방법

학생들에 대한 관찰은 학생들의 지적, 정서적, 사회적 측면들을 종합적으로 고려하면서 살펴보아야 합니다. 이를 위해서는 IEP, 생활기록부 등 학생들에 대한 기존의 서류들을 검토하고 그 다음으로는 실제 장면에서 학생들을 관찰하여야 합니다.

효과적인 관찰을 위해서는 학생의 등교장면에서부터 하교장면까지를 몇 단계로 나누고 그 안에서 학생들의 행동들을 기술하는 것도 좋습니다. 예를 들면, 등・하교 상황에서 학생들의 행동과 특징, 수업장면에서의 행동과 특징, 쉬는 시간의 행동과 특징, 식사시간의 행동과 특징, 야외활동시의 행동과 특징 등 하루 일과의 흐름을 따라 학생들을 살펴보는 것입니다. 물론 각 장면에서 또래들과의 관계도 함께 고려하여 살펴보아야 합니다. 그런데 무조건 학생을 바라보기만 한다고 해서 관찰을 할 수 있는 것이 아닙니다. '무엇'을 관찰할 것인지 명확히 계획되어져 있어야 합니다. 이를 위해서는 관찰을 위한 목록을 만들고 그것을 기초로 관찰을 해야 합니다. 물론 목록에 나와 있지 않거나 미처 제시하지 못한 것들이 있을 수 있기에, 그런 경우에는 메모를 통해서 관찰결과를 기록해 놓아야 합니다.

학생관찰은 주어진 시간 뿐 아니라 수시로 이루어져야 하며, 필요한 경우에는 간단히 메모해 놓을 필요가 있습니다. 제가 권하는 방법 중의 하나는 아주 작은 수첩을 목에 걸고 다니면서 학생의 행동을 그때그때 기록하는 것입니다. 처음에는 부자연스럽지만 조금 익숙해지면 학생관찰 뿐 아니라 선생님들의 지시사항 등도 함께 기록하면서 아주 효율적으로 실습에 참여할 수 있습니다. 또한 여건이 된다면 보이스레코더라고 불리는 작은 녹음기를 사용하는 것도 한 방법이 될 수 있습니다. 보이스레코더와 같은 소형 녹음기는 학생들의 행동기록, 연수참여 등 다양한 장면에서 유용하게 사용할 수 있습니다. 한 가지 유의할 점은 학교업무의 공적인 내용, 선생님과의 사적인 이야기 등을 사전 동의없이 함부로 녹음하면 안됩니다.

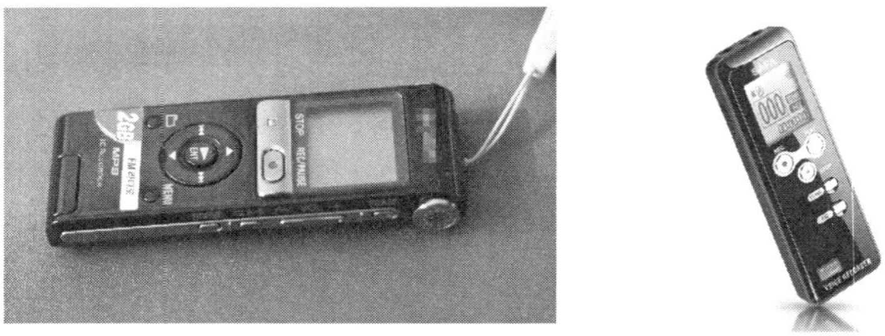

〈그림 19〉 목에 걸 수 있는 소형 보이스레코더들

(3) 담임선생님의 교육방법 관찰

선생님들마다 독특한 교육관과 철학이 있을 수 있습니다. 교사의 교육관과 철학은 학급 안에서 수업을 진행하거나 생활지도를 하는 과정에서 나타나게 되고 그것은 학급의 문화가 됩니다. 여러분들은 선생님의 말씀과 행동 하나하나를 보면서 그것을 찾아내야 합니다. 오래전 제가 교생실습을 할 때에 담임선생님께서는 급식으로 나온 우유를 아이들에게 하나씩 휙휙 던져주셨습니다. 아이들은 선생님께서 던져주시는 우유를 잘도 받아내더군요. 처음에는 아이들에게 우유를 던진다는 것이 이해되지 않았지만 운동신경이 부족한 아동들을 위해 평소에 친구처럼 관계를 형성하면서 우유를 던져주신다는 것을 알았습니다. 그리고 정신지체 특수학교 초등과정의 학급이었는데 15명의 학생들이(요즘과 비교하면 상당히 많은 학생들이죠) 저마다의 역할을 담당하도록 기회를 주시는 것을 보면서 많이 놀라워했던 기억이 있습니다. 이런 것이 바로 학급의 문화인 것입니다.

여기서 꼭 기억해야 할 것이 있습니다. 앞에서도 밝혔지만 흔히 열정을 갖고 실습에 참여하다 보면 종종 담임선생님의 교육철학을 무시하는 경우가 생깁니다.

가장 흔한 예는 아동의 부적응 행동에 대해서 담임선생님의 단호한 행동을 이해하지 못하고 일관되지 못하게 용인하는 경우입니다. 실습생으로서 학생에 대해서 사랑과 열의를 갖고 실천해 보는 것은 중요하지만 담임선생님이 갖고 있는 학급운영의 철학이나 학생지도 방법을 쉽게 깨는 일이 있어서는 안되겠습니다.

(4) 수업참관

연구수업이 교육실습의 가장 중요한 부분의 하나이듯, 참관실습 과정에서도 수업참관이 갖는 중요성은 매우 크다고 할 수 있습니다. 실습초기에는 현직 선생님의 수업을 참관하게 되고 후반부에는 다른 교육실습생의 수업을 참관하게 됩니다. 수업참관시에는 수업의 어떤 부분들을 중심적으로 눈여겨 볼 것인지 머리에 그리고 있어야 합니다. 이는 특별활동이나 재량활동 등의 경우도 마찬가지입니다.

〈그림 20〉 수업참관은 교육실습에서 가장 중요한 부분의 하나입니다.

다음의 내용은 수업참관이 이루어지는 동안에 주로 고려해서 보아야 할 내용들입니다.

- 지도안 작성 측면-선생님들이 작성한 지도안을 살펴보고 어떤 형식을 갖추고 있으며, 지도안 안에 어떤 내용요소들이 포함되어 있는지, 문장진술은 어떻게 이루어져 있는지 등을 살펴봅니다.
- 교사측면-선생님께서 수업을 진행하는 과정에서 목표제시, 동기유발, 발문. 동작, 언어사용, 평가, 아동들에 대한 태도 등이 어떠한지 살펴봅니다.
- 아동측면-아동의 관심, 주의집중, 활동참여, 부적응 행동, 수업에 대한 반응 등에 대해서 주의 깊게 살펴봅니다.
- 환경측면-물리적 환경의 배치, 수업주제와 환경과의 관계 등을 살펴봅니다.
- 교수매체-매체의 선정, 매체의 내용, 제시방법, 아동들의 반응 등을 살펴봅니다.

참관실습이 이루어진 후에는 참관에 대한 보고서를 작성하게 됩니다. 이때에는 참관을 통해서 어떤 점들을 배웠는지, 그리고 앞으로 자신이 교육실습을 하면서 어떤 부분을 고려해야 할지 적으시면 됩니다. 물론 참관수업을 위해 준비하고 수업을 보여주신 선생님들께 대한 감사의 말씀도 적어야겠죠?

수업참관의 경우 거의 대부분 학교에서 미리 정해진 양식을 제공합니다. 이 양식에 본인이 느낀 내용을 적으면 됩니다. 그러나 양식이 주어지지 않는 경우에는 위에서 제시한 내용들을 중심으로 소감문(평가서)을 제작하여 작성하시면 됩니다. 수업참관에 대한 소감문(평가서) 제출의 요구가 없을 경우에는 실습일지 안에 수업참관에 대한 소감과 느낌, 배운 점들을 적어 넣으면 됩니다. 경우에 따라서는 실습의 말미에 참관수업을 정리하여 종합적으로 보고서를 제출하는 경우도 있습니다. 아래의 내용은 수업참관 및 교내 연수 후 작성한 예를 보여줍니다.

〈표 8〉 수업참관 후 작성한 수업참관록의 예시(현직 선생님 수업에 대한 참관)

수 업 참 관 록

200** 년 * 월 **일 (목요일) 2 교시

수 업 자	○○선생님	학 반	초등부 정서 5-1
과 목	건강	단 원 명	줄넘기와 자전거 타기

단 계	수 업 내 용	자료, 환경구성
도입	-긴장된 근육을 풀기 위해 기본 몸 풀기 동작을 실시하였습니다. 잘 따라하지 못하는 아동은 선생님의 도움으로 한 사람도 소외됨이 없도록 하였습니다. -활동 전에 발목운동, 손목운동, 다리운동, 몸통운동 등을 통해 아동이 활동 도중에 다치지 않도록 배려하였습니다.	줄넘기, 자전거
전개	-크게 줄넘기 팀과 자전거 팀의 두 조로 나누어 아동의 수준에 맞도록 운동을 실시하였습니다. -보조원이 함께 아동의 양쪽에서 안전하게 자전거를 붙잡고, 아동이 자전거 페달을 직접 밟을 수 있도록 하였으며, 이때 최대한 아동이 스스로 움직일 수 있도록 하였습니다. -줄넘기는 담임선생님께서 시범을 보이신 후 이루어졌으며, 아이들이 너무 힘들어하거나 무리하지 않도록 진행하셨습니다. 아동들이 최대한 즐겁고 재미있게 활동에 참여하는데 포커스를 잡으신 것 같았습니다. -줄넘기가 잘 되는 아동은 혼자서 스스로 해볼 수 있도록 배려하였고, 줄넘기가 되지 않는 아동은 기본적인 동작부터 순서에 맞추어 실시하여 보았습니다. -아동들 개인 간의 수준차이가 크다는 점을 고려하여 개별화된 활동을 진행하시는 선생님의 수업이 돋보였습니다.	줄넘기, 자전거
정리 및 평가	-오늘 진행된 수업내용에 대해서 질문을 하고 아동들의 활동참여에 대해서 격려를 하였습니다. -다음 시간의 활동에 대한 안내가 이루어진 후에 인사로 마무리 하였습니다.	줄넘기, 자전거
배운 점	-다양한 활동수준의 아동들을 배려하여 개별화된 수업계획을 수립하고 이에 근거하여 활동을 진행하신 것이 매우 인상적이었습니다. 수업 중 한 아동도 소외되지 않도록 배려하시는 모습을 보면서 스스로 배우고 노력해야 할 부분이 정말 많다는 것을 다시 한번 느끼게 되었습니다.	

〈표 9〉 수업참관 후 작성한 수업참관록의 실제예시(동료 실습생의 수업에 대한 참관)

연구수업참관록

<table>
<tr><td>일 시</td><td colspan="3">200** 년 *월 ** 일 목요일 (2)교시</td></tr>
<tr><td>수업과목</td><td>사회 1</td><td>연구수업실습생</td><td>안 ○ ○</td></tr>
<tr><td>학 년</td><td>초6</td><td>지 도 교 사</td><td>이 ○ ○</td></tr>
<tr><td>수업의 단원</td><td colspan="3">11. 어느 가게에서 살까요</td></tr>
<tr><td rowspan="4">수업평가</td><td>도입</td><td colspan="2">스펀지밥이 나와서 문제가 있는데 도와달라고 합니다. 교사는 학생들이 스펀지밥을 도와주어야 한다고 말하면서 수업을 진행합니다. 하지만 동기유발이 수업내용과는 약간 맞지 않는 듯합니다. 조금 더 수업의 내용과 흐름에 맞추어 동기유발이 이루어졌으면 좋았을 것이라고 생각합니다.</td></tr>
<tr><td>전개</td><td colspan="2">-식료품을 파는 곳을 알아보기 위해서 동영상을 준비했는데, 동영상을 보면서 함께 노래를 부르는 것은 매우 좋은 아이디어라고 생각되었습니다. 하지만 식료품 가게에서 파는 물건을 알아보는 활동 2에서는 학생들이 직접 식료품을 골라서 해당되는 식료품 가게에 두도록 했으면 좋았을 것이라 생각됩니다. 도한 반구체물의 그림이 지워져서 다른 과일로 보일 정도였던 것도 아쉬웠습니다. 반구체물을 활용할 때에는 사전에 충분히 점검을 한 후에 사용해야 할 것 같습니다. 활동 3에서는 돌림판을 돌려서 나오는 편지를 읽어보는 활동이었는데, 나머지 학생들과 돌림판과의 거리가 너무 멀어서 학생들이 함께 읽는 것이 어려워 보였습니다.</td></tr>
<tr><td>정리 및 평가</td><td colspan="2">동기유발을 위해서 나왔던 스펀지밥이 고맙다고 인사를 하면서 인사하고 끝을 맺습니다. 정리단계에서도 학생들에게 강한 동기유발이 되지 않은 것이 아쉽습니다.</td></tr>
<tr><td>과제</td><td colspan="2">개인별 학습을 하였습니다. 그런데 한 학생에게는 수준에 맞지 않는 교재교구를 제공한 것이 아쉬웠습니다.</td></tr>
<tr><td rowspan="3">평가</td><td>수업목표설정과 내용전개</td><td colspan="2">수업목표에 '구매를 할 수 있다'라고 되어 있음에도 실제 활동에서는 해당 목표를 위한 활동이 이루어지지 않았습니다.</td></tr>
<tr><td>교사와 학생과의 상호작용</td><td colspan="2">교사가 지속적으로 발문을 시도함으로써 학생과의 계속적인 상호작용이 이루어진 것이 인상 깊었습니다.</td></tr>
<tr><td>교재의 적절성 및 교구의 활용도</td><td colspan="2">반구체물을 이용한 슈퍼마켓 장보기를 시도한 것이 좋았습니다.</td></tr>
<tr><td>소감</td><td colspan="3">수업을 통해서 다양한 아이디어를 얻을 수 있었습니다. 하지만 이 학급의 학생들의 특성상 조금 더 활동적인 내용으로 이루어졌더라면 참여도가 더 높았을 것으로 생각되었습니다.</td></tr>
</table>

〈표 10〉 수업참관 후 작성한 수업참관록의 실제예시(동료 실습생의 수업에 대한 참관)

교수-학습 활동 참관록

<table>
<tr><td>일 시</td><td colspan="3">200**년 *월 **일 목요일 4교시</td><td>참관자</td><td>김 ○ ○</td></tr>
<tr><td>지도교생</td><td>정 ○ ○</td><td>지도대상</td><td>2-1</td><td>지도장소</td><td>2-1반교실</td></tr>
<tr><td>교 과 명</td><td>슬기로운 생활</td><td>단 원 명</td><td colspan="3">더불어 사는 우리 이웃</td></tr>
<tr><td>구 분</td><td colspan="3">세부안</td><td colspan="2">평가</td></tr>
<tr><td rowspan="9">교수활동</td><td colspan="3">학습목표는 적정하게 진술 제시하는가?</td><td colspan="2" rowspan="9">실생활에 반드시 필요한 단원을 선정하여 학습목표를 적절히 제시하였다. 초콜릿을 보여주며 '이것은 어디에서 사는가?'라고 질문을 함으로써 동기를 유발하였다. 전체적으로 수업이 무리 이 잘 진행되었다. 한 가지, 실제 가게의 모습을 좀 더 다양하게 느낄 수 있도록 구성하였으면 좋았을 것이라는 아쉬움이 있다. 단면적인 한 장의 사진으로 가게의 특성을 보여주는 것보다는 여러 개의 사진과 실제 사는 모습을 영상으로 보여주었으면 조금 더 효과적인 수업이 이루어졌을 것이다.</td></tr>
<tr><td colspan="3">학습내용은 적절히 선정 재구성되었는가?</td></tr>
<tr><td colspan="3">지도 내용의 연구는 심도 있게 이루어졌는가?</td></tr>
<tr><td colspan="3">학습동기를 적절히 유발하여 학습 의욕을 촉진하는가?</td></tr>
<tr><td colspan="3">교수 활동단계는 유기적으로 진행되는가?</td></tr>
<tr><td colspan="3">학생 수준에 따른 개별학습을 촉진하는가?</td></tr>
<tr><td colspan="3">교과 및 학습목표에 적합한 교수방법을 활용하는가?</td></tr>
<tr><td colspan="3">자기주도적 학습(학습방법의 학습)을 촉진하는가?</td></tr>
<tr><td colspan="3">발문의 유형은 다양하며 학습자의 사고를 자극하는가?</td></tr>
<tr><td rowspan="4">학습활동</td><td colspan="3">학습준비 및 학습결과의 정리는 충실한가?</td><td colspan="2" rowspan="4">학생들이 평소 생활에서 접할 수 있는 제재여서 능동적으로 참여하였다. 그러나 학생 상호간의 의견교환이나 협력이 이루어지지 않은 점이 아쉬움으로 남는다.</td></tr>
<tr><td colspan="3">능동적으로 학습활동에 참여하고 있는가?</td></tr>
<tr><td colspan="3">학생 상호간에 의견교환이나 협력이 이루어졌는가?</td></tr>
<tr><td colspan="3">사고력, 문제 해결력, 창의력 신장이 이루어지고 있는가?</td></tr>
<tr><td rowspan="4">평가활동</td><td colspan="3">형성평가가 효과적인 방법으로 이루어지는가?</td><td colspan="2" rowspan="4">시간이 부족하여 학습지를 풀지 못했지만 수업 중간에 아동이 주도하여 활동함으로써 평가가 이루어졌다. 수업을 마무리할 때에 오늘 이루어진 내용을 정리해 주었다.</td></tr>
<tr><td colspan="3">평가결과를 학습활동에 환류하고 있는가?</td></tr>
<tr><td colspan="3">학습내용을 요약 정리하고 있는가?</td></tr>
<tr><td colspan="3">차시 학습을 위한 적절한 과제를 부여하는가?</td></tr>
<tr><td rowspan="4">학습자료</td><td colspan="3">학습지도에 유용한 자료를 충분히 부여하는가?</td><td colspan="2" rowspan="4">실제 사진을 활용하여서 사물의 실제 모습에 가까운 자료를 제공하였다. 한 가지 아쉬운 점은 실제 상황을 체험해 보는 자료가 없었다는 것이다.</td></tr>
<tr><td colspan="3">학습 사태에 따라 적시에 제시 활동되는가?</td></tr>
<tr><td colspan="3">다양한 기자재 활용이 이루어지고 있는가?</td></tr>
<tr><td colspan="3">학습기자재 활용이 이루어지고 있는가?</td></tr>
<tr><td>환 경</td><td colspan="3">학습분위기 조성은 잘 되어 있는가?</td><td colspan="2">초반에 학급이 조금 어수선했지만 후반부에는 활동에 대한 집중도가 매우 높았다.</td></tr>
</table>

〈표 11〉 교내 연수이후 작성한 소감문의 예

컴퓨터 실에서 이OO 선생님의 두 번째 연수가 있었습니다. 긍정적 행동지원 사례연구가 주제였는데, 행동치료 강의를 들으면서 PBS에 대해서는 많이 접해보았기 때문에 역시 낯설지는 않았고 수업연구대회에서 상까지 받으신 능력 있는 선생님의 연수였기에 선생님의 행동지도에 대해서 관심이 많았습니다. 일반적으로 긍정적 행동지원(PBS: Positive Behavior Support)이란 물리적, 사회적, 논리적, 교육적, 의학적 지원계획을 수립하여 문제행동을 감소시키고 일반적으로 수용되는 기본적이고 바람직한 생활방식을 습득시키기 위한 광범위한 접근방법입니다. 또한 학생이 갖고 있는 강점과 잠재적인 능력을 찾아내서 신장시키는 데에 초점을 맞추고 있습니다. 긍정적 행동지원은 첫째, 중재목표를 확인하고 둘째, 관련 자료 정보를 수집하고 셋째, 요약문을 작성하고 넷째, 행동지원 계획을 수립하며 다섯 번째, 행동지원 계획을 실시하고 점검하는 것으로 이루어집니다. 긍정적 행동지원을 통한 효과가 다양하게 나타나는 것을 볼 수 있습니다...(중략).. 아동의 잘못된 행동을 지도하기 위해서는 아동에 대한 끊임없는 관심과 선생님의 노력이 필요하다고 봅니다. 특히 아동의 행동에 대해서 다양한 각도에서 생각해보고 그 이유를 알아보며 이에 기초하여 여러 가지 중재방법들 중에서 의미있는 방법을 선택해야 하기에 선생님의 세심한 관찰과 아동의 행동에 대한 깊은 이해가 필요할 것 같습니다. 아동의 행동변화를 위해 단순히 벌을 주는 것이 아니라 긍정적인 지원을 통해 아동의 행동과 더 나아가 아동의 삶을 조금 더 의미 있게 변화시킬 수 있는 것이 결국 특수교사의 전문성이 아닌가 생각하게 되었습니다. 이번 실습과정에서 아동에 대한 사례연구를 실시해야 하는데, 긍정적 행동지원의 관점을 바탕으로 아동의 바람직한 행동을 이끌어 볼 생각입니다. 벌서부터 조금 더 긍정적으로 변화될 아동의 모습이 기대됩니다.

(5) 생활지도 방법에 대한 관찰

특수교육기관에서 장애학생들에 대한 생활지도는 매우 중요하게 여겨집니다. 등・하교 시간, 식사시간, 쉬는 시간 중의 화장실 이용하기 등 학교의 일과 속에서 장애 학생들에 대해서 이루어지는 생활지도 내용과 방법들을 살펴보아야 합니다. 또한 부적응행동을 보이는 학생들에 대한 중재방법에 대해서도 눈여겨 살펴보아야 합니다. 여러분들은 하루 일과를 통해서 교실, 복도, 화장실 등 여러 장면 속에서 선생님들이 학생들을 어떻게 대하고 지도하시는지 유심히 관찰하고 의문이 날 경우에는 바로 질문을 해야 합니다.

(6) 교내연수

참관실습 기간 동안을 포함해서 실습기간 동안 다양한 교내 연수를 받게 됩니다. 교내연수는 학교운영방침, 교육실습생으로서의 자세를 포함하여 공문서 작성, IEP작성, 학급운영,

수업지도안, 학생진단평가 등 교사로서 갖추어야 할 지식과 태도와 관련한 다양한 내용들이 이루어지게 됩니다. 아래의 〈표 12〉는 실습기간동안 각 학교들에서 이루어진 교내연수 내용의 예들을 보여줍니다.

〈표 12〉 각 특수학교에서 교육실습 동안에 실시한 교내연수 내용의 예

학교	연수내용
A 학교	• 특수학교 교과서 도서 활용방안, • 학교교육과정 및 개별화교육, • 프로그램, • 교수-학습지도안 작성요령, • 교원의 복무제도, • 학교행사와 부모회 운영, • 교육행정 정보시스템, • 학적용어와 학교생활기록부 기재 방법, • 국가공무원의 복무규정, • 장애학생의 안전교육, • 장애학생의 직업교육, • 현장체험활동, • 진로교육 및 취업지도, • 학습기자재 관리 외
B 학교	• 학교 경영의 이해 • 특수학교 교육과정 및 개별화 교육 • 긍정적 행동지원 사례연구 • 수업관찰 및 수업분석 • 교수학습 지도방법 • 교수학습 지도안 작성법 • 생활지도 및 부적응 학생지도 • 장애아동을 위한 동화구연과 책 놀이 • 교직관과 복무규정 • 임용대비 학습 및 요령 외
C 학교	• 특수교육의 이해 및 교직관 • 진단평가교육 • 생활기록부의 작성 • 학습지도 계획 • 수업지도안 작성 외

교내 연수는 학교의 특성에 따라서 그 내용에서도 차이가 있습니다. 예를 들어 지체장애학교의 경우라면, 중증·중복장애학생을 위한 휠체어와 보장구 사용방법이나 자세지도, 섭식지도 등이 포함됩니다. 시각장애의 경우라면 점자지도, 보행지도, 정보접근성 등의 주제가 포함되며, 청각장애의 경우에는 수화 및 구화지도 등 각 장애영역에 필요한 내용들이 연수에 포함되게 됩니다. 재미있는 것은 최근 임용고사에 대한 전공 학생들의 관심이 커진 탓에 실습기간 중에 임용에 대한 안내가 이루어지는 학교도 있다는 점입니다.

실제로 교육실습 중 경험한 수업진행은 임용고사의 실기시험을 치르기 위한 중요한 경험이 될 수 있습니다.

3. 수업실습

1) 수업실습의 의미

교육실습 동안에 여러분들은 다양한 경험을 하게 되고 또 많은 것들을 배우게 됩니다. 그러나 교육실습에서 가장 중요한 과정은 바로 수업실습이라고 할 수 있습니다. 수업은 교사의 가장 일차적인 의무이자 권리이기 때문입니다. 여러분들은 이미 대학생활을 통해서

많은 수업을 진행해 보았을 것입니다. 자원봉사활동을 통해서 장애학생들에 대한 수업을 진행해본 경우도 있을 것이고 모의수업, 혹은 여러 형태의 관련 프로그램을 통해서 수업을 진행해 본 경우도 있을 것입니다. 어떤 경우이든 특수교육, 혹은 관련 학과를 전공하고 있는 학생들이라면 다양한 수업경험이 있을 것입니다. 그러나 특수교육실습 동안에 이루어지는 수업은 다소 차이가 있습니다.

이제 여러분은 한 학급의 담임이 되어서 수업을 진행하는 것입니다. 여러분들은 한 학급의 담임으로서 학급의 분위기를 조성하고 개별 학생들의 요구를 고려하면서 여러분에게 주어진 과제를 제한된 시간 안에 가장 효율적이고 효과적으로 가르쳐야 합니다. 즉, 여러분들이 그간 배운 모든 이론적 실제적 기술들을 총 동원하여 수업을 계획하고 진행하게 됩니다.

여러분들의 수업은 노련한 선배 선생님들을 통해서 철저하게 평가를 받게 됩니다. 어떤 학생은 자신의 수업 결과에 대해서 흐뭇하게 생각하기도 하지만 어떤 학생들은 아쉬운 마음에 눈물을 흘리기도 합니다. 특수교육실습을 하면서 가장 힘들어하는 이유도 바로 수업실습에 대한 부담 때문일 것입니다. 하지만 앞으로 여러분들은 진로를 바꾸지 않는 이상 '수업'을 진행하는 것이 여러분들의 일상이 될 것입니다. 따라서 조금만 더 적극적으로, 조금만 더 창의적으로 수업을 준비한다면 수업이 끝난 뒤에 여러분들은 스스로 교직을 선택하기를 잘했다라고 느끼게 될 것입니다. 그만큼 제대로 준비한 사람에게는 더 없이 큰 보람을 주는 것이 또한 수업입니다.

수업실습은 일반적으로 참관수업이 끝난 후에 이루어지지만 어떤 경우에는 실습학급을 배정받는 첫 주부터 이루어지기도 합니다. 이 경우 학급의 학생들에 대한 충분한 이해가 되어 있지 않은 상태이기 때문에 여러분들은 적지 않게 당황할 수 있습니다. 하지만 당황하지 말고 그간 대학에서 배워왔던 것들을 차분히 실천한다고 생각하고 임하시면 됩니다.

2) 수업실습의 과정

수업은 통상 몇 단계를 거쳐서 이루어집니다. 여러분들은 교수학습 지도안의 각 단계들을 확인하면서 수업을 계획하고 진행하고 평가하면 됩니다.

〈표 13〉 학습지도안의 기본적인 틀

OO과 교수학습 지도안

Ⅰ. 단원의 개관
1. 단원명
2. 단원 설정의 이유
3. 단원의 목표
4. 단원의 지도계획
5. 지도상의 유의점
6. 단원의 평가계획

Ⅱ. 본시학습 전개계획
1. 본시학습을 위한 준비도
2. 본시 교수-학습활동 계획
3. 평가의 관점

*출처: 전병운 · 유재연(2003). 『특수교육과 교과교육』. 서울: 교육과학사.

(1) 단원 및 차시를 확인합니다.

학교의 수업은 학교교육과정에 의해서 이루어집니다. 즉 교육과정에서 제시되어 있는 일정(연간지도계획)과 계획에 따라서 수업이 계획되는 것입니다. 수업을 위해서 가장 처음 확인해야 하는 것은 현재 어떤 단원이 계획되어 있는지를 확인하는 것입니다. 이러한 내용은 각 학교마다 비치되어 있는 학교교육과정에 제시되어 있습니다. 여러분이 실습하고 있는 학교에도 학교교육과정이 책으로 만들어져 있습니다. 담임선생님께 부탁하여 책을 빌릴 수도 있고 아니면 인터넷 등을 통해서 파일로 올려져 있는 자료를 읽어볼 수도 있습니다. 일반적으로는 참관실습을 통해서 여러분들이 실습하는 동안에 이루어지는 교육과정에 대해서 소개를 받게 됩니다.

아래의 〈표 14〉는 한 특수학교의 5월중 지도계획의 내용을 보여줍니다.

〈표 14〉 H특수학교의 연간지도계획 중 5월중 지도계획의 예시

초등학교 국어(저학년)

월	주	대단원	소단원	제재
5	10	누구일까요?	바른 자세로 인사말하기	• 바르게 인사하기 • 선생님께 인사하기
	11		목소리 구별하기	• 여러 가지 소리 듣기 • 목소리 녹음하기
	12		내 이름 말하기	• 내 이름 말하기 • 잡지에서 오리기
	13		되돌아보기	• 같은 소리를 내는 그림 찾기 • 선으로 이어보기

한편 한 단원은 여러 차시로 나뉘어져 있습니다. 즉 하나의 큰 주제를 여러 시간으로 나누어서 가르치는 것입니다. 따라서 여러분들이 가르쳐야 할 큰 주제를 확인하고 그 주제들이 어떻게 나뉘어져 계획되어 있는지를 확인해야 합니다.

(2) 가르칠 내용을 확인합니다.

단원과 각 차시를 확인했으면 그 시간에 가르쳐야 할 내용을 확인해야 합니다. 여러분들이 가르쳐야 할 내용들은 이미 교육과정에 큰 방향과 내용이 제시되어 있고 교과서나 교사용 지도서 등에서는 좀더 구체적으로 가르칠 내용들을 확인할 수 있습니다. 그런데 한국의 특수교육 현장에서는 교과서의 활용도가 낮은 편입니다. 즉 주어진 교육과정을 정확히 따르는 경우가 많지 않다는 의미입니다. 하지만 우리 몸의 영양이 불균형을 이루면 몸에 병이 생기듯 학생들에게 가르치는 내용 역시 불균형이 생기면 안됩니다. 특수교육 현장의 여러 가지 사정들, 특히 학생들의 개별차이가 너무 심하다는 문제로 인해서 교육과정에서 제시된 내용들을 체계적으로 가르치는 것에 어려움을 경험하고 있지만 향후 통합교육의 추세에 비추어 볼 때에 주어진 활동과제를 수업 중에 어떻게 수정하여 제시해줄 것인가가 여러분에게는 매우 중요한 과제이자 특수교사의 전문성을 가늠하는 중요한 잣대가 될 것입니다. 여러분들은 수업실습을 통해서 교육과정에 근거한 내용들과 교육과정에는 제시되어 있지 않으나 개별 장애학생의 교육적 요구에 따라 어떤 내용을 가르칠 것인지 깊이 고민해 보아야 합니다.

(3) 가르칠 내용에 대해 연구합니다.

여러분들은 대학과정에서 "교과교재 연구 및 지도법"이라는 강의를 들으셨을 것입니다. 이 과목은 제목 그대로 여러분들이 가르쳐야 할 교과교재를 연구하고 어떻게 효과적이고

효율적으로 가르칠 것인가를 연구할 수 있는 안목과 능력을 키우기 위한 과목입니다. 이제 여러분들이 가르칠 내용을 정했다면 그 내용에 대해서 좀 더 깊이 있게 연구해야 하는 단계입니다.

예를 들어서 내가 가르쳐야 할 내용이 "물감으로 색칠하기"라면 물감의 종류가 어떤 것들이 있는지, 물감을 사용하는 방법에는 어떤 것들이 있는지, 붓의 종류에는 어떤 것이 있는지, 물감을 가지고 하는 활동이 학생들에게 어떤 의미를 주는지, 물감과 다른 재료와의 차이는 무엇인지 등 여러분이 가르쳐야 할 내용에 대해서 깊이 있게 연구하는 단계인 것입니다. 그러나 실제 수업실습에 들어가면 자신이 가르쳐야 할 내용에 대해서 곰곰이 생각하고 연구할 수 있는 시간이 많지 않습니다. 무엇보다 정신적인 여유가 없다고 말하는 것이 맞을 것입니다. 하지만 가르칠 내용에 대한 철저한 분석과 연구가 없으면 결국 수업이 부실해진다는 것을 기억하시기 바랍니다.

(4) 수업의 목표를 정합니다.

여러분들이 수업할 내용을 정하고 그 내용에 대해서 연구했다면 이제는 수업의 목표를 정해야 합니다. 전문가인 교사와 비전문가가 다른 점은 똑같은 활동을 하더라도 얼마나 정교한 목표를 갖고 그 활동을 진행하는가에 있을 것입니다. 똑같은 놀이 활동을 하면서도 교사들은 아동들이 도달해야 할 구체적인 목표를 세우고 이를 위해 사전에 철저한 계획을 세우게 됩니다.

한편, 수업의 목표를 진술하는 방법은 여러 학자들의 연구가 있고 학교마다 사용하는 방법도 다릅니다. 예를 들어 어떤 학교는 "붓으로 물감을 칠한다"라고 표현하고 또 어떤 학교는 "붓으로 물감을 칠할 수 있다" 등으로 약간씩 다르게 진술을 합니다. 이것은 아주 사사로운 것처럼 보이지만 교육실습생들은 이런 작은 문장진술에 대해서 지적을 받는 경우가 많습니다. 여러분들은 참관실습 등을 통해서 실습학교 선생님들이 사용하시는 진술방식을 확인해 두었다가 그 방법을 따르시면 됩니다.

수업목표의 진술과 관련하여서는 여러 학자들마다 약간씩 견해를 달리합니다. 하지만 수업목표 진술방식에 대한 주장은 아래와 같이 크게 세 가지로 나누어서(한국특수교육교과교육학회, 2009) 살펴볼 수 있습니다.

〈표 15〉 수업목표 진술방식

구분	진술방식	진술의 예시
Tyler	학습될 내용과 기대되는 학습자의 행동을 동시에 진술해야 한다.	• 우리고장의 그림지도를(학습될 내용) 그릴 수 있다(행동)
Mager	성취행동, 기준, 수락준거의 세 가지 요소가 포함되어야 한다.	• 덧셈문제 10문제를 제시했을 때(조건) 10분 이내에 10문제를(수락기준) 풀 수 있다(성취행동)
Gagne	조건, 도구, 행동, 대상, 학습능력의 다섯 가지 구성요소를 포함시킨다.	• 긴 문장을 제시했을 때(조건) 컴퓨터를 이용하여(도구) 글을 써서(행동) 그 유목에 속하는 3가지 이름을(대상) 열거할 수 있다(학습능력)

*출처 : 한국특수교육교과교육학회(2009). 『특수교육 교과교재 연구 및 지도법』. 서울: 교육과학사. pp. 122-124의 내용을 재구성함.

한편, 수업목표를 진술할 때에는 다음과 같은 몇 가지 사항들에도 유의해야 합니다.

① 하나의 수업목표 안에는 하나의 내용과 하나의 행동요소가 포함되어야 합니다.

② 단문으로 진술합니다.

③ 가능한 한 행동적 목표 진술을 합니다. 즉 구체적인 행동으로 드러날 수 있는 목표를 정하라는 것입니다. 예를 들면 "수를 이해한다"가 아니라 "1에서 10까지 센다"와 같이 진술하는 것입니다.

④ 구체적인 용어를 사용합니다.

(5) 수업의 전개를 위한 계획을 세웁니다.

이 단계에서 여러분들은 수업의 순서, 단계에 대한 계획을 세워야 합니다. 즉 여러분들이 가르치려고 하는 내용과 목표를 어떻게 펼쳐 놓았을 때에 가장 효과적으로 수업이 이루어질 수 있을지에 대해서 고민하는 것입니다.

전통적인 수업의 경우에는 도입-전개-정리의 순서로 이루어집니다. 이는 거의 대부분의 수업이 동일한 방식을 취하고 있습니다. 도입, 전개, 정리는 완전히 분리되어 있다기보다는 상호적으로 연결되어 있다고 보는 것이 맞습니다. 그리고 노련한 선생님일수록 이 과정이 물 흐르듯 자연스럽게 이루어지는 것을 볼 수 있습니다.

한편, 수업모형과 내용 등에 따라 '도입-전개-정리'라는 전통적인 수업의 전개형식이 아니라 다른 형태의 전개를 사용하기도 합니다. 예를 들어, 문제해결학습 모형을 사용한다면, 수업의 단계를 문제확인, 문제해결방법 찾기, 문제해결, 일반화 등으로 진술할 수 있습니다.

한편, 수업의 주요 단계에 대해서 여러분들이 고민해야 하는 점들은 다음과 같습니다.

① 도입단계

ⅰ) 수업에 임하는 학생들의 컨디션은 어떠한가?

장애학생들은 수시로 컨디션이 변하는 경우가 많습니다. 특히 발달장애를 갖고 있는 학생들의 경우에는 감정상태가 급격히 변화하기도 합니다. 그래서 평소에 잘 참여하던 활동에 대해서도 어떤 날에는 전혀 관심을 보이지 않거나 오히려 거부할 수도 있습니다. 따라서 수업을 진행하기 전에 아동들의 컨디션을 살펴보는 것이 매우 중요합니다. 만약 수업 전에 컨디션이 좋지 못한 학생을 발견했다면 특별히 관심을 기울여야하고 경우에 따라서는 해당 아동에 대해 준비한 활동을 변경해야 할 수도 있습니다. 만약 아동의 좋지 못한 컨디션을 무시하고 수업을 진행하게 되면 결국은 모두에게 도움이 되지 않는 수업으로 끝나버릴 수도 있기 때문입니다.

ⅱ) 수업을 시작하면서 학생들의 동기를 어떻게 유발할 것인가?

당연한 이야기이지만 학생들이 활동에 흥미나 호기심을 갖고 있다면 수업에 훨씬 적극적으로 참여할 것이고 그 결과도 좋을 것입니다. 따라서 도입부분은 전개에 비해서 상대적으로 짧은 시간이지만 수업 전체를 끌어가는 과정에서 매우 중요한 단계입니다. 이런 중요성 때문에 어떤 선생님들은 도입부분에서 풍선놀이, 혹은 마술과 같은 재미있는 활동을 통해서 학생들의 주의를 끌기도 합니다.

한편, 도입부분에서 학생들의 동기를 끌어낼 수 있는 몇 가지 방법들이 있습니다.

첫째, 학생들이 수업을 통해서 어떠한 것들을 할 수 있는지 보여주는 것입니다. 예를 들어 과자 만들기를 한다고 가정할 때에 도입부분에서 완성된 과자 몇 개를 제시하여 시식하게 함으로써 오늘 수업을 잘 마치면 그 결과물인 과자를 먹을 수 있다는 것을 보여주는 것입니다.

둘째, 학생들이 관심 있어 하는 이야기, 예화, 사물 등을 수업할 내용과 관련지어 들려줌으로써 수업에 대한 흥미와 관심을 유도하는 것입니다.

셋째, 학생들에게 수업을 안내하고 도움을 줄 수 있는 재미있는 교재교구를 제시함으로써 수업에 대한 관심과 흥미를 높일 수 있습니다. 여기에는 실물, 사진, 녹음자료, 영상자료 등 다양한 것들이 포함될 수 있습니다.

ⅲ) 수업시간에 배워야 할 목표들을 어떻게 이해시킬 것인가?

일반적으로 학생들이 수업시간에 배워야 할 것이 무엇인지 정확히 알고 있으면 학습의 효과는 그만큼 높아집니다. 근래에 가장 많이 사용하는 방법은 PPT나 동영상 등을 이용해서 학습할 목표를 제시하는 것입니다. 그러나 학습목표의 제시방법은 정해져 있는 것이 아니므로 학생들의 특성에 따라서 학생들이 쉽게 이해할 수 있는 방법을 택하시면 됩니다.

ⅳ) 이전에 배웠던 학습내용과 오늘 배울 학습 내용을 어떻게 연결시킬 것인가?

보통 선수학습이라고 하는데, 이전 시간에 배웠던 내용을 상기시켜 주는 것입니다. 예를 들어 전 시간에 이루어진 수업의 핵심내용을 동영상, 사진, 지난시간 활동의 결과물 등을 통해서 보여줄 수도 있습니다. 이것은 이전에 수업한 내용을 다시 한번 상기시켜 줄 뿐 아니라 이를 통해서 당일 수업이 이전 수업의 연속선상에서 이루어진다는 것을 알려주는 것입니다. 특히 같은 주제를 여러 차시로 나누어서 수업을 진행하는 경우에 중요합니다.

② 전개단계

ⅰ) 학습할 내용을 어떻게 제시할 것인가?

여러분들은 수업을 통해서 학생들에게 가르칠 내용들을 어떤 순서로 제시하는 것이 가장 효율적인지를 고민해야 합니다. 같은 활동이라도 제시하는 순서에 따라서 그 효과성은 달라지기 때문입니다. 만약 학생들이 흥미로워 할만한 것들을 앞부분에 제시하고 뒷부분에서는 계속 지루한 내용이 이어진다면 학습의 효과를 거두기 힘들 것입니다. 반면에 적절한 간격을 두고 학생들의 흥미를 이끌어 내도록 수업을 계획한다면 수업의 전체과정은 좀더 역동적으로 흘러갈 것입니다.

학습할 내용을 어떤 순서로 제시할 것인가와 관련해서는 몇 가지 방법들이 있습니다.

첫째, 쉽고 단순한 내용에서 시작해서 점차 어렵고 복잡한 내용을 제시해 나가는 방법이 있습니다. 이렇게 되면 마치 사다리를 하나씩 밟아 나가듯 앞에서 수행한 활동이 발판이 되어 그보다 조금 더 어려운 활동들을 무리없이 수행해 나갈 수 있다는 가정에 근거를 두고 있습니다. 예를 들어 찰흙으로 사람 얼굴 만들기를 한다고 가정할 경우, 제일 먼저 찰흙을 자유롭게 만져보게 하고, 그 다음에는 간단한 형태를 만들어 본 후 점차로 사람의 얼굴 형태에 가깝게 만들도록 하는 것입니다.

둘째, 학습해야 할 내용을 학생들이 충분히 소화할 수 있는 크기로 나누어서 제시하는 것입니다. 이를 위해서는 장애학생들의 특성과 수준을 적절히 고려하여야 합니다. 여러분들은 '과제분석'에 대해서 수없이 들어왔을 것입니다. 수업의 전개과정에서도 가르쳐야 할 내용들을 과제 분석하여 하나씩 나누어서 단계적으로 제시하는 것입니다.

셋째, 풍부한 예시자료들을 사용합니다. 학생들이 이해할 수 있는 수준에서 다양한 예시

자료들(예화, 사진, 실물 등)을 활용함으로써 학습목표에 좀더 쉽게 다다를 수 있도록 할 수 있습니다.

ii) 학습할 내용과 관련된 학습자료를 어떻게 효과적으로 제시하고 활용할 것인가?

최근 교육현장에서 활용할 수 있는 학습자료의 종류와 내용이 무척 다양해 졌습니다. 예전에는 복사물이나 혹은 OHP 등의 기구들이 사용되었지만 현재에는 컴퓨터를 포함해서 수없이 다양한 매체들을 통해서 학습과정을 보조할 수 있습니다.

학습자료들은 장애학생들의 특성과 요구를 적절히 고려하여야 합니다. 어떤 학생들은 활자를 선호할 수도 있지만 어떤 학생들은 영상이나 소리자료, 혹은 감각자료들을 선호할 수도 있습니다.

iii) 수업 중에 어떻게 학생들의 참여를 이끌어낼 것인가?

교사가 아무리 열심히 수업을 진행한다고 하더라도 학생들이 참여하지 않으면 그 수업은 의미가 없을 것입니다. 따라서 수업을 시작해서 끝내는 그 순간까지 가능한 한 학생들을 적극적으로 참여시키기 위한 노력을 기울여야 합니다.

수업은 하나의 커뮤니케이션입니다. 즉 학생과 교사가 서로 의사소통하는 과정이라고 할 수 있습니다. 교사의 역할은 이 의사소통이 가능한 한 자발적으로, 가능한 한 활발하게 일어날 수 있도록 모든 수단을 강구하는 것입니다. 일반학교라면 교사의 발문이 중요한 역할을 할 것입니다. 그러나 특수교육기관의 경우에는 언어사용에 어려움을 경험하고 있는 학생들이 대부분이기 때문에 학생들의 긍정적인 반응에 대한 적절한 보상과 다양한 형태의 피드백이 제공되어야 합니다. 이 피드백을 제공하는 방법은 교사마다 다를 수 있습니다. 어떤 교사들을 하이파이브를 할 수도 있고 또 어떤 교사들은 작은 보상물을 제공할 수도 있습니다. 여러분들이 참관실습을 통해서 아동의 특성과 학급의 문화를 충분히 이해하게 되면 어떤 방법이 교사와 학생간의 의사소통을 촉진시키는지 알게 되었을 것입니다. 한 가지 유념할 것은 아동들에 대한 보상이나 피드백이 가능한 한 수업의 맥락에서 볼 때에 자연스러워야 한다는 점입니다.

iv) 수업의 목표를 이루기 위해 어떤 수업방법들을 사용할 것인가?

다양한 수업방법들이 있습니다. 예를 들면 교사가 앞에서 수업을 진행하고 학생들이 교사를 따라오는 전통적인 방법이 있는가 하면 통합교육 현장에서 매우 중요하게 고려되고 있는 협동학습 모델을 포함하여 다른 여러 가지 수업방법들이 있습니다. 특수교육 현장에서는 다양한 수업방법들이 잘 적용되지 않고 있는 현실이지만 실습과정 중에 여러 가지 수업방법들을 적용해 봄으로써, 신선하고 새로운 수업을 진행해 보는 것도 의미가 있습니다.

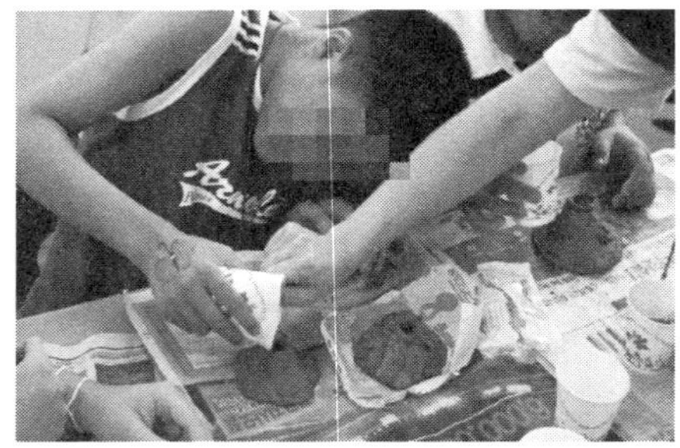

〈그림 21〉 활동에 따라서 모둠별, 혹은 개별수업 등 다양한 방법을 사용합니다.

ⅴ) 주어진 수업시간을 어떻게 효율적으로 사용할 것인가?

교육실습생들이 수업을 진행하면서 가장 당황하는 상황은 수업할 내용이 모두 끝났는데 종료종이 울리지 않는 것입니다. 현장에서 수업참관을 하다보면 간혹 이런 일이 발생합니다. 수업을 진행하는 실습생이나 수업을 지켜보는 참관자들이나 긴장되기는 마찬가지입니다. 이 반대의 상황도 있습니다. 수업할 내용은 아직 많이 남아 있는데, 이미 수업종료를 알리는 종이 울린 것입니다. 이러한 예들은 실습생들이 아직 수업시간을 적절히 배분하고 사용하는 것이 익숙하지 않다는 것을 의미합니다.

교사들은 주어진 시간을 가장 효율적으로 활용하여 교육의 효과를 극대화할 책임이 있습니다. 따라서 사전에 시간계획을 잘 세우셔야 합니다. 지도안을 작성하는 과정에서 각 활동별로 몇 분 정도를 사용한다고 적습니다. 그런데 대부분 피상적으로 시간을 정해놓고 수업을 진행하게 되면 앞의 예와 같이 당황스러운 상황에 직면하는 것입니다.

③ 정리단계

ⅰ) 학습한 내용들을 어떻게 정리해 줄 것인가?

수업이 끝나갈 무렵에 수업내용을 요약, 정리해 주시는 선생님도 계시고 그렇지 않은 분도 계십니다. 만약 여러분들이 학생이라면 어떤 수업이 더 기억에 남을까요? 당연히 요약, 정리해 주시는 선생님의 수업이 남을 것입니다. 장애학생들의 경우라도 다르지는 않습니다.

정리단계에서는 여러분이 수업을 통해 진행했던 여러 활동들을 간략하게 요약하고 정리해 주어야 합니다. 물론 그 방법은 여러 가지입니다. 언어적으로 설명해줄 수도 있고 아니면 그림을 통해서 보여줄 수도 있습니다. 조금 부지런한 분이라면 수업한 내용들을 녹화하고 녹화한 내용들을 부분부분 보여주면서 그날 수업한 내용들을 정리해 주실 것입니다.

학습한 내용들을 정리해 주는 것은 단지 학생 뿐 아니라 교사 자신에게도 그날 진행한 수업에 대해서 한 번 더 생각해 보게 하는 역할을 합니다.

ii) 학습한 내용에 대한 연습과 일반화를 어떻게 시킬 것인가?

많은 장애학생들이 학습한 내용의 전이 및 일반화에 어려움을 경험한다는 것을 잘 알고 있을 것입니다. 따라서 수업을 정리하는 과정에서 수업시간에 배운 것들을 실제 상황이나 유사한 상황에서 적용시킬 수 있도록 연습의 기회를 제공해야 합니다. 이러한 연습의 기회를 제공받음으로써 학생들은 새로 학습한 것을 좀 더 확실하게 이해하고 오래 기억할 수 있게 됩니다. 예를 들어 수업 중에 카드 만들기를 했다면 만들어진 카드에 친구 이름이나 옆 학급의 선생님 성함을 적고 카드를 배달해 볼 수도 있습니다.

iii) 학습에 참여한 학생들을 어떻게 강화해 줄 것인가?

특수교육을 공부한 학생들이라면 강화에 대해서 매우 많은 공부를 했을 것이고 이런 저런 자원봉사나 실습과정에서 많이 사용해 보았을 것입니다. 한 단위의 수업이 끝나고 다음 수업으로 들어가기 전에 학생들은 강화를 필요로 할 수 있습니다. 이때는 학생들의 특성에 따라서 여러 가지 강화가 제공될 수 있습니다. 그러나 가장 좋은 것은 해당 수업의 과정과 자연스러운 수업의 결과물 자체가 학생들에게 강화물이 되는 것입니다.

iv) 수업시간에 미처 다루지 못했거나 제대로 다루지 못한 내용이 있다면 어떻게 할 것인가?

수업시간에 충분히 다루지 못한 내용이 있을 경우에 이를 소개해 주어야 합니다. 이를 통해서 학생들에게 수업 중 다룬 내용에 대해서 좀 더 알아보고 싶은 동기를 불러 일으켜야 하는 것입니다. 예를 들어 수업 중에 풍선놀이를 했을 경우 정리 단계에서 수업 중에는 다루어 보지 못한 여러 가지 모양의 풍선들을 보여줌으로써 풍선에 대한 관심을 지속시키고 다음 수업에 대한 기대를 갖게 할 수 있습니다.

ⅴ) 다음 수업시간에 이루어질 활동에 대해서 어떻게 안내할 것인가?

흔히 '차시예고'라고 불립니다. 수업의 도입부분에서 전시학습에 대한 소개를 한 것과 마찬가지로 수업을 마칠 때에는 다음 수업시간에 무엇을 배우게 될 것인지를 안내함으로써 당일 수업한 내용과의 관련성을 지어줍니다.

이상에서 살펴본 바와 같이 여러분들은 수업을 계획하고 진행하는 과정에서 위에서 제시된 요소들을 늘 염두에 두면서 수업을 계획하는 습관을 가져야 합니다.

4. 실무실습

1) 실무실습의 의미

교사의 역할과 책임은 단순히 수업을 진행하는 것에만 있지 않습니다. 학생들을 가르치는 일과 직접적으로 혹은 간접적으로 연관되어 있는 다양한 업무들을 수행해야 합니다. 여기에는 각종 서류 및 장부의 작성 및 보관, 공문서 작성 및 취합 등 여러 가지가 포함됩니다. 담임선생님들은 담임으로서의 업무 외에 학교의 업무분장(業務分掌), 즉 학교의 업무와 관련한 사무를 적절히 나누어 처리해야 하는데, 실무실습은 이러한 업무들을 경험하고 실시해 보는 과정입니다.

2) 실무실습의 주요 내용들

(1) 학급업무

학급의 담임으로서 수행해야 할 업무들이 있습니다. 예를 들면 학급 경영록을 작성하거나 가정통신문 발송하기, 혹은 각종 학습기자재의 구입과 비치 및 활용, 출석부 작성, 상담록 작성, 건강기록부 작성, IEP작성, 특별활동 등 여러 가지 업무들이 여기에 포함됩니다. 여러분들이 이러한 모든 업무들을 다 해볼 수 있는 것은 아니지만 참관실습이나 연수 등을 통해서, 혹은 담임선생님과의 말씀을 통해서 학급에서 교사들이 어떤 업무들을 수행해야 하는지 배우게 됩니다.

여기에서는 특수교육의 가장 기본이 되는 IEP의 작성에 대해서 알아보도록 하겠습니다.

① 개별화교육계획(Individualized Education Plan: IEP)

특수교육 대상자 개인의 장애 유형 및 장애 특성을 고려하여 교육목표, 교육방법, 교육

내용, 관련서비스 등이 포함된 계획을 수립하여 실시하는 교육을 의미하는데, 「장애인 등에 대한 특수교육법」에 제시된 개별화교육의 정의를 구체적으로 살펴보면 다음과 같습니다(국립특수교육원, 2009).

○ 개별화교육은 특수교육대상자 개개인의 능력을 계발하기 위하여 실시하는 교육을 의미한다.

○ 개별화교육은 장애의 유형과 특성에 적합한 교육 목표・교육 방법・교육 내용・특수교육 관련서비스 등이 포함된 계획을 수립하고, 실시하는 교육을 의미한다.

○ 개별화교육은 특수교육대상자의 교육적 요구에 적합한 교육과정 및 특수교육 관련서비스가 포함된 개별화교육계획을 통하여 이루어지는 교육을 의미한다.

② 개별화교육계획의 기능

개별화교육계획은 다음과 같은 기능을 합니다(국립특수교육원, 2009).

○ 특수교육대상자를 위하여 특별히 고안된 교육(교육과정 및 특수교육 관련서비스)을 보장하기 위한 계획서이다.

○ 특수교육대상자의 교육 방향(목표, 내용, 방법)을 제시하는 계획서이다.

○ 특수교육대상자의 교육 성취를 점검하고 평가하는 평가 계획서이다.

○ 특수교육대상자 및 보호자의 권리를 옹호하는 주요 문서이다.

○ 개별화교육지원팀의 개별화교육계획의 실행에 대한 책무성을 강화하는 실질적 문서이다.

○ 개별화교육지원팀의 협력적 체계 구축 및 의사소통을 돕는 문서이다.

③ 개별화교육계획의 구성요소

개별화교육계획에는 인적사항, 현재학습수준, 교육목표, 교육내용, 교육방법, 특수교육관련서비스, 평가계획 등의 요소들이 포함되며(국립특수교육원, 2009), 각 항목별로 포함될 수 있는 세부내용들은 아래와 같습니다.

〈표 16〉 개별화교육계획의 구성요소

항 목	내 용
인적사항	-성명, 성별, 생년월일, 학교, 학년/반, 주소, 가족사항, 연락처 -개별화교육계획 시작일 및 종료일 -장애유형 및 정도, 장애특성 -진단・평가 내용 -특수-교육대상자의 흥미, 강점, 약점 -보호자의 희망사항 -기타사항(전년도 담임교사의 의견 등)
현재 학습 수행수준	-교육 목표 설정에 필요한 평가 관련 정보 -교육 목표와 관련된 출발점 행동 수준 -사회성 기술, 부적절한 행동, 신체활동(건강상태, 보장구 사용 등)과 같은 적응행동 특성은 교과 내에 포함시켜 진술
교육목표	-연간목표: 현재 학습 수행 수준을 고려하여 개별화교육계획(1년)이 종료되는 시점에서 특수교육대상자가 수행할 것으로 기대되는 수준 -학기별 목표: 연간목표를 구성하는 하위 목표로서 해당 학기가 끝나는 시점에서 특수교육 대상자가 수행할 것으로 기대되는 수준
교육내용	-각 영역별 월간 혹은 주간 학습 내용 -기본 교육과정, 국민 공통 기본 교육과정, 혼합
교육방법	-교수・학습방법: 토론식 수업, 직접교수법, 또래교수, 협력교수 모델링, 촉진, -자기점검, 행동형성, 기억전략 등 -교수매체(자료 포함): 시청각 자료, 구체물, 점선노트, 자・모음 촉각자료, 개별학습지, 그림책 등 -교수집단: 전체학급 교수, 또래교수, 1 : 1 수업, 교사 주도적 소집단 교수, 협동
• 평가계획	-평가담당자 -평가시기 -평가 방법 -평가준거 -평가결과
• 특수교육 관련서비스	-특수교육 관련서비스 내용: 가족지원, 치료지원, 보조교사, 통학지원, 학습자료지원, 정보접근지원, 기숙사 등 -특수교육 관련서비스 제공 방법 *특수교육 관련서비스 참여 시간(요일별 일정) *특수교육 관련서비스 제공자 *특수교육 관련서비스의 목표 및 평가 계획
• 기타 정보	-특수교육대상자가 현재 학교에서 제공받고 있는 서비스의 종류 -지원의 목적 및 내용 -일정 및 장소 -관리 책임자

*출처: 국립특수교육원(2009). 2008년 개정 특수학교 교육과정에 따른 개별화교육계획 수립・운영자료. pp. 26-54의 내용을 표로 재구성함.

④ 개별화교육계획 개발 절차

해당 학기 교과 교육계획표 준비
학교(급) 단위로 준비된 교과 교육계획표를 준비

⇩

차시별 교육 목표와 학생의 현재 학습 수행 수준 파악
차시별로 제시된 교육 목표에 근거한 학생의 현재 학습 수행 수준을 파악

⇩

차시별 교육 목표와 현재 학습 수행 수준 간의 불일치 분석을 통한 교육 목표 적합화
학생의 현재 학습수준에 근거하여 본래의 목표를 학생의 요구와 장애, 능력 등에 맞게 적합화

⇩

적합화된 교육 목표에 대한 교육 내용 열거
적합화된 교육 목표에 도달하기 위해 필요한 교육 내용을 열거

⇩

교육 내용을 지도하기 위한 교육 방법 제시
각 하위 교육 내용을 지도하기 위해 필요한 교육 방법을 열거

⇩

평가준거와 평가 방법 기록
각 교육 목표의 도달 여부를 확인할 수 있는 평가 준거를 설정하고 평가 방법을 기록

⇩

적합화된 교육 목표에 근거한 학기별 목표 개발
적합화된 교육 목표를 종합하여 학기별 목표로 개발
학기별 목표의 개발은 비계열적 목표 개발 형태를 취하는 것이 편리할 수 있음

⇩

학기별 목표에 근거한 연간목표 개발
학기별 목표를 종합하여 연간목표로 개발
연간목표의 개발은 비계열적 목표 개발 형태를 취하는 것이 편리할 수 있음

*자료출처: 국립특수교육원(2008). 2008년 개정 특수학교 교육과정에 따른 개별화교육계획 수립 · 운영자료. p. 72.

개별화교육계획의 경우 학기 초에 작성하게 되어 있으므로 특수교육실습생들이 직접 수립하지는 않습니다. 따라서 이 책에서는 구체적으로 다시 언급하지는 않았습니다. 하지만 특수학교 교육과정 운영의 핵심적인 부분이기에 모든 학교에서 개별화교육계획에 대한 안내를 합니다. 개별화교육계획의 예시 등 좀 더 자세한 내용을 알고자 할 때에는 국립특수교육원에서 발간한 '2008년 개정 특수학교 교육과정에 따른 개별화교육계획 수립 · 운영자료'를 참고하시기 바랍니다.

(2) 학교조직 내의 담당업무

선생님들은 학급의 담임을 담당하기만 하는 것이 아니라 학교의 조직 안에서 일정한 업

무를 담당해서 수행하게 됩니다. 예를 들면 교무부, 연구부, 생활지도부, 교육정보부 등 학교의 특성에 따라서 여러 가지 다양한 부서들이 조직되어 있는데 이와 관련된 업무를 수행하는 것입니다.

〈표 17〉은 H학교의 '교육연구부', 〈표 18〉은 E학교의 '학생 · 인성부' 운영계획의 예시를 보여줍니다.

〈표 17〉 H학교의 교육연구부의 세부추진내용

구분	교육활동내용
교과교육	• 과정별, 학급별, 교과별 연간수업계획 수립 • 학급별 주간교육활동계획안과 주간안내문 작성 및 검투 • 학교교육과정 수정보안
개별화교육	• 개별화교육위원회 구성 및 운영 • 개별화교육계획 수립 및 평가
교원연수	• 교수-학습 방법에 대한 교원연수 실시 • 교원 연수물 관리 • 하계, 동계 교원연수 추진 • 교과연구회 조직 및 운영 • 교사 동호회 조직 및 운영
주5일제 수업	• 주5일 수업계획 수립 및 추진 • 가정과 학교활동 프로그램 개발 및 운영
각종평가	• 각종 심리검사 • 방학과제 및 통지표 양식 개발 및 운영 • 교육평가
자율장학	• 동료장학, 약식장학, 자체연수 • 수업장학, 자기장학

〈표 18〉 E학교 학생·인성부의 운영내용

영 역	추 진 내 용
기본생활 지도	• 연간생활지도계획 수립 • 생활지도계획 수립 및 지도 • 학생명부 작성 • 학생자치회 임원 선출 • 특별관심 대상학생 파악 • 학생회 운영
안전생활 지도	• 특별관심 대상 학생의 교육적 조치 • 학교버스 노선 및 승·하차 지점 안내 • 안전한 생활을 위한 예방 지도 • 장기결석학생 가정방문 지도 • 학생 찾기 조편성 운영
선행학생 표상	• 선행 어린이 시상 • 모범학생 선발
현장학습 활동	• 소풍(춘계, 추계 현장학습) • 현장체험학습 • 수학여행

교육실습 중 여러 연수를 받게 되는데, 이때 해당 업무와 관련된 선생님께서 여러분들에게 각 업무에 대해서 자세하게 안내해 주실 것입니다.

(3) 공문서 처리

① 공문서의 정의

공문서에 대한 정의는 아래와 같습니다(사무관리규정 일부개정 2010.8.4 대통령령 제22322호).

"공문서"라 함은 행정기관 내부 또는 상호간이나 대외적으로 공무상 작성 또는 시행되는 문서(도면·사진·디스크·테이프·필름·슬라이드·전자문서 등의 특수매체기록을 포함한다. 이하 같다) 및 행정기관이 접수한 모든 문서를 말한다.

'전자문서'라는 말도 자주 사용하는데, 이에 대한 정의는 다음과 같습니다.

"전자문서"라 함은 컴퓨터 등 정보처리능력을 가진 장치에 의하여 전자적인 형태로 작성, 송·수신 또는 저장된 문서를 말한다.

실습 학교에서는 하루에도 여러 번 공문서들을 주고받습니다. 학교에서 이루어지는 공적인 활동들은 대부분 공문서를 통해서 기록으로 남게 됩니다.

② 공문서의 종류

공문서는 법규문서·지시문서·공고문서·비치문서·민원문서 및 일반문서로 구분됩니다.

- 법규문서: 헌법 · 법률 · 대통령령 · 총리령 · 부령 · 조례 및 규칙 등에 관한 문서를 말합니다.
- 지시문서: 훈령 · 지시 · 예규 및 일일명령 등 행정기관이 그 하급기관 또는 소속공무원에 대하여 일정한 사항을 지시하는 문서를 말합니다.
- 공고문서: 고시 · 공고 등 행정기관이 일정한 사항을 일반에게 알리기 위한 문서를 말합니다.
- 비치문서: 비치대장 · 비치카드 등 행정기관이 일정한 사항을 기록하여 행정기관 내부에 비치하면서 업무에 활용하는 문서를 말합니다.
- 민원문서: 민원인이 행정기관에 대하여 허가 · 인가 · 기타 처분 등 특정한 행위를 요구하는 문서 및 그에 대한 처리문서를 말합니다.

③ 공문서의 구성

기안문 및 시행문은 두문 · 본문 및 결문의 세 부분으로 구성됩니다. 전자문서의 경우에는 두문 · 본문 · 결문 · 붙임으로 구성하거나 표제부와 본문부로 구성할 수 있으며, 각각에 포함되는 내용은 아래와 같습니다.

- 두문: 행정기관명 수신자
- 본문: 제목 내용 및 붙임
- 결문: 발신명의: 기안자, 결재권자의 직위(직급) 및 서명, 생산등록번호, 시행일자, 접수등록번호, 접수일자, 우편, 주소, 홈페이지주소, 전화, 전송, 공무원의 공식, 전자우편주소, 공개구분

④ 문서의 성립 및 효력

문서는 당해 문서에 대한 서명(전자문자서명 · 전자이미지서명 및 행정전자서명을 포함)에 의한 결재가 있음으로써 성립합니다. 문서는 수신자에게 도달(전자문서는 수신자의 컴퓨터 파일에 기록되는 것을 말한다)됨으로써 그 효력을 발생하는데, 다만, 공고문서의 경우에는 공고문서에 특별한 규정이 있는 경우를 제외하고는 그 고시 또는 공고가 있은 후 5일이 경과한 날부터 효력을 발생하게 됩니다. 사실 이 부분까지 실습생들이 알 필요는 없을 듯합니다.

⑤ 문서 작성의 일반원칙

문서작성의 일반적인 원칙들은 다음과 같습니다.

- 문서는 「국어기본법」 제11조에 따른 어문규범에 맞게 한글로 작성하되, 쉽고 간명하게

표현하고, 뜻을 정확하게 전달하기 위하여 필요한 경우에는 괄호 안에 한자 그 밖의 외국어를 넣어 쓸 수 있으며, 특별한 사유가 있는 경우를 제외하고는 가로로 쓴다.〈개정 2002.12.26, 2008.9.2〉

- 문서에 쓰는 숫자는 특별한 사유가 있는 경우를 제외하고는 아라비아숫자로 한다.
- 문서에 쓰는 날짜의 표기는 숫자로 하되, 연 · 월 · 일의 글자는 생략하고 그 자리에 온점을 찍어 표시하며, 시 · 분의 표기는 24시각제에 따라 숫자로 하되, 시 · 분의 글자는 생략하고 그 사이에 쌍점을 찍어 구분한다. 다만, 특별한 사유로 인하여 다른 방법으로 표시할 필요가 있는 경우에는 그러하지 아니하다.
- 문서의 작성에 쓰이는 용지의 크기는 특별한 사유가 있는 경우를 제외하고는 가로 210밀리미터, 세로 297밀리미터로 한다.

(4) 교육행정정보시스템(NEIS: National Education Information)의 작성

NEIS(나이스)는 시 · 도교육청에 시스템을 구축하여 모든 교육행정기관 및 초 · 중등학교를 인터넷으로 연결하여 학사 및 인사, 예산, 회계 등 교육행정 업무를 처리하는 시스템입니다.

나이스에서는 학생의 신상정보를 암호화하여 학생정보의 보안을 강화하고 전자업무승인(결재) 기능을 통해 선생님들의 실질적인 업무 부담을 줄이며 이를 통해서 교수-학습 지도에 보다 많은 시간을 할애할 수 있도록 하고 있습니다.

교육행정정보시스템에서는 학교와 교육행정기관에서 수행되는 업무들을 아래와 같이 세부 영역으로 분류하여 추진하게 됩니다.

- 기획: 주요 업무, 기관평가
- 공보: 보도자료, 관리
- 법무: 법률정보, 판례정보, 법령질의 해석
- 감사: 감사계획 및 결과, 감사현황 분석, 감사자료 공유, 사이버 감사
- 재산등록: 재산등록 대상 및 내역관리, 재산신고
- 교육통계: 학교현황, 학생현황, 교원현황, 시설현황, 주요업무 통계 등
- 입(진)학: 초등학교 취학, 중학교 입학, 고등학교 입학 등
- 장학: 교육과정, 연구학교, 장학정보, 학생행사관리, 연구대회 등
- 교무/학사: 학교교육과정, 학적, 성적, 학생생활기록부, 학생생활, 교과용 도서
- 검정고시: 원서접수, 성적처리, 고사장 관리, 합격처리 및 각종 통계산출

- 평생교육: 평생교육시설 및 교육프로그램 관리, 학원 및 교습소 관리
- 보건: 학교보건실 관리, 학교환경관리, 건강기록부 및 보건통계
- 체육: 학교체육시설 관리, 운동부 및 선수관리, 각종현황 및 통계관리
- 교원인사: 정 · 현원, 임용시험, 인사기록, 임용발령, 호봉, 전보, 평정, 승진, 연수, 상훈 및 징계, 복무, 기간제 교사, 전문직 임용, 자격검정관리
- 일반직 인사: 전 · 현원, 임용시험, 인사기록, 임용발령, 호봉, 평정, 승진, 연수, 상훈 및 징계, 복무
- 급여: 월급여, 연봉제, 명절 휴가비, 연가보상비, 성과상여금, 연말정산, 기여금, 건강보험, 국민연금, 고용보험
- 민원: 제증명, 유기한 민원, 진정/건의/질의, 정보공개, 현황통계 등
- 비상계획: 민방위 편성, 민방위 해제, 민방위 교육훈련, 공익근무요원 편성, 공익근무요원 관리
- 법인: 법인정보, 예 · 결산, 법인 대장
- 시설: 시설사업관리, 학교시설승인, 학교시설사용승인, 시설유지관리, 시설현황, 수용계획
- 재산: 공유재산관리계획, 재산대장관리, 사용허가/대부관리, 폐교자산활용 관리
- 물품/교구/기자재: 취득/운용관리, 재물조사, 수급계획, 교구기준안 관리, 교구현황관리, 실험실습재료관리, 기자재 기준안 관리, 기자재 현황관리, 기자재 통계
- 예산: 예산편성, 예산배정, 예산이월, 예산운용, 예산통계
- 회계: 세입, 세출, 세입세출외 현금, 계약/압류, 결산, 자금
- 학교회계: 예산, 세입, 세출, 결산, 세입 · 세출외 현금, 세무관리, 발전기금
- 급식: 학교급식통계, 급식관리, 급식외 관리, 급식분석
- 시스템: 코드관리, 시스템연계, 보안, 사용자 인증 및 권한관리, 로그관리, 인터페이스관리, 배치작업관리, 업무처리승인관리 등

5. 학급경영

1) 학급경영의 의미

학급의 목표가 학생의 학업성취도를 향상시키고 건전한 성장과 발달과 사회생활을 영위하도록 하는 것이라고 본다면 학급경영이란 학생의 학습활동을 증진시키고 사회적 생활기

능을 증진할 수 있는 긍정적이고 적절한 환경을 교사와 학생이 협동적으로 조성하는 과정으로 이해할 수 있습니다(남정걸, 1997).

학생들은 학교, 그 중에서도 학급이라는 공간 안에서 적지 않은 시간을 보내게 됩니다. 따라서 학급을 담당하고 있는 담임교사는 좋은 학급문화를 만들고 그 안에서 교사-학생 및 학생간의 활발한 상호작용이 일어나도록 하며 이를 통해서 학생들의 발달을 촉진해야 할 책임이 있는 것입니다.

여러분들은 특수교육실습 학급경영을 하게 됩니다. 비록 짧은 시간이지만 여러분 스스로 담임교사가 되어 학급을 이끌어 가야 하는 것입니다.

2) 학급경영의 내용

학급경영에는 수업전 학생지도, 조회, 종회, 건강지도, 생활지도, 교육과정 및 학습지도 재량활동, 특별활동 등 매우 다양한 영역이 포함됩니다. 학급경영의 영역과 학급 담임의 역할은 거의 일치한다고 볼 수 있기에 학급경영을 잘 한다는 것은 담임교사로서의 역할을 잘 수행하는 것과 같다고 볼 수 있습니다.

이유훈(2006)은 학급조직과 관리의 여러 가지 차원을 제시한 바 있는데, 이는 학급이 구성되고 운영되기 위해서 구체적으로 어떤 요소들을 고려해야 하는지를 보여줍니다.

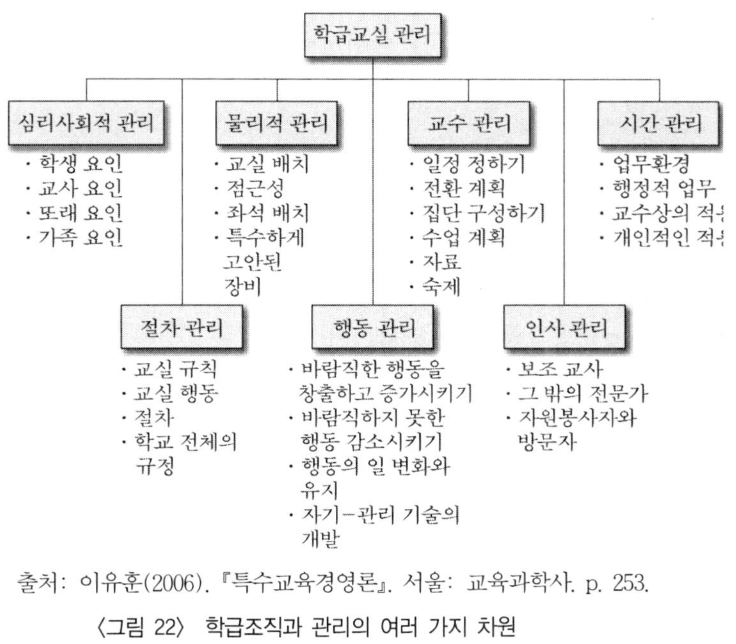

출처: 이유훈(2006). 『특수교육경영론』. 서울: 교육과학사. p. 253.

〈그림 22〉 학급조직과 관리의 여러 가지 차원

3) 좋은 학급 문화의 형성

학급이 잘 운영되려면 첫 번째로 좋은 학급문화를 형성할 필요가 있습니다. 학급문화가 잘 형성되어 있으면 가르치는 교사나 학생들 모두가 긍정적이고 적극적인 태도로 상호작용을 할 수 있기에 수업을 포함한 제반 활동에 활력이 있게 마련입니다.

Sabastino는 교사가 긍정적인 학급풍토를 조성하고 학생의 행동을 조장하는 방법을 제시(남정걸, 1996: 재인용)하고 있는데, 이를 요약, 설명하면 다음과 같습니다.

① 학생에게 기대하는 바가 무엇인가를 알려 주어라.

여러분들은 학생들에게 어떤 행동을 기대하고 있는지, 학급 내에서 최소한 어떤 규칙들을 따라야 하는지 보여줄 필요가 있습니다. 학생들이 무엇을 기대 받고 있는지 모른다면 여러분들이 진행하는 수업이나 기타 활동들은 혼란스러움에 빠질 수도 있습니다.

② 긍정적인 학급풍토와 일치하는 행동을 일관성 있게 하라.

학급운영에서 가장 중요한 것의 하나는 교사-학생, 학생-학생간의 긍정적이고 신뢰로운 분위기를 만드는 것입니다. 이를 위해서 학생들에 대한 선생님의 태도는 일관성을 유지하는 것이 필요합니다. 기분이나 그때그때의 상황에 따라서 학생들을 대하는 태도와 행동이 달라져서는 안됩니다.

③ 의미 있는 학습경험을 제공하라.

학생들에게 의미 있는 학습경험을 제공해야 한다는 것은 누구나 알고 있습니다. 그러나 이것은 의외로 잘 실천이 되지 않고 있습니다. 그 이유는 무엇일까요?

의미 있는 학습경험을 제공하기 위해서는 학생들 하나하나의 욕구를 충실하게 파악한 후 이에 기초하여 의미있는 경험을 선정하고 제공해야 하는데 이에는 많은 시간과 노력이 필요하기 때문입니다. 여러분들은 한 달 여의 짧은 시간이지만 학생들에게 최선의 것을 제공한다는 생각으로 학습경험을 제공해야 합니다.

④ 위협하지 말아라.

학급을 경영하는 과정에서 교사들이 공통적으로 원하는 것은 "학생들이 교사의 지시에 잘 따라주는 것"일 것입니다. 이러한 생각은 자칫 학생들을 위협하는 언어나 행동으로 나타날 수도 있습니다. 물론 여러분들은 실습생의 입장이기에 최대한 자제를 할 것입니다. 앞에서 우리는 학급경영의 의미에 대해 "학급경영이란 학생의 학습활동을 증진시키고 사회적 생활기능을 증진할 수 있는 긍정적이고 적절한 환경을 교사와 학생이 협동적으로 조성하는 과정"이라고 배운 바 있습니다. 학급경영은 학생과 상호적으로, 협동적으로 이루어지는 것이지 교사가 일방적으로 이루는 것이 아님을 기억해야 합니다.

⑤ 공정함을 보여주어라.

학급경영 과정에서 우리는 공정함을 잃는 경우가 종종 있습니다. 예를 들면 특정한 아동을 편애하거나 혹은 동일한 상황에 대해서 공정하지 않은 판단을 내릴 수도 있습니다. 장애학생들에게도 일관성과 함께 공정함을 보여줄 필요가 있습니다.

⑥ 자신감을 보이고 학생들에게도 자신감을 심어주어라.

특수교육실습과정에서 교사로서 자신감을 보여주는 것은 쉽지 않습니다. 실습생은 지도교사의 지도하에 배우는 입장인 까닭에 모든 것이 조심스러울 수밖에 없기 때문입니다. 그러나 실습생은 '배우는 사람임과 동시에 가르치는 사람'입니다. 따라서 겸허하게 배우되 선생님으로서의 역할을 수행할 때에는 자신감을 갖고 대해야 합니다. 또한 학생들에게도 그들의 능력 안에서 가능한 한 많은 것들에 도전해 볼 수 있도록 격려해야 합니다. 한 가지 분명한 것은 자신감 없는 교사가 학생들에게 자신감을 심어주는 것은 어렵다는 사실입니다.

⑦ 학생의 긍정적 태도를 인정해라.

특수교육을 공부하다 보면 주로 학생들의 부적응 행동에 관심을 집중하게 되어 있습니다. 저 역시 오랫동안 특수교육을 하다 보니 학생들을 만나면 제일 먼저 "어떤 문제가 있는가?"를 확인하게 됩니다. 하지만 교사의 역할은 문제의 발견보다 장점을 발견하여 그것을 개발해 주는 것입니다. 따라서 학급경영 과정에서 학생들의 단점보다는 장점에 집중하여 그것을 강화해 줌으로써 좀 더 좋은 학급문화를 만들어 갈 수 있을 것입니다.

⑧ 학생의 행위를 인정하는 시기를 잘 잡아라.

노련한 특수교사들은 학생을 언제 인정해주고 칭찬해 주어야 하는지를 잘 알고 있습니다. 장애학생들은 아주 잠깐 동안 자신의 관심과 흥미, 혹은 장점을 보여주는 경우가 많습니다. 노련하지 못한 교사들은 학생들이 보여주는 신호를 읽지 못합니다. 여러분들은 학생들의 눈빛, 움직임 하나하나에 집중해야 합니다. 그리고 학생들이 무엇인가 칭찬받을만한 일을 했을 때에 칭찬해 주어야 합니다.

⑨ 적극적인 시범을 보여라.

교사의 행동은 학생들에게 직접적으로 영향을 줍니다. 학생들은 교사와 많은 시간을 함께 보내고 가장 빈번하게 의사소통을 해야 하는 대상이기에 그렇습니다. 교사가 보이는 행동과 말투는 학생들이 따라하게 되어 있습니다. 장애학생들의 경우에도 시간이 좀 더 걸릴 뿐 교사의 행동을 모방하고 따라 하기는 마찬가지입니다. 따라서 교사는 늘 좋은 행동, 학생들이 해야 할 행동 등을 시범을 보여야 합니다.

한 가지, 실습과정에서 재미있는 현상은 교사가 학생들을 따라하는 것입니다. 예를 들어 어떤 실습생들은 학급의 특정 아동의 목소리를 흉내 내는 경우도 있고 혹은 특정한 습관 행동을 따라하는 경우도 있습니다. 학생들에게 친숙하게 다가서기 위한 과정과 방법으로서 그렇게 한다면 모르지만 자신도 모르게 학생들의 행동을 따라하는 것은 문제가 있습니다. 교사들은 행동의 표준이 될 만한 것들을 지속적으로 보여줌으로써 아동들의 행동을 변화시켜야 하는 책임이 있기 때문입니다.

⑩ 교육과정과 학급환경을 조화시켜라.

학교는 학생들이 배우고 생활하는 곳입니다. 따라서 학급의 환경은 교육과정의 내용과 조화를 이루어 학습을 촉진할 수 있어야 합니다. 학급의 의자나 책상배치 등 물리적 환경들은 학습을 최대한 촉진할 수 있도록 변화되어야 합니다. 학급에 게시되어 있는 작은 그림 하나도 학생들의 학습과 발달을 촉진할 수 있도록 주의깊게 고려되고 계획되어야 하는 것입니다.

이상의 내용들을 전부 실천한다는 것은 쉽지 않을 것입니다. 특히 실습생으로서 짧은 시간동안 이루기는 더더욱 힘들 것입니다. 그러나 위의 방법들을 늘 염두에 두시면서 학급경영을 해 보신다면 나중에 여러분들이 현장에 나갔을 때에 여러분들의 학급을 어떻게 경영해 나가길 것인지 대략적 그림을 그려볼 수 있을 것입니다.

6. 생활지도

1) 생활지도의 의미

생활지도란 매우 다양한 측면에서 정의되고 있습니다. 좁은 의미로 보면 학교에서 가르치는 교육과정을 제외하고 개인이 경험하는 여러 가지 문제를 해결하는 과정으로 이해됩니다.

'장애인 등에 대한 특수교육법'을 보면, 제28조(특수교육 관련서비스)에서 "각급학교의 장은 특수교육대상자의 생활지도 및 보호를 위하여 기숙사를 설치·운영할 수 있다. 기숙사를 설치·운영하는 특수학교에는 특수교육대상자의 생활지도 및 보호를 위하여 교육인적자원부령으로 정하는 자격이 있는 생활지도원을 두어야 한다."라고 되어 있습니다.

위의 내용을 보면 생활지도를 학교에서의 교육과정을 제외한 일상적 생활 속에서 이루어지는 것으로 이해하기 쉽습니다. 그러나 넓은 의미에서 볼 때에 생활지도는 교육과정을 포함하여 학생활동의 일체를 의미하고 문제를 해결하면서 환경에 적응하고 이를 통해 자아실현을 이루도록 도와주는 과정으로 이해할 수 있습니다.

일반학교에서는 학습방법지도, 진로지도, 건강지도, 성격지도, 사회성지도, 여가선용지도 등에 중점을 두지만 이와는 달리 특수학교에서는 생활지도요소가 강한 생활중심교육과정을 대부분 운영하고 있기 때문에 생활지도를 특별히 강조하지 않는 경향도 있다(한국특수교육학회, 1997)고 합니다. 그러나 이 말은 특수교육기관에서 생활지도를 중요시 여기지 않는다는 것이 아니라 특수교육기관의 교육과정 자체가 이미 생활지도적 성격을 담고 있기 때문에(생활중심교육과정) 오히려 생활지도의 중요성이 강조되고 있음을 말해줍니다.

2) 생활지도의 내용

앞에서도 이야기한 것과 같이 생활지도를 넓은 의미로 볼 것인가, 아니면 좁은 의미로 볼 것인가에 따라서 그 내용은 달라질 수 있습니다. 그러나 특수교육기관에서의 생활지도란 넓은 의미로 받아들여야 하기 때문에 학생이 등교하면서 하교하기에 이르기까지의 모든 시간, 모든 활동들이 생활지도에 포함된다고 볼 수 있습니다. 예를 들어 스쿨버스를 타는 과정에서 줄을 서거나 자기 자리를 찾아서 앉기에서부터 교실에 들어오면서 신발 정리하기, 수업시간에 조용히 앉아있기, 스스로 화장실 다녀오기, 친구들과 사이좋게 지내기, 스스로 식사하기 등 거의 모든 영역과 내용들이 포함되는 것입니다. 뿐만 아니라 가정과의 연계를 통해서 학교 뿐 아니라 가정에서의 생활지도까지 중요시 여기고 있습니다.

일반적으로 특수교육기관에서의 생활지도는 크게 두 가지 차원이 좀 더 강조되는 경향이 있습니다. 첫 번째는 신변자립이고 두 번째는 부적응행동입니다. 즉 일상생활 속에서 자신이 해야 할 일을 스스로 할 수 있는 능력을 키우는 것과 부적응행동을 줄이고 대신 긍정적인 행동을 강화하는 것 두 가지에 주로 초점이 맞추어져 있다고 생각하시면 됩니다. 이는 장애학생들이 갖고 있는 특성 때문입니다.

여러분들이 실습하게 될 학교 역시 학교교육계획안에 생활지도와 관련한 내용이 있습니다. 학교에 따라서 다르기는 하지만 생활지도의 목표와 방침, 그리고 월간, 일간 생활지도 계획을 수립해 놓고 있습니다. 어떤 학교의 경우에는 '생활교육부' 부서를 따로 두고 생활

교육과 관련한 계획을 수립하고 적용하기도 합니다.

〈표 19〉와 〈표 20〉은 현장 특수학교의 일일생활지도계획의 예를 보여줍니다.

〈표 19〉 특수학교 학교교육계획 중 일일생활지도 내용의 예

구 분	세 부 내 용
등·하교시간	• 통학버스 승·하차시 질서 지키기 • 선생님과 친구들에게 인사하기 • 실내화를 갈아 신기 • 자기 물건(가방, 신발 등) 챙기기 • 좌측통행하여 교실 찾아가기
수 업 시 간	• 시종시간 지키기 • 바른 수업태도 갖기 • 학용품 아껴쓰기
쉬 는 시 간	• 차례 지켜 화장실 바르게 사용하기 • 교실에서 이탈하거나 친구들과 장난치지 않기
점 심 시 간	• 질서 지켜 급식실로 이동하기 • 식사 전 손 씻기 • 바른 자세로 식사하고 잔반 처리하기
청 소 시 간	• 청소 도구 바르게 사용하기 • 청소에 대한 1인 1역하기

〈표 20〉 특수학교의 중점 생활지도 내용의 예

구 분	지 도 중 점	
등교시간	• 등교시간 지키기 • 질서지켜 버스에서 내리기 • 자기 교실 찾아가기 • 학습준비물 정리정돈하기	• 선생님께 인사하기 • 실내화 갈아 신기 • 통학버스 시간에 맞추어 타기 • 이름표 착용하기
수업시간	• 준비물과 연락장 제출하기 • 학습도구로 위험한 장난 하지 않기	• 주어진 과제에 열중하기 • 바른 학습태도 갖추기
쉬는시간	• 화장실 바르게 이용하기 • 실내에서 조용히 하기 • 친구와 사이좋게 지내기	• 차례지켜 놀이시설 이용하기 • 복도에서 좌측통행하기 • 학교 시설물 아껴쓰기
점심시간	• 식사 전에 손 씻기 • 식당에서 차례 지키기 • 편식이나 과식하지 않기 • 식사예절 지키기 • 식사 후 이 닦기	• 안전하게 이동하기 • 바른 자세로 식사하기 • 음식 남기지 않고 먹기 • 식사 후 뒷정리, 입 주위 닦기
청소시간	• 1인 1역할하기 -쓸기, 닦기, 쓰레기 분리배출하기, 책·걸상 및 사물함 정리하기	
하교시간	• 자기 소지품 및 교실 정리정돈하기 • 선생님과 친구에게 인사하기 • 질서지켜 버스 타기 • 하교시간 지키기	• 단정한 옷차림하기 • 실내화 갈아신기 • 안전한 하교하기
방 과 후	• 자기 물건 제자리에 정리하기 • 부모님께 인사하기 • 규칙적인 식사하기	• 형제간에 사이좋게 지내기 • 학습과제 스스로 하기 • 정해진 시간에 자고 일어나기

위의 표에서 볼 수 있는 것처럼 하루 일과를 통해서 학생들을 만나는 순간부터 헤어지는 순간까지 학생들의 생활 하나하나를 세심하게 지켜보고 지도해야 합니다. 따라서 실습생들은 쉬는 시간에도 학생들의 행동을 주시하면서 필요한 것들을 가르쳐야 합니다. 또한 가정과의 연계를 통한 생활지도도 이루어져야 합니다.

교육실습동안 이루어지는 사례연구의 내용도 거의 대부분 학생생활지도와 관련된 내용으로 이루어집니다. 예를 들면 "학급에서 소리를 지르는 부적응 행동을 보이는 학생에 대해서 중재전략을 세워보기"와 같은 내용들이 사례연구의 대상으로 선정되는 것입니다.

3) 생활지도의 원리 및 유의점

생활지도의 내용은 아동에 따라서 다양할 수 있지만 일반적인 원리로서 제시되는 것들은 다음과 같습니다.

① 아동의 전인적 발달을 최대한 촉진시켜야 한다.

② 문제를 가지고 있는 아동의 교정적 기능보다는 예방의 입장을 취하여야 한다. 즉 생

활지도는 직접 치료하기보다는 치료적 분위기를 조성하여야 한다.
③ 문제를 가지고 있는 아동만을 다루기보다는 모든 아동의 발달을 최대한으로 돕기 위한 활동이어야 한다.
④ 문제를 발견하고 예언하기보다는 아동 개인에게 풍부한 경험의 기회를 제공해야 한다.

한편 장애아동에 대한 생활지도의 특성은 다음과 같습니다(김남순, 2006).
① 장애아동들에 대한 생활지도는 교과교육에 우선해야 한다.
② 장애아동에 대한 생활지도는 잔존능력과 대체적 행동의 일상화에 관심을 두어야 한다.
③ 장애아동들의 생활지도는 안전에 최우선을 두어야 한다.
④ 장애아동들에 대한 생활지도는 보다 조화롭고 행복한 삶에 기여한다.

생활지도와 관련하여 위와 같은 내용들을 실천하기 위해서는 생활지도를 하는 교사의 자질이 중요하게 작용합니다. 여러분들은 교육실습생으로서 오랜 시간 동안 학생들의 생활지도를 할 수 있는 조건은 아니지만 짧은 시간 동안이라도 학생들과 원만한 관계를 형성하면서 생활지도를 실시해야 합니다. 실습기간 동안 좀더 효과적으로 생활지도를 위해 다음의 내용들에 유의합니다.

첫째, 학교 및 학급의 일과를 자세히 알고 있어야 합니다. 대부분 오리엔테이션이나 참관실습과정에서 학교나 학급의 일과에 대해서 안내를 받지만 전체 일과를 완전히 이해하기까지는 시간이 다소 걸립니다. 생활지도는 학교나 학급의 일과 안에서 학생들의 행동을 지도해야 하는 것이고 학생들은 하루의 일과 속에서 다양한 행동을 보여주기 때문에 일과를 정확히 이해하고 있지 못하면 학생들을 제대로 살필 여유를 갖기 못합니다.

둘째, 가능한 한 빠른 시간 안에 학급 학생들에 대해 정확히 이해해야 합니다. 이를 위해서는 학생들에 대한 IEP를 확인해 볼 수도 있고 아니면 담임선생님과 학생들에 대한 자세한 말씀을 나누어도 됩니다. 이와 더불어 중요한 것은 여러분 스스로 학생들의 행동 하나하나를 관찰하고 가능하면 기록으로 남겨 놓으려고 노력하는 것입니다. 이렇게 며칠을 하면 일과 속의 각 상황에서 학생들의 행동을 예측할 수 있게 됩니다.

셋째, 장애학생들의 부적응행동 문제를 중재할 수 있는 다양한 방법들을 알고 있어야 합니다. 하루의 일과 안에서 여러 가지 부적응행동들이 나타날 수 있는데, 각 상황에서 사용할 수 있는 여러 가지 중재법들을 알고 있지 못하면 매우 당황할 수 있습니다. 따라서 실습전이나 실습중이라도 사례별로 중재방법을 제시하고 있는 책이나 글들을 보면 도움이 됩니다.

넷째, 장애학생들의 부적응 행동 뿐 아니라 학생들의 긍정적인 행동들을 촉진하고 강화해 줄 수 있는 방법들에 대해서 알고 있어야 합니다. 짧은 실습기간이지만 이 기간 동안 어떤 학생들은 많은 긍정적인 변화를 보이기도 합니다. 이런 경험을 한 실습생은 매우 뿌듯하고 보람을 느낄 뿐 아니라 교직에 대한 확신을 갖게 됩니다. 교사의 일차적인 역할은 문제를 찾아서 수정해 주는 것에 있는 것이 아니라 장점과 가능성을 찾아서 그것을 신장시키고 발전시킴으로써 자연스럽게 부적응 행동이 감소하도록 하는 것입니다. 이를 위해서는 여러분 스스로가 장애학생들의 장점에 집중하고 장점을 찾아낼 수 있는 눈과 노력이 필요합니다.

예를 들어, 아래의 내용은 실습생들이 하루의 일과 중 아동의 작은 장점들을 기록한 것입니다.

• 강OO: 자신이 좋아하는 노래가 나오자 즐거워서 춤을 춥니다. 개사를 통해 단어를 학습시키거나 수업중 노래를 통해서 교사, 혹은 친구들과 주고받는 활동을 실시하면 교육적 효과가 좋을 것 같다는 생각이 들었습니다. • 손OO: 교실에서는 다소 소극적이지만 놀이터에 가면 애우 활동적으로 움직이며 적극적으로 탐색하는 행동을 보입니다. 따라서 야외수업을 통해 수업을 진행해 보는 것도 좋을 것 같습니다. • 3교시 컴퓨터 시간에 OO이가 실수로 창을 띄워 놓았는데, OO이가 검지로 엔터키를 눌러서 창을 닫았습니다. 컴퓨터에 관심이 많은 듯 보였습니다.

4) 장애학생 부적응행동 지도를 위한 긍정적 행동지원

장애학생이 보이는 부적응 행동의 유형, 원인 등은 매우 다양합니다. 동일한 부적응 행동이라고 할지라도 그 이유가 다를 수 있으며, 어떤 경우에는 서로 다른 형태의 부적응 행동을 보이지만 그 이유는 같을 수도 있는 것입니다. 장애학생의 부적응행동 지도는 부적응 행동의 원인을 찾고 그 대안을 모색하여 이를 적용하면서 점검해 가는 과정으로 흡사 탐정이 사건을 해결해 나가는 것과 비슷한 것 같습니다.

한편, 긍정적 행동지원은 장애학생의 행동문제를 지도하는데 유용한 모델이 되고, 현장에서 가장 자주 사용하게 됩니다. 긍정적 행동지원(PBS: Positive Behavior Support)은 문제행동의 이유를 이해하고 문제행동이 왜 발생하는지에 대한 가설에 따라 개인의 독특한 사회적 · 환경적 · 문화적 배경에 적합한 종합적인 중재를 고안하는 문제해결 접근방법(이소현 · 박지연, 2008)입니다. 또한 문제행동을 감소시키고 예방하는 것만이 목적이 아니라 나아가 친사회적 행동을 형성하여 이를 일상생활에서 일반화할 수 있도록 지원하는 모든 종합적인 접근법(국립특수교육원, 2009)이기도 합니다.

긍정적 행동지원은 다음과 같은 절차를 통해서 이루어집니다. 행동지원의 구체적인 절차나 내용과 관련해서는 본서의 '사례연구' 부분을 참고하시기 바랍니다.

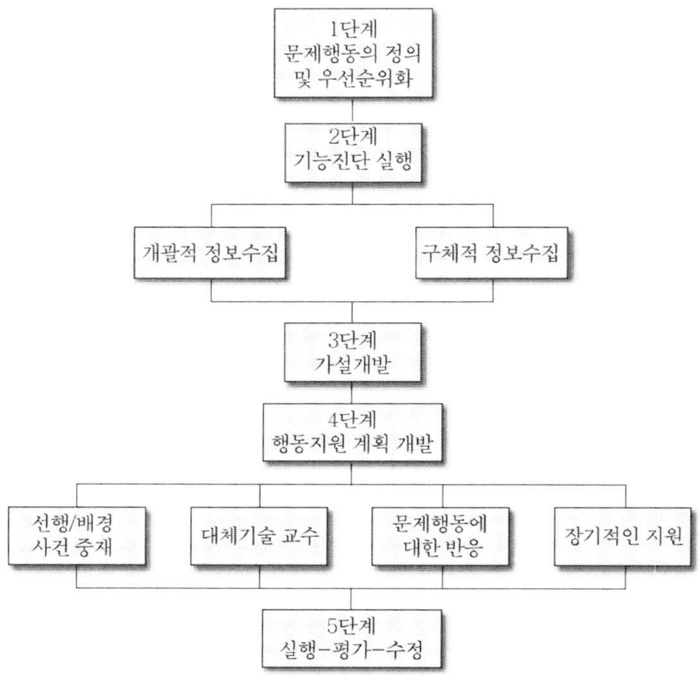

*출처:이소현 · 박지연 · 박현옥 · 윤선아(2008). 『장애학생을 위한 개별화 행동지원』. 서울: 학지사. p. 88.

〈그림 23〉 긍정적 행동지원의 절차

그림에서 보는 바와 같이 먼저 장애학생이 보이는 부적응 행동(문제)이 무엇인지 정의한 후, 그러한 행동이 왜 발생하게 되었는지를 밝히고 부적응 행동과 환경 및 상황과의 관계에 대한 가설을 설정한 후 중재계획을 수립하여 적용하게 됩니다. 이때 행동지원 계획은 부적응행동을 없애는 것 뿐 아니라 긍정적인 대체기술을 개발하는 것까지를 포함하게 됩니다. 또한 적용 후에는 중재가 효과적이었는지 판단한 후, 중재방법을 수정하게 됩니다.

7. 현장 체험학습

1) 현장 체험학습의 의미

현장학습이란 주로 교실 밖에서 이루어지는 모든 학습활동에 초점을 두어 정의되고 있으며, 현장견학(field trips)과 같은 의미로 사용되고 있습니다. 현장체험학습은 장애학생들이 향후 사회에 적응하기 위해서 필요한 요소들을 실제 환경 안에서 체험하는 것으로 특수교육기관에서는 매우 중요한 의미를 갖습니다.

〈그림 24〉 특수학교에서는 다양한 현장체험학습이 이루어집니다.

잘 아시는 바와 같이 특수학교의 교육과정이 생활중심으로 구성되어 있기에 학교에서 배우는 내용들은 일상생활 장면과 밀접하게 연관되어 있습니다. 현장학습은 학생들이 학교에서 배운 것들을 실제 생활현장에서 일반화시켜 볼 수 있는 기회를 제공합니다. 장기적으로는 장애학생들이 지역사회에 통합되어 우리 사회의 당당한 구성원으로서의 삶을 살아야 하기에 지역사회는 적극적인 교육의 장이 되는 것입니다.

〈표 21〉은 한 특수학교의 현장 체험학습 계획서의 예시를 보여줍니다.

〈표 21〉 특수학교 현장체험학습 계획서의 예시

*현장학습 실시 시 계획서

현장 체험 학습 계획서

<table>
<tr><td rowspan="2">결재</td><td>담당</td><td>실장</td><td>교무</td><td>교감</td><td>교장</td></tr>
<tr><td></td><td></td><td></td><td></td><td></td></tr>
</table>

<table>
<tr><td>일시</td><td colspan="3">20OO년 O월 O일(요일)</td><td colspan="2">학습 장소</td><td>어린이교통안전교육장</td></tr>
<tr><td>참여교사</td><td colspan="3">OO반 OOO</td><td colspan="2">대 상</td><td>OO반 학생 O명</td></tr>
<tr><td>이동방법</td><td colspan="3">학교통학버스</td><td colspan="2">소요시간(편도)</td><td>30분</td></tr>
<tr><td>영역</td><td colspan="3">현장 체험학습</td><td colspan="2">활동주제</td><td>교통안전교육 및 인라인스케이트 타기</td></tr>
<tr><td>학습목표</td><td colspan="6">• 교통안전교육을 통해 어린이 교통사고 예방 및 안전한 도로통행방법, 보호·보장구의 착용법 등을 체험한다.
• 보호장구를 착용하고 인라인 스케이트를 탈 수 있다.</td></tr>
<tr><td>활동시간</td><td colspan="6">학습활동내용</td></tr>
<tr><td>08:50-09:00</td><td colspan="6">인원점검 및 차량탑승</td></tr>
<tr><td>09:00-09:30</td><td colspan="6">교통안전교육장 도착</td></tr>
<tr><td>09:30-11:30</td><td colspan="4">교통안전 교육 및 체험학습</td><td colspan="2">인라인 스케이트 타기</td></tr>
<tr><td>11:30-12:10</td><td colspan="6">물박물관으로 이동, 점심식사</td></tr>
<tr><td>12:10-12:40</td><td colspan="6">물박물관 주변 관람</td></tr>
<tr><td>12:40-13:30</td><td colspan="6">학교도착</td></tr>
<tr><td>예산내역</td><td colspan="6">• 식사비: OOOO • 간식비: OOOO • 지출과목: 학교운영비, 교수학습활동비 총 OOOO</td></tr>
<tr><td>준비물</td><td colspan="6">• 메모지 및 카메라</td></tr>
<tr><td>유의사항</td><td colspan="6">• 안전에 유의한다.</td></tr>
<tr><td rowspan="3">참여교사
서명날인</td><td>학년반</td><td>담임</td><td>날인</td><td colspan="3" rowspan="3">〈memo〉</td></tr>
<tr><td>OO반</td><td></td><td></td></tr>
<tr><td>보조원</td><td></td><td></td></tr>
</table>

2) 현장 체험학습의 유의점

① 현장체험학습의 일정과 내용을 정확히 알고 있어야 합니다.

현장체험학습을 하기 전에 보통은 사전답사를 다녀오게 됩니다. 그러나 전체 교사가 답사를 다녀올 수 없기 때문에 대부분 현장 체험학습을 담당한 선생님이나 관련된 한 두 분이 다녀오시게 되고 이를 나머지 선생님들에게 브리핑하게 됩니다. 그러나 실제 현장에 다녀오지 않은 선생님들은 현장 체험학습 장소에 대한 정확한 그림을 그리기 힘듭니다. 이로 인해서 혼란이 발생하고 일정에 차질이 생기는 경우가 적지 않습니다.

예를 들어, 여러 학급의 학생들이 같이 움직이기 어려운 경우 학급별로 체험학습 장소를 돌아보고 정해진 시간에 정해진 장소에서 만나기로 약속하는 경우가 종종 있는데, 현장 체험학습의 자세한 일정과 장소 등에 대해서 충분히 숙지하지 않은 경우에는 시간을 어기거나 다른 장소로 이동하는 등의 문제가 나타날 수 있는 것입니다.

② 현장 체험학습의 목표를 정확히 알고 있어야 합니다.

간혹 현장학습을 '야외 놀이' 정도로 이해하는 경우가 있습니다. 그러나 현장 체험학습은 중요한 교육적 목표를 갖고 있는 교육활동입니다. 학교에서 이루어지는 모든 활동은 분명한 교육적 목표를 갖고 있습니다. 특히 생활지도가 교육과정의 중요한 일부인 장애 학생들에게 학교 밖에서 이루어지는 활동들은 좀 더 치밀하고 구체적인 목표 아래에서 계획되고 진행되어야 합니다.

③ 안전사고에 유념해야 합니다.

현장 체험학습 과정에서 가장 유념해야 할 점은 바로 안전사고의 예방입니다. 야외에서 안전사고가 발생했을 때에 학교 전체에 심각한 위기가 될 수 있습니다. 따라서 여러분들은 학생들과 교문을 나서는 순간부터 학생들의 모든 움직임 뿐 아니라 주변의 위험한 요소들을 살피셔야 합니다. 특히 평소에 위험한 행동을 자주 하거나 교출(학교 밖으로 나가는 행동)을 하는 아동들을 세심하게 보살피셔야 합니다. 참고로 이러한 이유로 차량이동 등을 통해서 야외 현장학습을 떠날 때에 학교에서는 관련 보험 등에 가입을 하게 됩니다.

④ 현장 체험학습에 적합한 옷차림을 해야 합니다.

야외에서 이루어지는 현장체험학습 동안에는 여러 가지 돌발적인 상황들이 발생할 수 있는 까닭에 이에 빠르게 대응하기 위해서는 가능한 한 활동이 자유로운 옷차림을 해야 합니다. 신발 역시 활동하기에 편리한 운동화를 준비하시는 것이 좋습니다. 가방은 등에 메고 다니는 것이 좋은데, 두 손이 자유로워야 아동들을 안내하거나 통제하는데 효율적이기 때문입니다. 이런 저런 짐을 손에 들고 있다면 돌발적인 상황에 대처하기 어렵습니다.

⑤ 응급처치 등 비상시 대처요령을 숙지합니다.

특수교육 대상 학생들 중에는 건강 등의 문제로 항상 주의를 기울여야 하는 학생들이 있을 수 있습니다. 야외에서 발생할 수 있는 돌발적인 문제나 상황에 대해서 대처할 수 있는 기본적인 요령을 숙지하는 것이 필요합니다.

물론 갑작스러운 문제가 발생했을 때에 가장 중요한 것은 담당 선생님께 상황을 정확히 보고하는 것이지만 흔히 발생할 수 있는 문제들에 대한 대처방법은 알고 계셔야 합니다. 예를 들어 장애유아가 경련을 일으킬 때 응급처치의 목적은 경련을 멈추게 하는 것이 아니라 경련 중에 상처를 입지 않도록 하는 것이며, 경련하는 유아를 위한 응급처치의 방법은 다음과 같습니다(이기숙 · 강경희 · 정미라 외, 1997: 327-328).

㉠ 유아를 눕혀 놓고 주변에 있는 물건에 부딪히지 않도록 하며 경련 중에는 유아가 혀를 깨물기 쉬우므로 치아 사이에 수건을 말아 끼운다.

㉡ 경련을 하는 동안에는 오래 붙잡는다든지 행동을 강제로 억제하지 말아야 하며 마실 것을 주지 않는다.

㉢ 일반적으로 유아는 경련을 멈춘 후 수면을 취하게 되며 경련 중에 있었던 일에 대하여 기억하지 못한다. 유아의 부모에게 알려 원인을 치료하도록 한다(경련은 경기라고도 한다).

⑥ 학생별 유의사항에 대한 정보

현장체험학습 전에는 담임선생님, 혹은 학부모와의 사전 상담을 통해서 각 학생별로 유의할 점에 대해서 정확히 알고 있어야 합니다. 예를 들어 약물복용이나 야외에서의 행동특성, 식사습관 등 여러 가지 정보들을 충분히 숙지하고 있어야 합니다.

3) 현장 체험학습의 준비물

장소와 내용에 따라서 차이가 있겠지만 현장 체험학습은 학교 밖에서 이루어지기 때문에 늘 돌발적인 문제가 발생할 것에 대비해야 합니다.

체험학습 중에 갑작스럽게 안전사고가 발생할 수도 있고, 화장실이 없는 곳에서 화장실을 찾는 학생이 생길 수도 있습니다. 옷이 젖는 학생이 생길 수도 있고 분실물이 생길 수도 있습니다. 경우에 따라서는 일행에서 벗어나는 학생이 생길 수도 있습니다. 이러한 여러 요소들을 고려하여 사전에 철저한 준비물을 챙기는 것이 필요합니다.

① 학생들의 이름표를 준비합니다.

현장 체험학습동안 종종 아동을 잃어버리는 경우가 생깁니다. 물론 절대로 그런 일이 생기면 안 되겠지만 그러한 상황에 대한 대비는 분명히 해야 합니다. 이러한 상황에서 이름표가 도움이 됩니다. 이름표에는 아동의 이름과 교사 및 학부모의 연락처를 함께 적어 놓으면 좋습니다. 아동에 따라서 이름표를 옷에 부착하는 것을 매우 싫어하는 경우도 있습니다. 이 경우에는 팔지나 목걸이 등을 이용할 수도 있으며 아동들이 이름표에 적응할 수 있도록 사전에 착용연습을 해보는 것도 좋습니다. 자주 잃어버리는 아동들의 경우에는 부모님들께 부탁하여 평소 속옷에 수를 놓아 전화번호를 적어 놓거나 주머니 안에 연락처 등을 넣어 놓을 수도 있습니다.

② 간단한 구급약품을 준비합니다.

야외에서 발생할 수 있는 작은 안전사고에 대비하여 구급약품을 준비합니다. 보통은 소독약과 상처에 바르는 약품, 밴드, 소화제, 해열제, 지사제를 포함한 구급약들을 작은 가방에 넣어 휴대하시면 됩니다. 또한 평소 건강상의 문제로 약물을 복용하는 학생이 있을 수 있으므로 사전에 부모 및 담임선생님과 상의하여 필요한 약물 등을 준비합니다.

③ 작은 손수건 및 휴지를 준비합니다.

아동들, 특히 어린 아동들은 코가 나왔다거나 화장실에 다녀오는 등 이런 저런 이유로 청결하게 닦아주어야 할 경우가 많이 생깁니다. 이를 대비하여 작은 손수건과 휴대용 티슈나 물티슈 등을 준비합니다.

④ 핸드폰을 준비합니다. 학교에 무전기가 있는 경우에는 무전기를 준비할 수 있습니다. 현장체험학습을 포함한 학교 일정 중에 휴대폰을 사용하시면 안됩니다. 하지만 현장체험학습 때에 휴대폰을 들고 가는 것은 돌발적인 상황이 발생했거나 혹은 각 학반이 일정한 거리를 두고 움직일 때에 일정을 주고받기 위함입니다. 따라서 지참은 하되 개인적으로 사용

하지는 말고 일정운영과정에서 필요한 경우에만 허락을 받아 사용합니다.

⑤ 여벌 옷을 준비합니다.

야외에서는 음식물을 흘리거나, 몸이 물에 젖거나, 혹은 용변을 보거나 하는 등의 돌발적인 문제가 종종 발생합니다. 특히 나이어린 학생들은 더욱더 이런 상황들에 직면하기 쉽습니다. 따라서 프리사이즈(고무줄 바지와 같은) 스타일의 여벌 옷을 한 벌 정도 준비하면 도움이 됩니다.

⑥ 현장 체험학습의 일정표를 준비합니다.

여러분들은 현장체험학습을 떠나기 전에 전체 일정을 듣게 됩니다. 그러나 막상 밖으로 나가게 되면 전체 일정이 눈에 들어오지 않는 경우가 많습니다. 이 때문에 간혹 우왕좌왕하는 경우가 있습니다. 여러분들은 현장 체험학습의 일정을 확실히 숙지해야 함은 물론이고 전체 일정이 적힌 메모지를 준비하셔서 다음 일정을 충분히 예측하면서 학생들과 움직이셔야 합니다.

⑦ 간단한 메모도구를 준비합니다.

여러분들은 매일 매일 경험하는 내용들을 실습일지에 담아야 합니다. 특히 아동들은 교실에 있을 때와 야외에 나왔을 때의 모습이 서로 다른 경우가 많습니다. 현장 체험학습은 아동들을 새로운 장면에서 관찰할 수 있는 좋은 기회인 것입니다. 소형 보이스레코더와 같은 것을 활용하면 학생들로부터 주의를 벗어나지 않으면서도 쉽게 필요한 기록을 남길 수 있습니다. 이러한 기록이 중요한 또 하나의 이유는 현장체험 학습 후 학생의 행동특성에 대해서 부모에게 자세한 정보를 제공할 수 있기 때문입니다. 하지만 이때 조심할 것은 항상 담당 학생의 안전과 지도가 우선이라는 것입니다.

8. 사례연구

실습기간 중에 여러분들은 개별학생, 혹은 학급 전체를 대상으로 사례연구를 수행하셔야 합니다. 학교에 따라서는 담당하게 될 학급의 학생들에 대한 '학생실태 보고서'를 작성하게 하기도 합니다. 이때 학생에 대한 다양한 정보들을 정리할 수 있는 기회가 되며, 이러한 정보를 토대로 사례연구를 진행하면 더욱더 효과적일 것입니다.

〈표 22〉 실습생이 작성한 학생 실태보고서의 예시

<table>
<tr><td>학반</td><td>2학년 1반</td><td>성명</td><td>김 ○○</td><td>성별</td><td>남</td><td>생년월일</td><td>****년 *월 *일</td></tr>
<tr><td rowspan="2">장애
상황</td><td>장애유형</td><td colspan="2">청각장애, 정신지체</td><td>장애
등급</td><td colspan="1">1급</td><td>장애
원인</td><td>홍역</td></tr>
<tr><td>장애발생
시기</td><td colspan="2">20**년 *월 경</td><td>수반
장애</td><td>정신지체</td><td>보청기
종류</td><td>인공와우</td></tr>
<tr><td rowspan="3">진단
평가</td><td>검 사 명</td><td colspan="2">검사일</td><td colspan="4">검사결과</td></tr>
<tr><td>청력검사</td><td colspan="2">20**년 *일</td><td colspan="4">좌: 71dB, 우: 측정불능(보청기 착용 전)
좌: 인공와우, 우: 53dB(보청기 착용 후)</td></tr>
<tr><td>동 작 성
지능검사</td><td colspan="2">20**년 *일</td><td colspan="4">지능지수(IQ): 64</td></tr>
<tr><td rowspan="4">청각적
특성</td><td rowspan="2">인공와우</td><td colspan="2">수술귀</td><td colspan="2">수술시기</td><td colspan="2">기기명</td></tr>
<tr><td colspan="2">우이</td><td colspan="2">20** 12. 21.</td><td colspan="2">Nucleus E3G 귀걸이형</td></tr>
<tr><td>청 지 각
능력검사</td><td colspan="6">• 환경음 및 말소리 지각 능력은 있으나 소리의 크기, 장단, 소리의 수 등에 대한 변별 능력은 없음.
• Ling 5음 중 /a, i, u/에 대한 반응은 있으나 /s, ʃ/에 대해서는 반응이 없음.</td></tr>
<tr><td>언 어
지각검사</td><td colspan="6">• 반응 없음</td></tr>
<tr><td rowspan="3">언어적
특성</td><td>조음기관</td><td colspan="6">• 조음기관에는 이상이 없으나 입을 벌린 상태에서 혀 끝을 들어올려 위 아래 입술에 접촉하지는 못함(입을 다문 상태에서는 가능).
• 규칙성 있는 연속운동은 안되지만 불규칙한 연속 운동은 가능함.</td></tr>
<tr><td>조음검사</td><td colspan="6">• 양순비음/ㅁ/이 /ㅂ/으로 대치 발성되나 양순음, 치조음, 경구개음의 발성은 비교적 양호함.
• 연구개음은 평음인 /ㄱ/발성이 가능하며 /ㄲ/→/ㄸ/, /ㅋ/→/ㅌ/으로 대치됨.
• /ㅇ/발성시 /ㄱ/첨가되며 대부분의 연구개음과 성문음이 /ㄱ/으로 대표되어 발성되는 경향이 심함.</td></tr>
<tr><td>MLU</td><td colspan="6">유의미어는 아니지만 무의미어는 발성이 많음</td></tr>
<tr><td rowspan="3">행동적
특성</td><td rowspan="2">학습면</td><td colspan="3">국어</td><td colspan="3">수학</td></tr>
<tr><td colspan="3">• 매우 간단한 의사표현이 가능한데, 자주 사용하는 문장이 고정되어 있는 편이다.
• 간단한 명사를 많이 알고 있다.
• 사물의 그림을 보고 사물의 이름을 쓸 수 있다.
• 오랜 시간 동안 집중하여 글쓰기를 정성들여 할 수 있다.
• 자신의 생각, 느낌에 대한 의사표현이 잘 이루어지지 않고 있다.
• 혀의 움직임이 원활하지 못해 발음이 많이 부정확한 편이다.</td><td colspan="3">• 1-10까지의 수를 순서대로 세고 읽을 수 있고, 쓸 수 있다.
• 두 수의 합이 10 이하인 덧셈을 할 수 있으나 받아 올림이나 받아 내림이 있는 수의 덧셈과 뺄셈의 계산은 어려워한다.
• 도형의 모양, 색깔에 따른 분류를 할 수 있다.
• 수의 크기와 계열 및 크기비교가 제대로 되지 않는다.</td></tr>
<tr><td>생활면</td><td colspan="6">• 시작한 일에 대한 집중력이 높음
-무엇인가 시작하면 쉽게 싫증을 내지 않고 끝까지 하려고 한다.
• 비디오나 컴퓨터에 대한 집착이 강함
-비디오, 컴퓨터게임 등을 좋아한다.
-비디오나 컴퓨터 게임을 중단시키려고 할 때에 짜증을 많이 낸다.
• 사진 찍는 것을 좋아한다.
-사진기를 보면 손가락으로 V표시를 하면서 사진기를 쳐다본다.
-사진을 찍은 후에 반드시 촬영한 사진을 카메라의 액정화면으로 확인한다.</td></tr>
</table>

1) 사례연구의 개념 및 대상

사례연구의 개념은 아래와 같습니다.

사례연구(事例硏究)

사례에 대한 심층적인 관찰과 분석을 지향하는 질적 연구의 한 방법이다. 양적 연구 전통에 대한 반동으로 등장하였다. 다수의 개인이나 표본집단이 아닌 특정 개인이나 사회집단 또는 기관, 사건, 프로그램 등을 대상으로 어떤 문제나 특성을 심층적으로 조사하고 분석한다. 일반적이고 보편적인 원리보다는 특정한 사례에 관련된 구체적인 사실을 밝히고 그 사례의 모든 측면을 철저히 분석하고자 하는 목적으로 관찰, 면담, 문서기록 등의 각종 자료를 수집하고 분석한다. 특수교육에서 사례 연구의 필요성은 모집단에 대한 동질성을 전제로 한 추리통계의 한계와 밀접한 관련이 있다(국립특수교육원, 2009: 205).

특수교육실습 중의 사례연구는 주로 학급에서 부적응 행동이 심각한 학생이나 혹은 기타의 이유로 특별한 중재가 필요한 학생을 선정하여 관찰, 면담, 기록검토 등을 통해서 문제의 원인과 교육적 중재방법 및 중재결과를 제시하는 것까지 수행해야 합니다. 물론 사례연구는 부적응 행동에 대한 중재만을 의미하지는 않으며 긍정적인 행동을 강화하기 위해서 수행할 수도 있습니다.

짧은 실습기간동안 한 학생, 혹은 한 학급의 특성을 충분히 이해하고 문제의 원인을 밝혀 중재한 후 그 결과까지 제시하는 것이 결코 쉽지 않습니다. 따라서 여러분들은 가능한 한 학생들과 대면하는 순간부터 개별 학생의 특성을 이해하기 위해서 최선을 다해야 합니다. 이를 위해서는 담임선생님과 많은 이야기를 나눈다거나 IEP 등 개별 학생의 기록을 꼼꼼하게 살펴보기 등의 방법을 사용할 수 있습니다. 경우에 따라서는 학부모 상담의 기회를 갖기도 합니다. 물론 적극적으로 학생들을 관찰하는 것이 가장 중요하겠지요.

2) 사례연구의 과정

사례연구의 과정을 부적응 행동 중재의 과정이라고 볼 때에, 일반적으로 다음과 같은 과정을 거치게 됩니다.

① 대상을 선정합니다.

사례연구의 첫 단계는 연구대상을 선정하는 일입니다. 사례연구의 대상은 여러분들이 정할 수도 있고 담임선생님께서 대상 학생을 지정해 주실 수도 있습니다.

비록 개별 학생이 사례연구의 대상으로 선정된다고 할지라도 학급 전체 학생들에 대한 개별적 특성을 이해하는 것은 매우 중요합니다. 왜냐하면 학급에서의 부적응 행동은 대부분 또래 관계나 환경과의 상호작용 안에서 발생하는 경우가 대부분이기 때문입니다.

② 부적응 행동을 정의(행동의 명료화)합니다.

학생이 보이는 부적응 행동이 구체적으로 어떤 것인지 구체적으로 정의함으로써 목표가 되는 행동을 명료화합니다. 이렇게 해야만 구체적으로 어떤 행동을 어떻게 중재할 것인지에 대한 계획을 수립할 수 있기 때문입니다. 예를 들어 대상 아동이 또래 아동에 대해서 공격행동을 보일 경우, 막연히 "친구들에 대해서 공격행동을 보인다"라고 정의하기보다는 '손톱으로 친구의 얼굴을 꼬집는 행동을 보인다'처럼 행동을 명료화하는 것이 좋습니다.

한편, 어떤 행동을 우선적 중재대상으로 할 것인가를 결정하기 위해서 '중재의 우선순위'를 고려하는 것도 필요합니다. 왜냐하면 장애학생이 다양한 형태의 행동문제를 동시에 보일 수 있지만 여러 행동을 동시에 중재하는 것은 효과성 측면에서 바람직하지 않기 때문입니다.

〈표 23〉 중재의 우선순위

1순위: 파괴행동 • 자신이나 다른 사람에게 해롭거나 건강을 위협하거나 생명을 위협하는가? 2순위: 방해행동 • 자신이나 다른 학생의 학습을 방해하는가? • 사회적 관계를 방해하는가? • 매일의 학교, 가정 또는 지역사회에서의 활동 참여를 방해하는가? • 위험하고 방해가 되는 방법으로 물건을 망가뜨리는가?(예: 옷 찢기, 책 찢기) • 효과적인 중재가 주어지지 않는다면 파괴행동이 될 가능성이 있는가? 3순위: 경미한 방해행동 • 사회적 수용을 방해하는가? • 학생의 이미지에 부정적인 영향을 미치는가? • 물건에 손상을 입히는가?(파괴하지 않음) • 그냥 둔다면 방해행동이 될 가능성이 있는가?

*출처: 이소현 · 박지연 · 박현옥 · 윤선아(2008). 『장애학생을 위한 개별화 행동지원』. 서울: 학지사. p. 90.

③ 학생행동의 기능을 찾습니다.

직접관찰, 면담, 기록 등을 통해서 장애학생이 보이는 행동을 살펴본 후에 그 행동의 원인, 즉 행동의 의사소통적 기능이 무엇인지를 결정합니다.

〈표 24〉는 행동의 의사소통적 기능의 범주를 보여줍니다. 여러분들이 선정한 학생의 특정한 행동이 어떤 의사소통적 기능을 갖고 있는지 살펴보아야 합니다.

〈표 24〉 행동의 의사소통적 기능의 범주

기능	의사소통적 메시지
관심/사회적 상호작용 획득	"나에게 관심을 보여주세요." "도움이 필요해요." "나와 함께 놀아줄 수 있어요?"
물건/활동 획득	"컴퓨터를 하고 싶어요." "책을 주세요" "음악을 듣고 싶어요"
감각자극 획득	"이렇게 움직이면 기분이 좋아요" "이렇게 움직이면 진정이 돼요"
감각자극 회피	"이 소리는 너무 커요." "이 교실은 너무 더워요."
관심/사회적 상호작용 회피	"말하고 싶지 않아요." "나를 쳐다보는 게 싫어요."
물건/활동 회피	"이 일을 하고 싶지 않아요." "이 교실에 있고 싶지 않아요." "이건 싫어요. 쉬고 싶어요."

*출처 : 이소현 · 박지연 · 박현옥 외(2008). 『장애학생을 위한 개별화 행동지원』. 서울: 학지사. p. 62.

장애학생들의 행동 이면에 숨겨진 의도 및 동기(행동의 기능)를 알아보기 위한 간단한 방법은 아래의 표와 같이 여러 상황 속에서 아동의 행동을 표시해 보는 것입니다. 이러한 방법은 작성하기도 쉬울 뿐 아니라 학생이 보이는 부적응 행동의 기능적 측면을 설명하는 데 유용한 자료가 될 수 있습니다.

〈표 25〉 행동의 동기평가척도

질 문	대 답						
	전혀 아님	거의 아님	가끔	중간 정도	보통	거의 항상	항상
1. 아동이 장시간 혼자 있을 때, 행동이 계속 발생하는가?							
2. 어려운 과제 수행을 요구할 때, 행동이 발생하는가?							
3. 당신이 다른 사람과 방에서 이야기할 때, 행동이 발생합니까?							
4. 아동이 가질 수 없다고 말한 장난감, 음식 혹은 활동을 얻기 위해 행동이 발생합니까?							
5. 아동이 장시간 혼자 있을 때, 행동이 같은 방식으로 반복해서 발생합니까(예, 1시간 이상 의자를 앞뒤로 흔든다)?							
6. 아동에게 요청을 했을 때에 행동이 발생합니까?							
7. 당신이 아동에게 다가가는 것을 멈출 때마다 행동이 발생합니까?							
8. 아동이 좋아하는 음식, 장난감, 혹은 활동을 빼앗았을 때 행동이 발생합니까?							
9. 아동이 행동을 즐기는 것으로 보입니까? (좋아하는 것을 느끼고, 맛보고, 보고, 냄새맡고, 소리듣기)							
10. 당신이 아동에게 무엇인가를 하라고 지시할 때, 거부하거나 화를 냅니까?							
11. 당신이 아동에게 관심을 가지지 않을 때 거부하거나 화를 냅니까?(예, 당신이 다른 방에서 다른 아동들과 교제한다)							
12. 당신이 아동에게 음식물, 장난감, 혹은 요청한 활동을 제공한 후에, 행동이 잠깐 멈춥니까?							
13. 행동이 발생할 때, 아동이 조용하고 주변에서 일어나는 것들을 알지 못합니까?							
14. 당신이 아동과 함께 작업하던 것을 멈추거나 혹은 아동이 요구했던 것을 멈춘 후에, 행동이 잠깐동안 멈춥니까?							
15. 아동이 당신과 함께 시간을 보내기 위해 행동을 합니까?							
16. 아동이 원하는 것을 할 수 없다고 말할 때 행동이 발생합니까?							

*출처: 신현기 · 이성봉 · 이병혁 외(2008). 『자폐범주성 장애아동 교육의 실제』. 서울: 시그마프레스. p. 254.

위의 표를 통해서 장애아동의 부적응 행동이 사회적 관심을 끌려고 하는 것인지, 감각자극을 추구하는 것인지, 상황이나 과제를 회피하려고 하는 것인지 등에 대한 잠정적인 해답을 얻을 수 있습니다.

④ 가능한 행동지원 방법들을 찾고 실현 가능한 방법을 선정합니다.

행동지원 방법들은 무수히 많습니다. 즉 하나의 부적응 행동에 적용할 수 있는 방법들은 다양하다는 의미입니다. 학생의 부적응 행동이 어떤 이유에서 나타나는지 확인이 되었다면 일단 사용할 수 있는 다양한 방법들을 나열해 보는 것이 좋습니다. 이렇게 여러 가지 방법들이 제시되고 그중에서 실제 적용 가능한 방법을 선정합니다. 여러분들은 실습생이라는 신분으로 제한된 시간동안에만 학생을 지도할 수 있습니다. 따라서 중재방법은 여러분들의 능력과 주변의 가용 자원들, 그리고 학급과 학교의 상황 안에서 실현 가능한 방법을 선택해야 합니다.

⑤ 해당방법의 적용계획을 수립합니다.

중재방법이 선정되면, 해당 방법을 언제, 어디서 누가 어떻게 적용할 것인지를 계획합니다. 특정한 행동중재를 위해서 특정한 시간이나 장소, 사람을 선정할 수도 있고 아니면 일상생활의 다양한 장면 속에서 적용할 수도 있을 것입니다. 어떤 경우이든 중요한 것은 해당 아동에 대한 중재방법을 아동의 행동과 직·간접적으로 관련된 사람들에게 알리고 일관된 반응을 보일 수 있도록 하는 것입니다.

⑥ 방법을 적용해 봅니다.

여러분이 계획한 방법을 실제 적용해 봅니다. 이때 가능한 한 다른 교육실습생을 포함한 다양한 사람들의 협조를 구하는 것이 좋습니다. 장애학생들이 보이는 행동문제는 다양한 상황에서 다양한 사람들에 의해서 일관되게 지도가 이루어지는 것이 바람직합니다. 예를 들어 관심을 끌기 위해서 소리를 지르는 학생에 대해서 '무시'하는 전략을 수립했다면 옆 반의 선생님, 주방의 아주머니 등 학교 다른 사람들이 일관되게 반응을 보일 필요가 있습니다.

⑦ 적용결과에 대해서 평가해 봅니다.

여러분이 세운 중재가 학생의 행동에 긍정적인 변화를 주었는지 평가해 봅니다. 물론 이 평가는 결과적으로 제시될 수도 있고 중재되는 과정 속에서 나타날 수도 있습니다. 사례연구는 실습을 마칠 때 종합보고서 형식으로 제출하는 경우가 대부분이기 때문에 아동의 행동변화에 대해서 매일매일 지속적으로 기록해 나가는 것이 필요합니다.

⑧ 보고서를 작성하여 제출합니다.

한 달간의 사례연구를 마치고 마지막으로 보고서를 작성합니다. 보고서 작성은 일정한 틀 없이 교육실습생들이 자유롭게 작성하기도 하고 교육실습록에 나와 있는 사례연구 양식을 따르기도 합니다. 혹은 학교에서 정해준 양식과 틀에 따라서 작성하기도 합니다.

3) 사례연구의 예시

아래의 내용은 사례연구의 전형을 보여주거나 우수 사례연구를 보여주는 것은 아닙니다. 단지 각기 다른 학교에서 교육실습생들이 어떻게 학생들에 대한 정보를 기록하고 사례연구 보고서를 제출하는지에 대한 예를 보여주는 것입니다.

〈표 26〉 실습생이 작성한 사례기록의 예시-1

- 학생 사례 기록 -

1. 아동명: 조OO (초등부 1학년 1반)
2. 성별: 남
3. 생년월일: 20**년 *월 **일 (만 6세)
4. 장애유형: 지적장애 2급
5. 중재

대상선정의 이유	연령이나 또래에 비해 작고 왜소한 체구로 더 많은 영양섭취가 필요한 것 같아 아동의 식습관에 관심을 가짐. 그 결과 아동이 심한 편식을 하고 있으며 특히 고춧가루가 조금이라도 들어간 음식은 절대 먹지 않으려는 행동양상을 확인하게 됨. 이에 따라 아동의 식습관을 바르게 잡는 것이 필요하다고 느끼고 이러한 행동을 바로 잡기 위해 대상을 선정하고 중재에 들어감.	
행동특성	① 마음에 들지 않을 때나 잠에서 깼을 때 짜증을 잘 냄. ② 낯선 음식, 낯선 곳, 낯선 사람에 대해 주눅이 잘 듦. 그 상황에서 어깨를 위로 올리고 목을 넣는 행동을 자주 보임. ③ 먹기 싫은 음식을 볼 때 우선 거부를 하고, 음식을 앞에 두고 울거나 화를 내는 행동으로 나타냄. ④ 노래 부르기와 춤추기, 그리고 그림 그리기를 좋아함. ⑤ 표현 언어보다 수용 언어가 월등히 앞 섬. ⑥ 발음이 불명확하고 언어를 구사할 때 말보다 행동으로 잘 나타냄. ⑦ 착석은 물론이고 수업시간 집중력이 높으며 대부분의 수업에 적극적으로 참여함.	
아동의 장점	① 깔끔하고 정리정돈을 잘함. ② 애교와 웃음이 많음. ③ 말로 설명하면 쉽게 잘 이해하고 "네~" 하고 대답을 잘 함.	
중재목표	소거행동	매운 음식(반찬)을 절대 먹지 않으려고 함.
	대안행동	매운음식(반찬) 위에 밥을 덮고 먹다가 서서히 스스로 먹도록 지도.

중재방법 선택	방안 1	매운 음식(반찬) 위에 밥으로 반찬을 가려주고 먹도록 함.
	방안 2	식사 후 아동이 좋아하는 놀이나 활동을 하겠다고 강화.
	방안 3	매울 때 물을 함께 마시도록 하다가 점차 빈도를 줄여나감. 밥을 몇 등분씩 나누어 세어가며 먹는 방법도 함께 중재함.
	최종방안	방안3: 방안 1을 사용하지 않아도 스스로 매운 음식을 먹을 수 있는 모습을 확인하였기 때문에 굳이 방안 1을 계속 사용할 필요는 없다고 판단함. 그리고 방안 2는 그날그날 컨디션에 따라 다르게 나타나는 변수를 보였기 때문에 중재방법으로 적절하지 않다고 판단하여 최종방안을 방안 3으로 선택.
중재기간	2010년 5월 4일부터 2010년 5월 27일까지	
중재계획	기간	중 재 내 용
	5.4~5.12	방안 1로 중재
	5.13~5.20	방안 2로 중재
	5.21~5.27	방안 3으로 중재

사례연구 진행일지

날짜		중재내용	중재결과
5월	4일	매운 반찬 위에 흰밥을 덮을 계획이었으나 비빔밥(고추장이 이미 비벼진)이 메뉴로 나와 중재계획을 적용하지 못함.	(중재적용 불가)
	6일	밥 위에 김치를 올린 뒤 다시 흰쌀밥을 올려 매운 음식이 보이지 않게 가림.	처음에는 인상을 찌푸렸으나 나중에는 물과 국을 번갈아 먹으며 밥을 먹음.
	7일	오늘도 역시 반찬(양념 잡채, 김치, 양념 고등어) 위에 밥으로 가려줌.	배식을 받을 때부터 먹지 않겠다고 표현했으나 칭찬을 해가며 중재계획을 적용하자 잘 먹음.
	10일	김치와 오이를 밥 위에 올려주고 다시 밥으로 덮음.	먹지 않겠다고 함⇒ 두부에 묻은 고춧가루를 밥으로 덮어달라고 함⇒ 스스로 오이를 달라고 가리킴.
	11일	고기반찬 외에 2개의 반찬이 고춧가루가 들어간 매운 음식☞ 밥을 위에, 반찬을 밥 아래에 넣어서 먹도록 유도함.	(크게 다르지 않았음) 처음에는 안 먹겠다고 했으나 이후에는 김치를 올려 (밥 위에) 달라고 함. 칭찬을 해주니 강화가 되었음.
	12일	매운 음식이 나왔으나 스스로 김치를 먼저 숟가락에 올린 뒤 밥을 덮음. 먹지 않고 들고만 있어, 밥 먹고 나면 운동장가서 놀겠다고 강화.	밥을 잘 먹을 뿐만 아니라 이후에는 스스로 매운 감자를 밥을 덮지 않고도 그냥 먹음.
	13일	식사 후 교실에 가서 그림그리기(좋아함)를 하자고 하며 매운 음식을 먹도록 중재.	처음에는 그러자고 대답하며 밥을 입에 넣었으나 씹지 않음. 결국 모두 뱉어내고 울음을 터트림. 한바탕 울고 나서 밥을 모두 먹음(여러 가지 반찬과).
	14일	반찬이 맛있겠다고 얘기 후 매운 음식(오이)도 먹어야 한다고, 먹고 나서 교실에서 그림을 그리자고 중재.	오이를 밥으로 (처음에는) 가렸으나 두 번째부터 밥으로 가리지 않고도 먹음.

	15일	5월 4일처럼 비빔밥이 나옴. 먹지 않겠다고 한바탕 울고, 그럼 밥의 반만 먹자고 중재를 함.	처음에는 그림 그리기를 중재방법으로 넣었으나 효과가 없어서 밥의 양을 줄이자 무탈하게 식사를 끝냄.
	17일	옆자리에 앉지 말고 마주보는 곳에 앉으라고 해서 그저 손짓으로 '최고'라는 표시를 보이며 최대한 식사 간섭을 하지 않음.	스스로 생선에 양념이 묻어있긴 했으나 조금씩 잘 먹었으며 김치는 밥으로 가려 달라고 한 뒤 먹음.
	18일	김치 삼겹살이 나와서 역시 반찬을, 아니 점심 자체를 먹지 않으려고 함. 중재 방법 2가 통하지 않아 중재방법 1을 사용.	입에 넣긴 했으나 씹지 않음. 한참 후 다시 입 밖으로 밀어내며 뱉어내려고 하자 혼이 나고 다시 넣고 씹기 시작. 이후로 밥을 잘 먹음.
	19일	오늘 역시 중재방안 2가 통하지 않음. 대신 밥을 4등분하여 4번만 먹자고 중재.	신나게 밥을 먹음. 스스로 밥과 매운 반찬을 먹을만큼!
	20일	중재를 사용하지 않아도 스스로 골고루 잘 먹음.	-
	24일	아동이 컨디션이 좋지 않아 식사를 하기 전부터 울음을 터뜨리는 바람에 아동이 담임선생님과 식사하게 됨⇒ 매울 때는 물을 함께 마시면서 먹도록 지도.	큰 탈 없이 식사를 잘 마침.
	25일	비빔밥이 나옴⇒ 담임선생님께서 옆에 앉으셔서 골고루 먹어야 한다고 말씀하신 후 밥과 매운 반찬, 그리고 국을 함께 먹도록 중재.	속도가 조금 늦긴 했지만 큰 무리 없이 식사를 끝냄.
	26일	반찬이 매웠지만 국과 물을 번갈아 마시면 된다고 중재.	시간이 오래 걸리긴 했지만 스스로 국에 밥숟가락을 올려 먹어가며 반찬을 골고루 먹음.
	27일	아동이 좋아하는 반찬(메추리알)이 나와서 매운반찬과 함께 식사를 잘 끝냄.(따라서 중재적용 X)	-

실습생의 사례연구 보고서 작성 예시-2

PBS 사 례 연 구

ㅇㅇ 학 교

실습 학반	5학년 3반	실습생	이 OO	
실습 기간	20**년 O월 O일 ~O월 O일		지도 교사	이 OO (인)

1. 들어가며

자료 수집은 개별화 교육 계획과 담임선생님과의 면담 그리고 관찰을 통하여 이루어졌다. 대상아동은 발달장애를 가지고 있으며 수용언어는 가능하나 표현 언어를 전혀 의미 있게 사용하지 못한다.

이 아동의 강점은 선생님의 지시에 잘 따르며 신변자립과 독립보행이 가능하다는 것이다. 또한 수업시간에 교사의 지시에 따라 과제를 수행하는 것이 가능하다. 약점으로는 자신의 감정을 조절하고 통제하는데 어려움이 있고 수업에 방해가 되는 상동행동이 나타난다. 이러한 관찰자료들을 바탕으로 하여 행동지원 연구를 시작하였다.

2. 행동지원계획 방안

1) 대 상 : 김선O (남)

2) 관찰 기간 : 20**년 O월 O일 ~ O월 OO일

3) 학생 인적 사항

가. 생년월일 : 19**년 *월 *일

나. 장애 유형 : 발달장애 1급 (원인불명)

4) 관찰 대상 선정이유

아동의 소리 지르기와 상동행동이 수업 시간에 많은 방해가 되기 때문에 수업의 집중도

를 높이기 위해서 선정하였다.

5) 행동지원팀 구성원

특수교사, 교육실습생, 특수교육보조원, 부모, 장애학생, 또래학급학생

6) 기능진단을 위해 시행한 결과

(1) 담임교사와의 면담을 통한 환경조사

-정신지체 특수학교 5학년 재학 중인 남자 학생

-사람을 좋아하고, 교사 지시를 잘 따르나 짜증을 내고, 울며 소리를 지르는 경우가 많음

-자신의 의사를 말로 표현하지 못한다.

(2) 행동의 유형과 강도의 관찰

행동의 유형	발생횟수	행동의 강도
• 소리 지르기 : '어디어디' '이비~이비~', '믿나~' • 의자 뒤로 젖히는 행동	• 한 수업 시간(40분) 당 10분 간격으로 4회 이상	• 소리 지르기 문제행동은 한 빈도 당 30초 이상 • 의자를 뒤로 젖히는 행동은 한 빈도 당 1분 이상

(3) 행동의 ABC분석

선행자극(A)	=	행동(B)	=	후속자극(C)
· 아침 걷기 활동을 할 때 · 자기가 배식 받은 이외의 음식을 못 먹게 할 때		· 양치질 할 때 · 수업 할 때 · 소리 지르기 의자 뒤로 젖히기		· 손가락을 입에 대고 쉿 한다. · 등 뒤로 주먹을 넣는다. · 의자를 바르게 잡는다.

7) 기능진단을 통해 세워진 가설

가설 1 : 본인의 감정을 표현을 하기 위해서 소리를 지를 것이다.

가설 2 : 수업 시간에 관심을 받기 위해서 의자를 뒤로 젖힐 것이다.

8) 행동지원을 위한 실행 계획

(1) 행동이 일어나기 전에 패턴을 변화시키기 위한 지원

지금 바로 실행할 일	책임자	실행일정
• 아침 걷기 활동을 할 때 아동이 지치기 전 잠깐 휴식을 취한다. • 자기가 배식 받은 이외의 음식을 먹지 못하게 잔반을 처리하고 교실로 이동하도록 한다. • 양치질을 시작할 때 횟수를 제한하여 헹구고 나가서 착석시킨다. • 수업할 때 의자를 뒤로 젖히는 행동을 보이기 전에 이름을 부르고 주의를 집중시킨다.	담임교사 교육실습생	• 아침 걷기 활동을 할 때 아동이 지치기 전 잠깐 휴식을 취하게 하고 • 식당에서 자신이 배식 받은 이외의 음식을 먹지 못하게 자리에서 일어나 잔반을 처리하고 교실로 이동하도록 한다. • 양치질을 시작할 때 횟수를 제한하여 정해진 시간 안에 헹구고 나가서 자리에 앉도록 유도하고 • 수업할 때 의자를 뒤로 젖히는 행동을 보이기 전에 계속 이름을 불러주고 교사를 볼 수 있도록 주의를 집중시킨다.

(2) 새로운 기술 교수

지금 바로 실행할 일	책임자	실행일정
• 아침 걷기 활동을 할 때 아동이 힘들어하면 교사의 손을 잡아 멈출 수 있도록 가르친다. • 자기가 배식 받은 이외의 음식을 못 먹게 할 때 수저를 빼어서 다른 사람의 음식을 먹지 못하게 한다. • 양치질을 계속 하려고 할 때 교사가 반복해서 빨리 끝내고 나가도록 지시를 하도록 한다. • 수업을 할 때 의자를 뒤로 젖히는 행동을 보이면 교사가 눈높이를 맞추어 손을 잡아준다.	담임교사 교육실습생	• 아침 걷기 활동을 할 때 아동이 힘들어하여 교사의 손을 잡으면 잠깐 멈추어 쉬도록 한다. • 자기가 배식 받은 이외의 음식을 못 먹게 할 때 수저를 뺏고 무릎에 손을 내려놓도록 한다. • 양치질을 계속 하려고 할 때 교사가 반복해서 빨리 끝내고 나가도록 지시를 한다. • 수업을 할 때 의자를 뒤로 젖히는 행동을 보이면 아동의 책상 앞으로 다가가 교사가 눈높이를 맞추어 손을 잡아준다.

(3) 문제행동의 후속결과를 통한 지원

지금 바로 실행할 일	책임자	실행일정
• 아침 걷기 활동을 할 때 아동이 힘들어서 소리를 지르면 아동이 평소에 즐겨듣는 노래를 불러준다. • 자기가 배식 받은 이외의 음식을 못 먹게 할 때 잔반을 버리게 하고 소리 지르는 행동을 소거시킨다. • 양치질을 계속 하려고 할 때 선생님과 함께 양치를 하고 같이 끝내도록 한다. • 수업을 할 때 의자를 뒤로 젖히는 행동을 보이면 보조원이 주먹을 의자에 넣어서 문제행동을 소거시킨다.	담임교사 교육실습생	• 아침 걷기 활동을 하면서 아동이 소리를 지르면 평소에 즐겨듣는 노래를 불러주도록 한다. • 자기가 배식 받은 이외의 음식을 못 먹게 할 때 바로 잔반을 버리게 하고 소리 지르는 행동을 소거시킨다. • 양치질을 계속 하려고 할 때 선생님이 양치를 하는 시범을 보이고 아동이 끝내도록 한다. • 수업을 할 때 의자를 뒤로 젖히는 행동을 하면 보조원이 즉시 주먹을 의자에 넣어서 문제행동을 소거시킨다.

9) 행동지원 계획 실행 결과 점검 및 평가

(1) 바람직한 변화

소리 지르는 행동과 의자를 뒤로 젖히는 행동이 줄어들 것이다.

(2) 점검할 사항

① 예방

• 아침 걷기 활동을 할 때 아동이 지치기 전 잠깐 휴식을 취했을 때 문제행동의 발생 빈도가 줄었다.

• 자기가 배식 받은 이외의 음식을 먹지 못하게 잔반을 처리하고 교실로 이동하도록 하여 문제행동의 발생을 줄였다.

• 양치질을 시작할 때 횟수를 제한하여 헹구고 나가서 착석시킴으로써 문제헝동이 줄었다.

• 수업할 때 의자를 뒤로 젖히는 행동을 보이기 전에 이름을 부르고 주의를 집중시켰을 때 수업의 참여도가 높아졌다.

② 새로운 기술 교수

• 아침 걷기 활동을 할 때 아동이 힘들어하여 교사의 손을 잡으면 잠깐 멈추어 쉬도록 했을 때 문제행동의 발생하는 빈도가 줄었다.

• 자기가 배식 받은 이외의 음식을 못 먹게 할 때 수저를 뺏고 무릎에 손을 내려놓도록

했을 때 문제행동의 발생하는 빈도가 줄었다.

- 양치질을 계속 하려고 할 때 교사가 반복해서 빨리 끝내고 나가도록 지시를 했을 때 문제행동의 발생하는 빈도가 줄었다.
- 수업을 할 때 의자를 뒤로 젖히는 행동을 보이면 아동의 책상 앞으로 다가가 교사가 눈높이를 맞추어 손을 잡아주었을 때 문제행동의 발생하는 빈도가 줄었다.

③ 후속 결과를 이용한 지원

- 아침 걷기 활동을 하면서 아동이 소리를 지르면 평소에 즐겨듣는 노래를 불러주었을 때 문제행동의 발생하는 빈도가 줄었다.
- 자기가 배식 받은 이외의 음식을 못 먹게 할 때 바로 잔반을 버리게 하고 소리 지르는 행동을 못하게 했을 때 문제행동의 발생하는 빈도가 줄었다.
- 양치질을 계속 하려고 할 때 선생님이 양치를 하는 시범을 보이고 아동이 끝내도록 했을 때 문제행동의 발생하는 빈도가 줄었다.
- 수업을 할 때 의자를 뒤로 젖히는 행동을 하면 보조원이 즉시 주먹을 의자에 넣었을 때 문제행동의 발생하는 빈도가 줄었다.

④ 체제 개선 및 팀 전략 발전

아동을 위해 조직된 긍정적 행동지원팀을 중심으로 학교, 가정, 지역사회를 통합하여 계속적인 행동지원이 이루어질 수 있도록 협력체계를 구축한다.

(3) 수정, 정교화해야 할 지원 전략

비언어적 의사소통과 상동행동의 지도

(4) 철회해야 할 전략 여부

효과가 없는 전략들은 철회하고 자연스러운 환경에서 일반화가 될 수 있도록 해야 한다.

3. 맺으며

한 아동을 놔두고 집중적으로 행동을 관찰하고 수정하는 것은 여간 쉬운 일이 아니다. 다양한 중재방법을 어떻게 쓰느냐에 따라서 다양한 방법만큼이나 다양한 결과가 나오기 때문이다. 아동을 관찰하고 중재하고자 하면서 다양한 중재방법을 알아보았고, 어떻게 하면 더 신뢰도 있고 타당하게 관찰할 수 있을까 하는 고민과 함께 체크리스트의 종류들도 보았던 것이 기억에 남는다.

9. 연구수업

앞에서 이미 수업실습에 대해서 다룬 바 있습니다. 여기에서는 수업실습의 연장선에서 연구수업에 대해 좀 더 구체적인 팁들을 제시하려고 합니다. 교육실습과정에서 연구수업이 그만큼 중요하기 때문이고, 아울러 여러분들이 향후 임용시험을 치르게 될 경우 수업실기시험과 관련하여서도 중요한 부분이기 때문입니다.

1) 연구수업의 의의

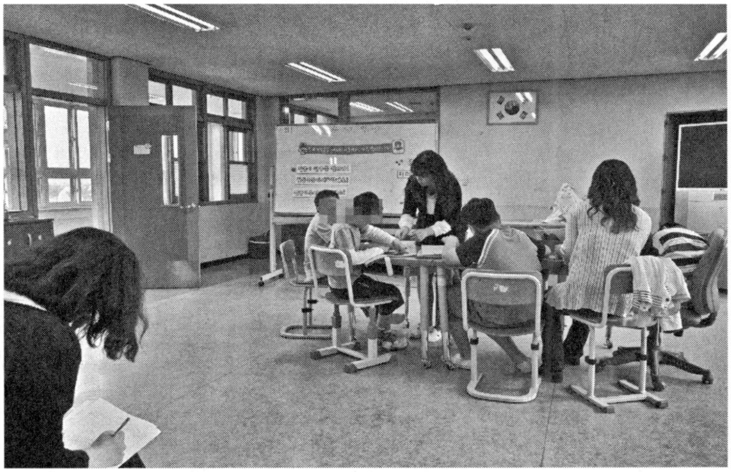

〈그림 25〉 교육실습생의 연구수업 장면

연구수업은 교육실습의 꽃이라고 할 수 있습니다. 근래에는 제한된 특수교육기관에서 전국의 특수교육과 학생들이 실습을 요청하는 까닭에 어떤 학교의 경우에는 실습생 대표 한두 명만 연구수업에 참여하고 나머지 학생들은 참관하는 일이 많아졌습니다. 개인적으로는 학생들에게 교육실습을 준비시킬 때에 반드시 연구수업을 진행하고 오라고 주문을 합니다. 물론 대학에서도 지역의 봉사프로그램이나 강의 중 모의수업 발표, 현장실습 등을 통해서 많은 수업을 진행합니다. 그러나 실제 교단에서 학급의 아동들을 대상으로 수업을 진행하고 여러 선배 선생님들로부터 날카로운 지적을 받는 것과는 그 경험의 차원이 다릅니다. 학교의 여건이 어려워 실습생들이 충분히 수업을 진행하지 못하는 상황에 대해서 어떤 학생들은 안도의 숨을 쉴 수도 있겠지만 특수교육을 전공하면서 평생 딱 한번 해보는 '실습생으로서의 연구수업'을 경험하지 못한다면 두고두고 아쉬움으로 남을 것입니다. 그러나 여건이 정 어려워 공개적인 연구수업이 힘든 경우라면 담임선생님만을 모시고라도 연구수업을 실시해 볼 필요가 있습니다.

2) 연구수업의 과정

여러분들이 연구수업을 준비하고 진행하기까지의 전형적인 과정은 대략 아래와 같습니다. 물론 아래의 순서가 고정된 것은 아니며 필요에 따라서 단계를 생략하거나 단계가 더 많아질 수도 있습니다. 연구수업이 이루어지기까지의 전체적인 과정을 그림으로 표시하면 〈그림 26〉과 같습니다.

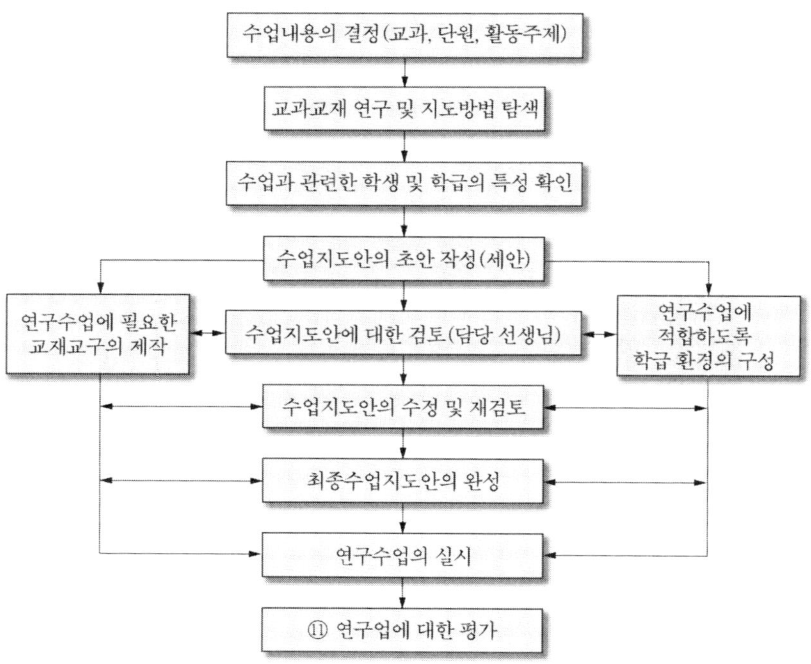

〈그림 27〉 연구수업의 과정

(1) 수업내용의 결정(교과, 단원, 활동주제)

연구수업을 위해서 제일 먼저 해야 할 일은 "어떤 교과의 어떤 내용을 연구수업의 주제로 정할 것인가?"입니다. 즉 수업할 내용이 무엇인가를 정하는 것인데, 수업할 주제가 빨리 정해지면 그만큼 수업을 준비할 수 있는 시간이 많아지기에 좀 더 알찬 연구수업을 진행할 수 있습니다. 하지만 연구수업의 주제를 결정하는데 많은 시간을 보내는 경우가 대부분입니다. 이는 연구수업 자체가 워낙 큰 부담으로 다가오기에 좀 더 자신의 장점을 잘 살린, 좋은 수업을 보여주고자 하는 교육실습생들의 욕심 때문일 것입니다. 또 하나의 이유는 짧은 시간동안 아동들을 파악하기 힘들기 때문에 학급의 아동들을 적절히 참여시키기 위한 활동을 정하는 것이 쉽지 않기 때문입니다.

한편 연구수업의 주제를 정하는 것은 몇 가지 측면에서 이루어집니다.

첫째, 학교 교육과정의 흐름 안에서 자연스럽게 예정된 주제를 대상으로 하는 경우입니다. 예를 들면 각급 학교에는 학교교육과정 안에 3월에서 12월까지 1년간 학교에서 가르칠 내용들에 대한 계획이 잡혀 있는데, 이 계획에 따라서 교육실습생들이 연구수업을 진행하는 것입니다. 여러분들이 실습학교로 떠나기 전에 실습할 학교의 홈페이지 등을 통해서 학교교육과정을 살펴보면 여러분들이 실습하는 동안에 학교에서 이루어지는 수업의 주제에 대해서 대략적으로 이해할 수 있습니다. 이렇게 되면 좀더 시간을 갖고 알찬 연구수업을 준비할 수 있는 것입니다.

둘째, 학교에서 교육실습생들을 위해서 특정한 주제를 선정해 주는 경우입니다. 이 경우에는 여러분들이 미리 수업할 주제에 대해서 알기 어렵습니다. 하지만 참관수업 동안에 유심히 선생님들의 수업을 살펴본 분들이라면 주어지는 주제와 상관없이 좋은 수업을 계획하고 진행할 수 있을 것입니다.

셋째, 교육실습생에게 수업주제를 선택할 수 있는 기회를 주는 경우입니다. 이 경우에는 교육실습생으로 하여금 본인이 가장 자신 있는 활동을 선정해서 새롭고 참신한 수업을 보여 달라는 의미입니다. 그런데 이런 경우에 많은 교육실습생들이 오히려 당황하고 힘들어 하는 것 같습니다. 여러분들이 평소 자원봉사나 현장실습 등을 통해서 다양한 경험들을 해왔다면 아마 큰 도움이 될 것입니다.

참고로 교육실습생이 주제를 선정하게 할 경우에는 담임선생님과 상의를 해서 학급에서 시도해 보았으면 하는 내용을 선정하시면 좋습니다. 담임선생님께서 학급 아동들에 대해

가장 잘 알고 계시기 때문에 여러분들이 선택한 수업내용이 연구수업 주제로 적절한지 가장 잘 알고 계십니다.

그렇다면 연구수업의 주제로는 어떤 것이 좋을까요?

여러분들이 어느 정도 학생들에 대해서 파악을 하셨다면 다음과 같은 두 가지 활동 중에서 어떤 것을 연구수업의 주제로 삼으시겠습니까?

① 학급아동들이 평소에 좋아하고 잘 참여하는 활동. 그러나 아동들이 이미 너무 잘 하고 있는 활동이라 새삼스럽게 배울 것이 없는 활동

② 학급아동들이 힘들어하고 집중하기 힘든 활동. 그러나 아동들이 꼭 배워야만 하는 활동

아마 대부분은 첫 번째 활동을 연구수업의 주제로 삼게 됩니다. 왜냐하면 수업이 진행되는 동안에 아동들은 집중할 것이고 수업은 안정적으로 진행되는 것처럼 보일 것이기 때문입니다. 참관하는 분들은 학생들이 흥미있어 하고 자리에 잘 앉아 있으면 일단 수업이 성공한 것으로 보는 경향이 있기 때문입니다. 특수교육 현장에서는 더욱더 그러합니다. 특히 교육실습은 단 한두 번의 연구수업을 통해서 수업에 대한 평가를 받게 되기 때문에 연구수업을 통해서 모험을 한다는 것은 매우 어려운 일입니다.

제가 권하는 방법은 두 가지를 섞는 것입니다. 아동들이 평소에 좋아하고 흥미있는 활동을 선정하되 그 안에 아동들이 배워야 할 새로운 요소들을 살짝 섞어서 수업을 계획하는 것입니다. 이것은 평소 아동들이 힘들어하거나 싫어하지만 반드시 배워야 할 내용을 아동의 흥미에 기초해서 제시하는 방법을 보여주는 것이기 때문에 연구수업의 의미에 합당하다고 볼 수 있습니다. 여러분이 꼭 기억해야 하는 것은 연구수업에 참여하는 학생들은 여러분들의 연구수업을 빛나게 도와주는 조연이 아니라는 것입니다. 연구수업을 하는 당일도 학생들은 무엇인가 새로운 것을 배우러 학교에 온 것이며 학생에게 그 시간은 다시 돌아오지 않는 중요한 시간임을 잊으시면 안됩니다.

(2) 교과교재 연구 및 지도방법 탐색

연구수업의 주제가 정해지고나면 그 주제에 대한 분석이 이루어져야 합니다. 즉 여러분들이 가르쳐야 할 주제가 어떤 의미를 갖고 있고 어떤 내용들로 구성되어 있는지, 활동에서 추구하는 목표는 무엇인지, 지도상 유의점들은 무엇인지 등 해당 주제를 샅샅이 분석해 보는 과정입니다. 이 과정에서 여러분들은 수업주제와 관련한 여러 가지 자료들을 찾아볼 수 있습니다. 비슷한 주제로 이루어진 수업자료들을 참고할 수도 있고 시중에서 구할 수

있는 교육활동집을 참고할 수도 있습니다. 하지만 실습 중에는 시간이 절대적으로 부족한 탓에 여러분들이 서점을 다니면서 차분히 자료들을 읽을 수 있는 시간이 부족합니다. 이때 미리 준비해 간 포트폴리오 자료들을 통해서 도움을 받을 수 있습니다.

(3) 수업과 관련한 학생 및 학급의 특성 확인

수업주제와 관련하여 학생들의 특징을 살펴봅니다. 예를 들어 찰흙놀이활동을 연구수업의 내용으로 정했다면 찰흙에 대해서 거부감을 갖고 있는 아동은 없는지, 찰흙놀이에 대한 아동들의 선행경험, 현행수준 등을 파악해 보아야 합니다. 이러한 특성을 파악해야만 수업지도안을 작성할 때에 가능한 한 각각의 아동들이 자신의 수준에서 최대한 참여할 수 있도록 수업계획을 수립할 수 있기 때문입니다.

한편 이 단계의 활동은 실제로 수업지도안의 초안을 작성하는 과정에서 함께 고려하게 됩니다. 즉 아동과 학급에 대한 특성을 파악한 후에 지도안을 작성한다기보다는 수업지도안을 작성하는 과정에서 좀더 심층적으로 아동의 특성을 고려하게 됩니다.

(4) 수업지도안의 초안 작성(세안) 및 교재교구, 환경구성의 시작

이제는 본격적으로 수업지도안을 작성하게 됩니다. 여러분들은 그동안 수없이 많은 지도안을 작성해 보았을 것입니다. 그러나 교육실습생들에게 지도안 작성은 여전히 쉽지 않은 과제입니다. 특히 연구수업을 위한 지도안은 단원의 개관을 포함하여 세안을 작성해야 하기 때문에 작성시 고려하고 점검해야 할 양이 많습니다. 그러나 지도안 작성이 어려운 가장 큰 이유는 실습이 시작되고 학급 아동들에 대해서 충분히 파악하지 못한 상황에서 아동들에 대한 지도계획을 세워야 하기 때문입니다.

연구수업을 위한 지도안 작성은 크게 단원 전체의 지도계획을 세우는 것과 고수-학습계획안을 세우는 두 부분으로 구성됩니다. 지도안에 들어갈 일반적인 요소들은 비슷하지만 지도안의 양식과 내용은 각 학교마다 약간의 차이가 있습니다. 따라서 여러분들이 실습하는 학교의 지도안 양식을 참고하시고 그에 따르시면 됩니다. 또한 진행하려는 수업의 성격에 따라서 다양한 수업모형을 적용해 볼 수 있습니다.

참고적으로 수업지도안을 작성할 때에 유의할 것은 본인이 계획한 아이디어의 80% 정도만을 지도안에 담으라는 것입니다. 연구수업은 많은 분들 앞에서 자신의 수업을 보여주는 것이기에 자칫 활동에 대한 욕심이 생길 수밖에 없습니다. 따라서 활동도 많아지고, 교재교구도 많아져서 단위 시간 안에 소화하기 어려운 경우가 많습니다. 무엇보다 가장 큰 문제는 해야 할 활동이 많다보니 학생들의 직접적인 참여를 유도하거나 반응에 적절히 답하는 시간을 내지 못하고 쫓기듯이 수업을 진행하게 된다는 점입니다. 수업과 관련한 본인의 아이디어를 하나 둘씩 지도안에 포함시키다 보면 지도안 자체는 풍성해 보일지 몰라도 그만큼 학생들을 참여시키고, 학생들의 반응을 기다리는 시간은 줄어들 수밖에 없습니다. 따라서 활동은 본인이 생각한 것의 80% 수준으로 구성하되, 수업 중 학생들의 다양한 반응에 귀를 기울이고 피드백을 제공하는데 초점을 맞추시면 좋습니다.

(5) 수업지도안에 대한 검토(담당선생님)

수업지도안을 작성한 후에는 담임선생님과 지도안에 대해서 상의를 하게 됩니다. 연구수업의 시작단계에서부터 담임선생님과 의논을 하는 것이 일반적이기 때문에 담임선생님께서는 지도안의 내용이 계획한 수업을 적절히 반영하고 있는지를 확인하고 피드백을 제공하게 됩니다.

학교에 따라서는 담임선생님 뿐 아니라 교육실습 담당선생님이나 부장선생님, 혹은 교감선생님께서 지도안을 검토하기도 합니다.

(6) 수업지도안의 수정 및 재검토

지도안에 대한 피드백이 주어지면 이를 기초로 지도안의 내용을 수정하게 됩니다. 지도안의 수정은 활동 자체의 수정이 될 수도 있고 아니면 활동 방법이나 활동 순서 등에 대한 것일 수도 있습니다. 또한 철자법이나 지도안 작성방법 등에 대한 피드백이 주어지기도 합니다.

그런데, 특수교육실습기간 중에 실습지도 선생님과 다른 선생님들 사이에서 아래의 예시와 같은 일들이 간혹 발생합니다.

"연구수업을 할 차례가 되었습니다. 교육실습생인 A양은 열심히 준비해서 지도안을 작성하였습니다. 그리고 작성한 지도안을 선생님께 보여 드리고 조언을 받았습니다. 선생님께서는 지도안을 보시고 부족한 몇 가지 점들을 지적해 주셨습니다. A양은 지적받은 내용을 기초로 지도안을 여러 번 수정한 후에 부장 선생님께 지도안을 제출하여 조언을 받았습니다. 그런데 담임선생님께서 지적해 주셔서 수정한 내용에 대해서 부장선생님께서 지적을 하시면서 잘못되었으니 다시 수정하라고 말씀을 하십니다. 담임선생님 말씀을 따르게 되면 부장선생님의 지적을 무시하는 것이 되고 부장선생님의 지적을 따르게 되면 담임선생님의 지적을 무시하게 되는 상황이었습니다. A양은 어디에 하소연할 수 있는 일이 아니라 혼자서 속앓이를 해야 했습니다."

실제 이러한 상황은 특수교육실습동안에 아주 간혹 발생할 수 있습니다. 여러분이라면 이런 상황에서 어떻게 행동을 하시겠습니까? 이 상황에서도 명확한 답은 없습니다. 그러나 기본적으로 여러분들이 한 달여간 실습을 하는 동안 직접적으로 여러분들을 지도하고 안내해야 하는 분은 바로 여러분의 실습 지도선생님(담임선생님)입니다. 따라서 일단은 담임선생님의 말씀에 따르시는 것이 좋습니다. 만약 이로 인해서 문제가 생겼다면 그것은 담임선생님께서 실습지도 선생님으로서 책임을 지실 것입니다. 따라서 그림자처럼 담임선생님을 따라다니면서 배워야 합니다. 그렇다고 부장 선생님의 말씀을 무시하라는 것이 결코 아닙니다. 여러분들은 지적받은 내용들을 메모하고 이를 반영하기 위해 일차적으로 담임선생님과 적극적으로 상의하시면서 노력하는 모습을 보여야 한다는 것입니다.

(7) 최종수업지도안의 작성

여러 번의 검토와 수정을 통해서 최종적인 지도안이 작성됩니다. 이제 여러분들은 연구수업을 위한 기본적인 밑그림을 그린 것입니다. 지도안은 연구수업 전에 여러 부를 복사하여 제출하게 되는데, 연구수업이 이루어지는 당일 참관하시는 선생님들은 여러분들이 제출한 지도안을 들고 참관을 하시게 됩니다. 이를 통해서 수업이 지도안에 근거한 대로 이루어지고 있는지를 확인하는 것입니다.

(8) 연구수업에 필요한 교재교구의 제작

연구수업 중에 필요한 교재교구를 제작하는 것은 수업의 성패와 관련되어 있을 뿐 아니라 참관선생님들이 가장 관심 있게 살펴보는 부분의 하나입니다. "교육실습생들이 수업의 목적을 달성하기 위해서 얼마나 창의적으로 교재교구를 개발하고 적용하는가" 하는 것은 연구수업의 꽃이라고도 할 수 있습니다. 그래서 대부분의 교육실습생들은 마치 비장의 무기를 처음으로 공개하는 심정으로 교재교구를 제시하게 됩니다. 그러나 교재교구를 제작하는 것은 하루 이틀에 끝내기가 어렵습니다.

여러분들은 대학 수업 중에 교재교구를 만들어본 경험들이 많이 있을 것입니다. 많은 재료를 갖고 많은 시간동안 교재교구를 제작하기 위한 노력을 하지만 막상 결과물로 나온 교재교구는 생각했던 것만큼 만족스럽지 못한 경우가 거의 대부분일 것입니다. 따라서 교재교구의 제작은 수업에 대한 대략적인 구상이 끝나는 대로 바로 시작하는 것이 좋습니다. 물론 중간에 수업내용이나 방법이 바뀔 경우 교재교구도 수정이 불가피합니다만 그러함에도 조금 일찍 교재교구 제작을 시작한 후 그 교재교구를 적절히 활용할 수 있는 방안마련에 시간을 쏟는 것이 필요합니다.

(9) 수업과 관련한 학급환경의 구성

교재교구 제작과 동시에 학급환경의 구성도 이루어져야 합니다. 즉, 학생들이 수업내용을 좀더 쉽게 이해할 수 있고, 수업과 관련한 행동을 촉진할 수 있도록 환경을 구성해야 하는 것이기에 이때 환경구성은 큰 의미에서 교재교구라고 보아도 좋습니다. 예를 들어 '자동차'에 대한 주제를 다룬다면 게시판 등에 자동차 관련 자료들을 게시하거나 자동차와 관련된 교재교구들로 환경을 구성함으로써 학생들이 자연스럽게 해당 주제를 경험할 수 있도록 배려해야 하는 것입니다.

또한 학습환경의 구성은 연구수업시 학생의 수업집중도를 높이거나 수업중 방해행동 등을 줄이기 위한 조치도 포함이 됩니다.

〈그림 28〉 환경구성은 연구수업의 중요한 한 부분입니다.

(10) 연구수업 직전의 점검

연구수업 당일에도 점검해야 할 것들이 많습니다. 특히 다음과 같은 내용들을 살펴야 합니다.

• 수업준비물

교재교구 등 수업에 필요한 준비물들이 모두 준비되었는지 살펴봅니다. 또한 수업에 필요한 준비물들이 수업의 흐름에 따라서 순서대로 사용할 수 있도록 비치되어 있는지를 점검하는 것도 매우 중요합니다. 수업진행 중 자료를 꺼내느라 힘들어하는 경우를 종종 보게 됩니다. 마지막으로 파워포인트, 스피커, 인터넷 연결 등 수업중 사용할 장치들이 제대로 작동하는지 사전에 점검하셔야 합니다. 예를 들어 컴퓨터를 사용하여 수업을 진행하는 과정에 갑자기 프로그램이 멈춘다거나 오류가 발생하는 일들이 벌어질 수 있습니다. 이 때문에 사전에 충분한 점검이 이루어져야 합니다.

• 학생 상태의 확인

연구수업을 통해서 주어진 시간동안 교사와 아동이 수업주제를 중심으로 얼마나 역동적으로 상호관계를 형성하는지를 평가받게 됩니다. 학생들의 컨디션과 기타 여건들은 연구수업 과정에서 중요하게 고려되어야 하는 부분입니다. 따라서 수업 전에 학생들을 살펴보고 수업참여를 위해 준비가 되어 있지 않다면 수업에 적극적으로 참여할 수 있도록 격려하거나 학생의 문제에 대해서 해결을 시도해야 합니다. 또한 수업은 학급 구성원 전체가 함께 참여하는 것이기에 전체의 분위기를 적절히 조정하는 것도 중요합니다.

• 수업 방해 환경의 확인

연구수업 전에 수업중 방해가 될 수 있는 요소들은 없는지 다시 한번 확인하고 사전에 이에 대한 조치를 해 놓아야 합니다. 예를 들어 학생들의 주의를 쉽게 빼앗는 물건이 있다면 수업 전에 이를 정리해야 합니다. 수업중 학생들의 관심과 호기심을 끌겠다고 준비한 교재교구 등이 수업도 시작하기 전에 학생들의 눈에 띄어 오히려 수업의 진행을 방해하는 경우도 생각보다 많습니다.

• 수업의 흐름 숙지

수업이 이루어지기 전에는 시연을 통해서 수업의 전체적인 흐름을 확실히 알고 있어야 합니다. 운동경기 직전의 선수들이 자신의 경기모습을 떠올리며 반복연습을 하는 것처럼 선생님들도 자신의 수업과 관련하여 행동적으로, 혹은 머릿속으로 수업의 전개과정을 시연하는 것이 필요합니다. 간혹 수업 중에 다음 활동내용을 잊거나 리듬을 잃는 경우가 있습니다. 특히 특수교육실습 중에는 돌발적인 여러 문제들이 발생할 수 있기에 수업 전체의 흐름을 완전히 숙지하고 있지 않으면 순간적으로 당황하여 수업의 맥을 잡지 못하는 경우가 생길 수 있습니다.

• 돌발적인 상황들에 대한 대비 프로그램(활동)

어느 수업에서나 마찬가지이겠지만 특수교육 현장에서는 특히 교사가 준비하고 계획한 활동이 그대로 이루어진다는 보장이 없습니다. 즉 수업중 돌발적 상황이 발생할 수 있다는 것입니다. 이 경우 대부분의 실습생들은 이미 계획된 활동을 마쳐야 한다는 생각에서 수업 중 발생한 상황과 상관없이 수업을 계속 진행해 나가는 경우가 대부분입니다. 여러분들이 기억해야 하는 것은 '수업은 프리젠테이션이 아니다'라는 것입니다. 여러분이 준비한 레퍼토리를 학생들 앞에서 발표하는 것이 아니라 학생들과 상호적으로 의사소통해 나가는 과정이 수업인 것입니다. 하지만 장애학생들의 경우 주의집중 시간이나 자극에 대한 반응에서 비장애학생들에 비해서 차이가 있을 수밖에 없습니다. 따라서 수업지도안에는 포함되지 않더라도 중간중간 분위기를 반전시킬 수 있는 예비활동을 준비하는 것이 좋습니다.

예를 들어 주머니에 풍선 몇 개를 넣어놓고 학생들의 주의가 산만해졌을 때에 풍선을 불어보이면 관심을 끌 수도 있습니다. 물론 이때에도 그러한 예비활동의 내용이 가능한 한 수업의 주제와 연관되도록 하는 것이 필요할 것입니다.

(11) 수업의 진행과 발문

이제 직접 수업을 진행하는 단계입니다. 좋은 수업을 위해서는 고려할 점들이 수없이 많습니다. 아래에 제시된 내용들은 연구수업중 주의해야 할 내용들의 몇 가지 예들을 제시한 것입니다.

① 발문에 유념합니다.

장애아동을 대상으로 한 수업에서는 발문이 매우 제한적으로 이루어지는 것이 사실입니다. 장애아동들이 선생님의 다양한 질문에 적극적으로 답변하기 어려운 경우가 많다보니 발문 자체가 너무 단순하거나 한정되어 있는 경우가 많습니다. 어떤 경우에는 아동들이 답할 기회를 거의 주지 않는 경우도 있습니다. 앞에서도 여러 번 밝힌 바와 같이, 수업은 학생들과 함께 소통하고 대화를 나누는 과정입니다. 이때 대화와 소통은 꼭 언어적인 것만을 의미하는 것은 아니고 손짓, 표정, 행동 등 여러 방법을 통해서 이루어질 수 있습니다. 따라서 수업 중에는 풍부한 발문이 이루어져야 하고 그 발문에 아동들이 반응할 수 있는 시간과 기회가 주어져야 합니다.

참고로 발문의 목적은 다음과 같습니다(변영계 · 김영환, 2007: 재인용).

- 학생이 알고 있는 지식과 알지 못한 지식을 파악하기 위해
- 학습자의 사고력을 개발하기 위해
- 학습의 동기화를 위해
- 수업내용을 숙달하고 연습의 기회를 제공하기 위해
- 학습자가 학습자료를 조직하고 해석하는 것을 돕기 위해
- 수업내용의 중요한 요점을 강조하기 위해
- 사건의 원인과 결과관계를 알게 하기 위해
- 산만한 학습자의 주의와 관심을 돌리기 위해
- 수업내용의 원만한 이해를 돕기 위해
- 학습내용을 복습하고 점검하기 위해
- 학습자와 함께 하는 공감대를 형성하기 위해
- 학습한 내용을 말하고 표현하는 연습을 시키기 위해
- 진단하고 평가하기 위해

이렇게 보면 수업 중에 학생들에게 무심코 던지는 질문 하나하나도 얼마나 신중을 기해서 계획하고 준비해야 하는지 알 수 있습니다. 비록 많은 장애학생들이 교사의 발문에 적절히 답하기 어려워한다고 할지라도 수업중 이루어지는 발문은 분명한 의도와 목표를 갖고 학생들의 수준에 맞게 다양한 형태로 이루어져야 합니다.

② 자신감 갖기

여러 선생님들과 교육실습생들 앞에서 진행하는 연구수업이지만 일단 수업이 시작되면 그 시간만큼은 여러분이 주인이 되는 것입니다. 따라서 당당하게 수업을 이끌어야 합니다.

연구수업 중에는 여러 선생님들이 교실의 뒷자리나 혹은 옆자리에 위치하게 되는데, 이를 아동들 입장에서 보면 당연히 낯선 상황일 것이며, 따라서 주의를 빼앗길 수밖에 없을 것입니다. 여러분들은 이러한 상황에 당황하지 말고 오히려 자신감을 갖고 상황 자체를 활용해야 합니다.

예를 들어, 도입부분에서 아동들에게 참관하고 있는 선생님들을 간단히 소개하거나 혹은 아동들로 하여금 직접 참관 선생님에게 가서 인사를 하도록 활동을 유도할 수도 있습니다.

아쉽게도 어떤 실습생들은 참관 선생님들을 보기 위해서 자꾸 뒤를 돌아보는 아동들의 주의를 돌리기 위해서 진땀을 흘리곤 합니다. 당당하게 수업을 하라는 의미는 참관 선생님들조차 여러분 수업의 한 부분이라는 생각으로 적극적으로 활용하라는 의미입니다.

③ 수업시간에 유념합니다.

연구수업 중에는 많은 긴장감으로 인해서 수업시간이 늘어나는 경우가 자주 있습니다. 즉 계획한대로 시간을 맞추지 못하는 것입니다. 하지만 수업시간을 잘 지키는 것도 중요한 훈련입니다. 교사들은 법적으로 제시된 시수 안에서 계획한 수업목표를 효과적이고 효율적으로 가르쳐야 하는 전문가이기 때문에 시간을 염두에 두어야 하는 것입니다.

대부분은 교실 뒤에 시계가 있기 때문에 평소 수업을 진행하면서 중간중간 시계를 확인함으로써 시간조절을 할 수 있도록 훈련하는 것이 좋습니다.

④ 시선에 유념합니다.

수업중 교사의 시선은 대단히 중요합니다. 수업시 학생들과의 의사소통은 언어적으로 이루어지기도 하지만 시선을 통해서도 다양한 소통이 이루어질 수 있기 때문입니다. 예를 들어 바라보는 방법에 따라서 학생들에게 활동을 요구하거나 칭찬하거나 행동을 통제하는 것이 가능할 정도입니다. 수업 중 시선은 항상 학생들 전체를 염두에 두어야 하는데, 교사가 서 있는 위치를 바꾸거나 교재교구를 꺼내거나 하는 경우에도 학생들에게 등을 보이고 있으면 안됩니다. 그 이유는 수업 중 돌발적인 행동을 하는 학생, 수업중 참여도가 낮은 학생, 수업참여를 원하는 학생 등 학생들의 반응을 지속적으로 살피면서 필요한 발문을 하거나, 과제를 주거나, 행동을 통제하기 위함입니다. 이 밖에도 시선을 아래로 내리고 있거나 혹은 위로 올리고 있는 경우, 특정한 아동에게만 시선을 주는 것도 피해야 할 부분입니다.

⑤ 동작에 유념합니다.

많은 장애학생들이 언어적인 이해와 지시 따르기에 어려움을 보일 수 있습니다. 다시 말하면 수업중 이루어지는 교사의 요구를 적절히 이해하지 못해 수업참여가 어려울 수 있다는 것입니다. 학생들에게 지시를 내리거나 요구하거나 혹은 학생을 활동에 참여시킬 경우 적절한 동작을 사용하는 것이 좋습니다. 예를 들어 "민호야 앞에 있는 의자에 앉아라"라고 말할 때에, 교사는 한 손을 뻗어 민호를 가리킨 후, 다른 한 손으로 민호가 앉아야 할 의자를 가리킴으로써 아동이 교사의 의도를 훨씬 쉽게 이해할 수 있도록 하는 것입니다. 유념할 것은 교사의 말, 시선, 동작이 하나로 움직여야 한다는 것입니다.

⑥ 동선에 유념합니다.

수업중 부득이 자리를 이동하는 경우가 있습니다. 이러한 활동의 전환과정은 자칫 학생들을 산만하게 할 수도 있습니다. 따라서 수업계획을 수립할 때에 가능한 한 동선이 복잡

하지 않게 고려하는 것이 좋습니다. 또한 학생의 특성에 따라서도 동선이 고려되어야 합니다. 예를 들어 이동이 어려운 학생이라면 당연히 활동의 동선을 짧게 하여 수업중 어려움이 없도록 배려해야겠지요.

한 가지 더 유념해야 할 것은 교사 자신이 너무 많이 움직이면 수업을 산만하게 할 수 있다는 점입니다. 많은 경우 수업에 대한 부담과 긴장감으로 인해 본인이 산만하게 움직이고 있다는 것을 눈치 채지 못합니다. 학생들은 대부분 앉아 있고 교사들은 서 있기에 조금만 움직여도 학생들의 주의와 행동을 산만하게 할 수 있음을 알고 적절한 동선을 찾아야 합니다. 이를 위해 평소 다양한 형태의 수업을 시연해 보면서 적절한 위치와 움직임 등을 스스로 모니터 해보는 것이 좋습니다.

⑦ 자료제시에 유념합니다.

연구수업 중 자주 보게 되는 문제의 하나는 수업자료의 처리입니다. 대부분의 실습생들은 연구수업을 통해서 자신이 제작한 교재교구 등을 선보이게 됩니다. 또한 학생들에게 신선함과 호기심을 주기 위해 대부분은 단위 수업에 필요한 것보다 훨씬 많고 다양한 교재교구를 제작하기 마련입니다. 이러한 교재교구를 숨겨 놓았다가 수업을 진행하는 과정에 하나씩 꺼내 보이게 되는데, 수업의 후반부로 갈수록 교재교구들이 교탁에 하나 둘 쌓이게 됩니다. 이런 것 역시 수업중 교실 환경과 학생들의 시선을 산만하게 만드는 장애요소가 될 수 있습니다. 따라서 수업의 각 단계마다 사용한 교재교구를 적절히 정리하여 자칫 수업환경이 산만해지지 않도록 고려해야 합니다.

⑧ 수업의 중간 중간 수업분위기를 바로잡습니다.

계획된 지도안에 따라 주어진 시간동안 수업을 진행해야 하다 보니 앞에서 밝힌 바와 같이 수업이 학생들과의 의사소통이 아니라 실습생이 준비한 내용의 프리젠테이션에 가까운 경우가 많습니다. 더 큰 어려움은 수업중 돌발적인 문제가 발생하거나 예상했던 것만큼 학생들이 주의나 관심을 기울이지 않거나 하는 경우입니다. 이 경우에는 반드시 수업을 잠시 멈추고 학생들의 분위기를 바로 잡은 후에 수업을 진행해 나가야 합니다. 학생들의 관심이 완전히 떠났음에도 계획한 수업을 계속 진행해 나가는 것은 학생에게 아무런 의미가 없기 때문입니다. 이를 막기 위한 방법의 하나는 의도적으로 수업 중간중간 분위기를 점검하고 학생들의 동기를 불러일으키는 학급만의 활동을 계획하는 것입니다. 예를 들어 학급만의 독특하고 재미있는 구호를 만들어서 수업의 분위기가 흐트러졌다고 판단되면 해당구호를 함께 외쳐보도록 하는 것입니다. 하이파이브하기, 박수치기 등의 간단한 동작도 도움이 됩니다. 학급만의 구호는 실습이 시작되면서부터 바로 학생들과 호흡을 맞춰보는 게 좋습니다. 그렇게 되면 수업중 학생들은 거의 반사적으로 해당 구호를 하게 되고 이러한 구호들을 통해서 수업 중간중간 분위기를 잡아갈 수 있습니다.

(12) 연구수업에 대한 평가

연구수업이 이루어지고 나면 수업에 대한 평가가 이루어집니다. 연구수업을 참관하시는 선생님들은 사전에 여러분들이 작성한 수업지도안과 함께 수업참관을 통한 평가서를 함께 들고 수업에 들어가시게 되는데, 수업진행과정을 관찰하면서 평가하게 됩니다. 연구수업이 끝난 후에 평가회의를 통해서 수업에 대한 의견을 나누게 됩니다. 그런데 간혹 선생님들의 충고나 지적에 대해서 '그게 아니고요.'라고 말하면서 적극적으로 반론을 펼치는 실습생도 있습니다. 하지만 평가회의는 여러분들의 수업에 대해서 선배선생님들이 애정을 담은 조언을 주시는 시간이기에 겸허하게 받아들여야 합니다. 이를 통해서 여러분들은 한층 더 깊이 있는 수업자로서의 자질을 갖추게 되는 것입니다.

〈표 27〉은 교육실습생의 연구수업 후 이루어진 평가의 실제 예시입니다. 평가내용은 수업에 대한 선생님들의 지적사항이고 개선방안은 이에 대한 실습생의 생각을 적은 것입니다.

〈표 27〉 실습생이 작성한 연구수업 평가의 예

연구수업평가

20**년 *월 **일 (화요일)

평가내용	지적된 문제에 대한 개선방안
• 정신지체, 정서장애 아동이 아닌 청각장애아동에게 이 수업이 맞을까에 대한 생각이 조금 부족했음	평소 정신지체, 정서장애 아동만 봐와서 청각장애 아동을 대상으로 하는 수업에 대한 고민을 많이 하지 못했다. 앞으로 다양한 장애영역의 아동에 대한 깊이 있는 연구를 해야겠다.
• '두 팀으로 나눈다'라는 말에서 '팀'이라는 단어가 아이들에게 조금 어려운 어휘임.	팀(team)이라는 말 대신 쓸 수 있는 단어에 대한 연구를 해보아야겠다. '모듬'이나 '집단'이라는 단어도 조금 생소할 것 같다. '사과나라' 혹은 '바나나 나라'라고 지정을 했으면 좋았을 것 같다.
• 말의 속도가 조금 빨랐음.	서울에 와서 가장 힘들었던 것이 바로 '사투리'였다. 서울 사람들은 대체로 저보다 말이 느린 것 같다. 앞으로 정확한 언어구사를 위해서 평소에 천천히 말하는 연습을 해야겠다.
• ppt 자료와 그림자료중 한 가지만을 사용했으면 덜 혼란스러웠을 것 같음.	ppt 자료와 그림자료를 함께 사용하는 것은 사전에 철저한 준비와 연습이 없으면 자칫 혼란을 이야기할 수 있으므로 앞으로는 둘 중 한 가지 자료만을 충실히 준비하거나 두 자료 모두 능숙하게 다룰 수 있는 연습을 해야겠다.
• 바닥에 붙여 놓은 자료를 충분히 활용하지 못함.	원숭이가 등장했을 때, 아이들도 들뜨고 나도 들떠서 바닥 자료를 충분히 활용하지 못한 것 같다. 앞으로 자료를 준비할 때에는 자료의 활용도를 충분히 고민하고 제작해야겠다.
• 학습정리를 할 때, 좀 더 충분한 강화가 있었으면 좋았을 것 같음.	아동이 학습지를 풀고 있을 때, 피드백을 해 주어서 학습지를 걷을 때에는 강화를 제대로 하지 못했다. 수업의 마지막 마무리 부분에 좀 더 충분한 강화를 하도록 노력해야겠다.
• 원숭이와 같이 하는 활동에 너무 치중하지 않았나?	수업활동의 주 소재로 선택한 것이 노래였기 때문에 아이들의 흥미를 유도해 내는 것이 어려웠다. 이 상황에서 흥미를 보이는 활동에 너무 치중한 면이 있다. 활동 3개의 비중을 비슷하게 구성하는 수업이 되게 했어야 했다.
평가 후 소감	항상 수업을 하고 나면, "이렇게 하면 더 좋았을텐데.." 하는 아쉬움이 남는다. 이번 수업도 마찬가지였다. 그러나 수업 하나 하나에 최선을 다해서 나가다 보면 분명히 훨씬 더 좋은 수업을 하게 될 것이라는 확신이 들었다. 또한 자료를 만들고 활용하는 것과 관련하여 조금 더 많은 고민과 시연을 해 보아야 할 것 같다. 아이들의 욕구와 내 욕구를 잘 절충시키는 교사로 성장하고 싶다.

10. 교재 및 교구제작

1) 교재교구의 개념

교재교구의 제작과 관련해서 특수교육실습생들의 반응은 많이 엇갈립니다. 만들기를 즐기고 만들기에 재능이 있는 학생들은 교재교구제작을 자신의 아이디어와 창의성을 보여줄 수 있는 더없이 좋은 기회로 생각합니다. 그러나 스스로 만들기에 전혀 관심이 없거나 재능이 없다고 생각하는 학생들은 이 과정을 무척 힘들어하고 당황해 합니다.

그러나 한 가지 기억해야 할 것이 있는데, 교재교구를 잘 만든다는 것은 예술작품을 만들어 내는 것과는 다르다는 것입니다. 물론 좀더 아름답고 보기에 좋은 교재교구를 제작하면 좋겠지만 교재교구는 그 기본 목적에 부합해야 합니다.

교재교구는 장애 학생들의 수업을 좀더 효율적이고 좀더 매력적으로 이끌기 위한 매체이기에 그 목적에 충실해야 합니다. 또한 교재교구는 무조건 새로 만들어야 한다는 생각도 잘못된 것입니다. 제일 좋은 방법은 기존에 있는 교재교구들을 충분히 활용하거나 혹은 수정해서 사용하는 것입니다. 실제 비싼 돈을 주고 구입하였지만 사용하지 않고 방치하는 교재교구가 적지 않습니다. 하지만 특수교육실습기간동안 여러분들은 교재교구를 제작해야 하고 그 과정과 결과물들을 학교에 제출해야 하기에 이 장에서는 교재교구에 대한 개념을 한 번 더 알아보고 어떻게 하면 좀더 좋은 교재교구를 개발할 수 있는지에 대해 알아보겠습니다.

① 교재(教材)

교재란 용어에서 알 수 있는 것처럼 가르치는데 쓰이는 재료를 의미합니다. 예를 들어 빵을 만들 때에 밀가루가 재료이고 우리가 영양분을 섭취하려고 하는 것이 바로 밀가루입니다. 교육학적인 의미에서 보면, "교재란 교육의 목적에 따라 학습시키는 데 필요하다고 인정된 교육의 내용"으로 정의합니다. 교재는 교육과정이나 단원을 구성하는 소재로서 그것이 교육의 방법에 따라 학습이 성립됨으로써 학생의 학력이 된다(교육학대사전)고 합니다.

② 교구(教具: Teaching Instrument)

교구란 효과적으로 학습시키기 위한 모든 기구로서 도서, 괘도, 표본 등이 포함됩니다.

예를 들면 빵을 만들기 위해서 사용하는 반죽기와 같다고 생각하시면 됩니다. 교육학적으로 볼 때에, 교구는 "교수를 용이하게 하고 교수효과를 높이기 위하여 사용되는 도구"로 볼 수 있습니다. 교구는 교육의 목적이나 대상 또는 내용에 따라 그 종류나 기능이 달라집니다.

이처럼 교재는 교수내용 그 자체가 담겨 있는 software라고 할 수 있고 교구는 교수내용을 제시해 주는 hardware라고 할 수 있습니다. 이렇게 보면 교재와 교구는 약간 차이가 있는 개념임을 알 수 있습니다.

③ 비품

교구(教具)가 학교에서 사용하는 물건인 교구(校具)라는 의미로 사용될 경우에는 비품(equipment)이라고 합니다. 즉 책상이나 교재장 등 비교적 교수-학습활동에 보조적이고 간접적으로 사용되는 고정적인 물품을 비품이라고 하여 교구와는 구분합니다. 그러나 이러한 비품 자체가 교수-학습활동에 직접적인 자료로 사용될 경우에는 교구로 분류하는데, 예를 들어서 기차놀이를 하기 위해서 비품인 의자를 사용하였다면, 의자는 교구(教具)로서의 의미를 갖게 되는 것입니다. 실제로 학교의 비품들이 갖고 있는 특징들을 잘 응용하면 수업을 진행하는 과정에서 좋은 교재교구로서 활용이 가능합니다.

이처럼 교재와 교구, 혹은 비품이라는 용어는 약간씩 다른 의미로 사용됩니다. 그러나 흔히 교재와 교구는 함께 혼용하여 사용하게 됩니다. 왜냐하면, 컴퓨터로 무엇인가 가르친다고 할 경우에 컴퓨터 자체는 하드웨어이기에 교구가 되고 컴퓨터를 통해서 가르치려는 내용은 소프트웨어이기 때문에 교재가 되지만 컴퓨터를 사용하는 것 자체가 하나의 내용이 되기도 하기에 교재와 교구를 분리해서 이해하기 어려운 경우들이 많기 때문입니다.

2) 교재교구의 필요성

장애아동들에게 교재교구는 매우 중요한 의미를 갖습니다. 장애아동들은 지각적, 인지적, 사회적, 행동적 측면에서 제한을 갖고 있기에 그러한 제한들을 보완해 줄 수 있는 교재교구가 더욱더 필요합니다. 아래의 내용은 아동들에게 교재교구가 필요한 이유들을 제시하고 있습니다.

① 아동들의 끊임없는 에너지의 발산을 도울 수 있습니다. 아동들은 에너지 덩어리와 같아서 끊임없이 움직이면서 활동을 추구합니다. 이 과정에서 교재교구는 에너지 발산을 위한 출구가 되는 것입니다.

② 일상생활의 시연을 돕습니다. 아직 정신적, 신체적으로 미숙한 아동들이 일상생활에 필요한 활동을 시연해볼 수 있도록 돕습니다.

③ 다양한 관찰과 탐색의 기회를 제공합니다. 예를 들어 모형장난감이나 표본 등을 통해서 아동들은 밖으로 나가지 않고서도 실물을 보는 것처럼 관찰할 수 있습니다.

④ 개인차가 큰 장애아동들에게 개별적인 발달수준과 요구에 합당한 교재교구를 제공할 필요가 있습니다.

⑤ 감각 · 운동적인 활동을 통해 세상을 경험하게 합니다.

⑥ 아동의 생각과 아이디어를 펼쳐 보일 수 있게 하는 매개가 됩니다. 아동들은 어른들과 달리 하나의 대상을 수없이 많은 용도로 사용하면서 놀이에 참여합니다. 교재교구를 통해서 아동은 자신의 생각을 자유롭게 펼쳐 보임으로써 창의력을 키워나갈 수 있습니다.

⑦ 치료적인 역할을 수행할 수 있습니다. 장애아동들의 경우 손으로 장난감을 조작해 보는 것, 용도에 맞게 놀이에 참여하는 것, 친구와 함께 나누는 것 등 모든 과정이 치료적인 의미와 연관되어 있습니다.

⑧ 교재교구는 자칫 딱딱하고 재미없을 수도 있는 수업활동에 대한 흥미와 동기를 불어넣을 수 있습니다. 장애아동들의 경우 주의집중시간이 짧은 편인데, 적절한 교재교구는 주의집중과 참여의 시간을 늘리는 역할을 할 수 있습니다.

참고적으로, 특수교육에서 요구하는 자료의 특성은 아래와 같습니다(권순황, 2006: 재인용).

① 장애의 특징과 장애아의 학습 형태에 적합한 자료여야 한다.
② 장애아의 정서적인 면이 충분히 고려된 자료여야 한다.
③ 장애아의 주의집중과 그 지속을 유지할 수 있는 유인성이 높은 자료여야 한다.
④ 동기의 유발을 자극하여 학습에 적극적으로 참여하게 하는 자료여야 한다.
⑤ 자신감과 자아개념(self-concept)을 보여 주고 쉽게 성공할 수 있는 자료여야 한다.
⑥ 장애의 조건에 따라 자료의 활용과 관리가 용이하고 실용성이 높은 자료여야 한다.
⑦ 장애학생에게 사용될 기기 교재 및 특별한 장치는 교육공학적인 검토와 생리학 및 인간 공학적인 측면에서 충분히 검토된 것이어야 한다.

3) 교재교구의 유형

교재교구는 무엇을 기준으로 하느냐에 따라서 수없이 많은 유형으로 나뉠 수 있습니다.

예를 들면 감각기관을 기준으로 할 경우에는 시각을 주로 사용하는 교재교구, 청각을 주로 사용하는 교재교구, 촉각을 주로 사용하는 교재교구, 그리고 후각을 주로 사용하는 교재교구 등으로 나눌 수 있습니다. 물론 경우에 따라서는 여러 감각들을 동시에 고려하여 제작할 수 도 있습니다.

교재교구는 국어, 수학, 과학, 미술, 체육 등 활용되는 교과영역에 따라서도 분류할 수 있습니다. 유아교육기관이라면 조작놀이영역, 구성놀이영역, 언어놀이영역, 역할놀이영역 등 여러 활동영역에 따라서 분류하기도 합니다. 또한 교재교구를 제작주체에 따라서 교사가 직접 제작한 자작 교재교구, 매장을 통해서 구입할 수 있는 상업용 교재교구 등으로 나누기도 합니다.

여러분들은 실습기간 중에 교재교구를 직접 제작해야 하기에 일단은 교사가 직접 제작하는 자작 교재교구를 만드셔야 합니다. 특히 여러분들이 연구수업을 진행하게 되는 단원의 활동주제와 관련된 것으로 제작해야 합니다.

4) 교재교구의 제작

어떻게 하면 좋은 교재교구를 제작할 수 있을까요? 어떤 학생들은 손재주가 좋아서 쉽게 만들기도 하지만 어떤 학생들은 그렇지 못하기 때문입니다. 하지만 앞에서도 밝혔듯이 교재교구는 보기에 아름답게 제작하는 것만이 전부는 아닙니다. 교재교구는 여러분들이 가르치려고 하는 내용을 얼마나 좀더 쉽고 흥미롭게 전달할 수 있느냐가 중요한 것입니다. 이를 위해서 교재교구를 제작할 때에 유의할 점들을 살펴보도록 하겠습니다.

(1) 제작시 유의점

① 여러분이 담당하고 있는 학급 아동들의 발달수준을 고려하세요.

교재교구 제작에서 가장 기본은 해당교재교구가 아동의 발달수준에 적합해야 한다는 것입니다. 아동의 발달수준에 따라서 교재교구의 난이도, 디자인 등 여러 요소들을 고려해야 합니다. 또한 인지적, 언어적, 신체적 발달 특성 뿐 아니라 아동들의 흥미와 관심도 종합적으로 고려되어야 하는 것입니다. 이를 위해서 여러분들은 참관실습 기간 중에 아동들의 수준을 가능한 한 빨리 파악하시고 이를 토대로 교재교구 제작 계획을 세우셔야 합니다.

② 교재교구는 가능한 한 응용의 범위가 넓어야 합니다.

장애아동들은 발달 차이가 매우 큰 까닭에 어느 특정 수준에 맞추기 어렵다는 한계가 있습니다. 그렇다고 수업을 진행하면서 각각의 아동들을 위해 서로 다른 교재교구를 제작하여 제공한다는 것은 현실적으로 매우 어렵습니다. 따라서 여러분들은 교재교구를 제작할 때에 가능한 한 다양하게 응용해서 활용할 수 있도록 해야 합니다. 예를 들어 레고 블럭을 보시면 아주 단순해 보이지만 수 없이 다양한 조합이 가능한 까닭에 어린 아이부터 성인에 이르기까지 자신의 수준에서 참여할 수 있습니다. 어린 아동들은 간단히 끼우기 활동을 할 수 있고 좀더 큰 학생들은 좀더 복잡한 모양으로 조립함으로써 각자의 수준에서 참여할 수 있는 것입니다. 그렇다면 구체적으로 어떻게 해야 좀더 다양한 응용이 가능한 교재교구를 만들 수 있을까요?

여러분들이 1조각으로 된 자동차 퍼즐을 만든다고 가정을 해보세요. 아동이 할 수 있는 것은 하나의 자동차 퍼즐조각을 판에 끼워 넣는 것입니다. 그러나 조금 수준이 높은 아동들에게 한 조각짜리 퍼즐은 너무나 시시할 수 있습니다. 이 경우에는 퍼즐의 양쪽 면에 자동차를 그려 넣어서 자동차 퍼즐 조각이 자동차 장난감으로서의 역할을 하게 만들 수 있습니다. 또한 퍼즐판의 뒤쪽에 자동차가 다니는 길을 그려 놓음으로써 자동차 놀이도 가능할 것입니다. 이렇게 되면 단순히 퍼즐을 끼우는 수준의 아동에서부터 자동차 놀이를 즐길 수 있는 아동까지 같은 교재교구를 활용할 수 있게 되는 것입니다.

② 학급의 아동들이 흥미를 느낄 수 있는지 판단해야 합니다.

교재교구는 아동의 수업참여를 촉진시키기 위한 것입니다. 여러분들은 실습 초기에 학생들이 선호하는 것들이 무엇인지를 알아보셨을텐데, 학생들의 선호도를 기초로 흥미 있는 주제와 내용으로 제작하셔야 합니다. 물론 지나치게 흥미만을 추구하다 보면 정작 가르쳐야 할 내용이 빠지기도 하는데, 그렇게 주객이 전도되면 안되겠죠.

③ 학급의 아동이 쉽게 성취감을 맛볼 수 있는지 판단해 보아야 합니다.

요즘 전자제품들을 보면 '직관적 인터페이스'를 많이 강조합니다. 즉 누구나 매우 쉽고 간단하게 조작할 수 있도록 제품을 디자인하는 것입니다.

우리 학생들을 위한 교재교구도 마찬가지입니다. 교재교구를 통해서 학생들은 좀더 쉽게 학습할 내용을 성취할 수 있어야 합니다. 이를 위해서는 교재교구가 반응적이어야 합니다. 반응적인 교재교구란 학생들이 적은 노력으로도 그 결과를 신속히 확인할 수 있고 피드백을 받을 수 있는 교재교구를 의미합니다. 예를 들어, 흔들거나 던졌을 때에 소리가 나는 공을 주면, 아동은 해당 행동을 더 하려고 하는데, 이 때 소리가 나는 공은 아동의 흔들거나 던지는 행동에 대해서 즉각적으로 소리로 반응하는 것입니다.

④ 안전하고 위생적인지 판단해 봅니다.

예전에 한 학생이 칫솔을 가져와서 직접 이를 닦는 활동을 연구수업으로 진행한 적이 있었습니다. 그때 문제가 되었던 것은 수업을 진행하면서 아동의 입에 직접 칫솔이 들어간다는 점이었습니다. 꼭 기억해야 할 점은, 아동의 신체에 직접적으로 접촉하는 교재교구의 경우에 반드시 위생과 안전에 문제가 없는지 고려해야 한다는 것입니다.

⑤ 목적이 뚜렷하며 달성하기 쉬운지 판단합니다. 교재교구는 놀잇감과는 성격이 다릅니다. 물론 놀이활동을 통해서 수업이 이루어지는 경우가 많기는 하지만 놀이 자체가 목적인 놀이활동과 수업활동은 분명히 다르기 때문에 교재교구도 그 사용 목적이 뚜렷해야 하고 그 목적에 도달하기 쉽도록 계획되어야 합니다. 실습생들이 만든 교재교구에 아동들이 많이 관심을 보임에도 구체적으로 무엇을 위해서 교재교구가 사용되고 있는지 판단하기 어려운 경우가 종종 있습니다.

⑥ 소재와 제작방법의 다양성을 고려하여 식상하지 않게 합니다. 패션에 관심 있는 분들이라면 디자인 못지않게 소재가 중요하다는 것을 알 것입니다. 교재교구 역시 소재에 따라서 무궁무진한 교재교구의 개발이 가능합니다. 예를 들어 풍선 속에 전분을 넣고 만져보도록 하면 매우 훌륭한 감각교재가 됩니다. 포장을 위해서 활용되는 에어캡(air-cap)을 바닥에 깔고 그 위를 걸어가거나 구르게 하면 독특한 느낌과 소리를 만들어내기 때문에 이 역시 매우 재미있는 교재교구로 활용될 수 있습니다. 여러분들은 종이, 풀, 부직포, 테이프와 같이 늘 사용하던 재료를 벗어나서 좀더 색다른 소재들을 활용함으로써 수업에 활력소와 동기를 불어 넣을 수 있습니다.

⑦ 보관과 관리를 고려합니다. 교육실습생들이 만들어 놓고간 자료 중에는 오랫동안 사용할 수 있는 것들도 있지만 어떤 것들은 오히려 짐이 되어 쓸모없는 것들도 많습니다. 교재교구를 제작할 때에는 견고성을 고려함과 동시에 적절히 보관할 수 있도록 배려해야 하는데, 특히 퍼즐처럼 작은 조각들이 포함된 경우에는 반드시 조각들을 수납할 수 있는 별도의 보관함을 만들어서 제작해야 합니다.

⑧ 경제적이고 효율적인지 판단합니다. 어떤 경우에는 이미 학교나 학급의 교재교구실에 구비되어 있는 것들을 비싼 돈과 노력을 들여서 제작하는 경우가 있습니다. 이 경우에는

기존의 교재교구를 다른 방법으로 활용하는 것이 더 효율적이라고 할 수 있습니다.

(2) 교재교구의 제작 절차

교재교구의 제작은 다음과 같은 절차를 통해서 이루어집니다.

① 교재교구 제작여부 결정하기

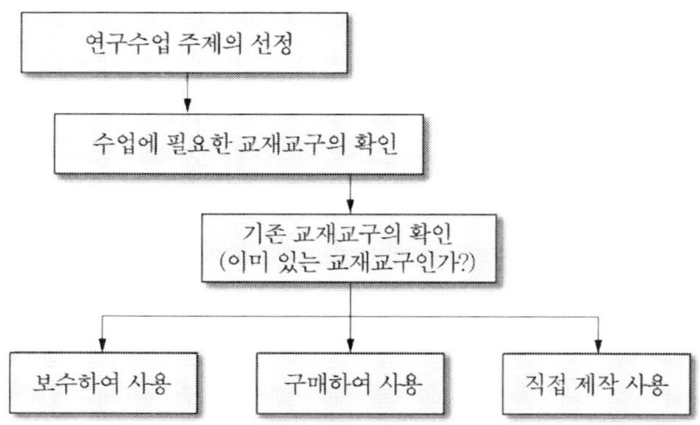

〈그림 29〉 교재교구 제작여부 결정과정

위의 그림에서 볼 수 있는 바와 같이 교재교구는 기존의 교재교구를 보수하여 사용하거나 상업화된 것을 구매하여 사용할 수도 있습니다. 그리고 두 가지가 모두 여의치 않을 때에는 교재교구를 제작하게 됩니다. 하지만 교육실습 중에는 교육적 차원에서 교재교구제작을 필수적으로 해야 하기에 연구수업과 관련한 교재교구를 직접 제작해야 합니다.

② 교재교구제작 계획서 작성하기

교재교구 제작계획서에는 여러분이 어떤 목표를 위해 어떤 재료와 어떤 방법으로 교재교구를 제작하려고 하는지를 보여주는 계획서입니다. 수업을 위해 수업계획안을 작성하는 것과 마찬가지로 교재교구를 제대로 만들어 내려면 교재교구 제작계획서가 필요한 것입니다.

일반적으로 교재교구 제작 계획서를 작성할 때에 다음과 같은 내용들을 포함시킵니다.

㉠ 교과: 교과를 적습니다.

㉡ 단원: 각 교과의 해당 단원을 적습니다.

㉢ 활동주제: 활동주제를 적습니다.

㉣ 대상: 교재교구를 적용하게 될 대상에 대해서 적습니다. 이때 '정신지체 초등부 저학년'과 같이 교재교구가 목표로 하는 대상들의 수준을 적을 수도 있습니다.

ⓜ 활동유형: 어떤 활동에 사용될 교구인지를 적습니다.

ⓑ 목표: 교재교구를 통해서 이루려고 하는 학습목표를 적습니다.

ⓢ 재료: 어떤 재료로 만드는지 적습니다.

ⓞ 제작방법: 교재교구를 어떤 순서와 방법으로 제작하는지 기록합니다. 이때 관련 사진을 첨부하면 더욱더 보기 좋고 이해하기 쉽습니다.

ⓙ 활용방법: 여러분들이 전자제품을 구입하면 사용설명서가 들어 있는 것을 보셨을 것입니다. 활용방법은 여러분들이 제작한 교재교구의 사용설명서라고 보시면 됩니다. 활용방법을 구체적이고 자세히 적어줌으로써 다른 사람이 교재교구를 활용할 때 어려움이 없도록 하는 것입니다.

ⓒ 응용방법: 이것은 활용방법의 연장입니다. 예를 들면 수 학습을 위한 교재교구일지라도 다른 영역의 수업을 위해서 응용해 사용할 수 있습니다. 그런 응용방법을 적어주는 것입니다. 좋은 교재교구는 다양한 방법으로 응용할 수 있어야 합니다.

〈표 28〉 교재교구 계획서에 포함되어야 할 항목과 내용

<table>
<tr><td>교 과</td><td>'국어', '수학' 등 교과명</td><td rowspan="6">교재교구 완성 사진</td></tr>
<tr><td>단 원</td><td>수업활동이 포함된 단원과 단원명</td></tr>
<tr><td>활동주제</td><td>교재교구가 활용되는 수업활동주제</td></tr>
<tr><td>대 상</td><td>교재교구의 적용대상</td></tr>
<tr><td>활동유형</td><td>교재교구가 활용되는 수업활동유형</td></tr>
<tr><td>목 표</td><td>교재교구의 목표</td></tr>
<tr><td>재 료</td><td colspan="2">교재교구 제작에 필요한 재료들을 제시함. 필요한 경우 사진자료를 첨부할 수 있습니다.</td></tr>
<tr><td>제작방법</td><td colspan="2">제작방법을 간단한 문장으로 순서대로 제시하되 알아보기 쉽도록 사진을 함께 제시하면 좋습니다.</td></tr>
<tr><td>활용방법</td><td colspan="2">교재교구의 목표를 달성하기 위한 활용 방법을 간결하게 적습니다.
①②③으로 번호를 매겨서 제시하면 알아보기 쉽습니다.</td></tr>
<tr><td>응용방법</td><td colspan="2">교재교구의 기본적인 사용목표 외에 다른 단원, 다른 활동주제에 적용할 수 있는 방법들을 제시합니다.</td></tr>
</table>

③ 교재교구 제작하기

교재교구 제작은 생각보다 많은 시간과 노력이 필요할 뿐 아니라 좀 더 창의적이고 멋진 교재교구를 만들어야 한다는 중압감으로 여러분들을 힘들게 할 수 있습니다.

특히 실습 중에는 빡빡한 일정 때문에 차분하게 제작하기가 쉽지 않을 뿐 아니라 집에서 멀리 떨어진 곳으로 실습을 간 학생들의 경우에는 필요한 재료들을 구매하거나 확보하

는 데에도 많은 시간이 걸릴 수 있습니다. 따라서 연구수업의 단원 및 활동주제가 결정되면 가능한 한 빠른 시간 안에 수업계획안을 작성하고 필요한 교재교구의 제작에 들어가야 합니다.

한편, 최근의 멀티미디어 교재교구 사용의 추세를 고려할 때에, 컴퓨터를 통한 사진편집, 영상편집 등 멀티미디어 관련 지식과 기술을 갖고 있으면 큰 도움이 됩니다. 따라서 실습 전부터 시간이 날 때마다 관련 기술들을 배워 놓으시면 좋습니다.

④ 교재교구 활용하기

여러분들이 실습동안 학교에 제출해야 하는 교재교구는 여러분들의 연구수업을 통해서 직접 사용하게 되고 그 효과성을 검증받게 됩니다. 즉 연구수업을 통해서 여러분들이 의도한대로 교재교구가 제대로 활용될 수 있는지 확인받는 것입니다. 하지만 부지런한 실습생들은 열심히 다양한 교재교구를 제작하여 매 수업실습 동안에 그것을 사용하기도 합니다.

⑤ 교재교구의 평가

교재교구가 수업에 활용된 후에는 평가를 받게 됩니다. 교재교구만 따로 평가받기도 하지만 주로 수업평가를 통해서 교재교구의 의도, 제작방법, 마감상태, 수업 중에 효과적으로 활용되었는지 등 여러 가지 측면에서 평가받게 됩니다.

학교에 따라서는 교재교구를 다시 제작하여 제출하여야 하는 경우도 있습니다. 즉 지적받은 내용을 토대로 교재교구를 보완하여 제출해야 하는 것입니다.

3) 멀티미디어 교재교구의 제작

(1) 멀티미디어의 개념

멀티미디어는 텍스트, 이미지, 소리, 그래픽, 애니메이션, 동영상 등 정보의 형태가 다른 둘 이상의 매체가 컴퓨터를 중심으로 디지털 방식으로 통합되어 있는 것(변경계 외, 2007)을 말합니다. 현재 각 특수교육기관에는 컴퓨터를 포함한 다양한 멀티미디어 매체들이 보급되어 있습니다. 따라서 실습생들은 멀티미디어의 특징을 살린 다양한 교재교구를 활용하는 경우가 점점 많아지고 있습니다. 가장 흔하게는 파워포인트에서부터 직접 제작한 동영상을 편집하여 수업에 활용하기도 합니다. 근래에는 손쉽게 다룰 수 있는 매체와 프로그램들이 많아서 한결 쉽게 멀티미디어를 활용할 수 있습니다. 실습 전에 약간의 준비를 하시면 좀 더 흥미롭게 멀티미디어 교재들을 제작하여 활용할 수 있습니다.

만약 여러분들이 멀티미디어를 다룰 수 있는 시간이나 기술이 없다면 현재, 웹사이트에서 제공되는 다양한 멀티미디어 자료들을 활용할 수 있습니다. 웹상에 올라와 있는 다양한 자료들을 다운받거나 인터넷으로 연결하여 수업 중에 사용할 수 있습니다.

〈그림 30〉 웹상에 올려져 있는 멀티미디어 자료실의 예

(2) 멀티미디어 교재교구 활용시의 유의점

한편 멀티미디어 교재교구를 사용할 경우에 유의할 점이 있습니다. 그것은 수업이 이루어지기 전에 반드시 적절히 작동하는지 확인해 보는 일입니다. 예를 들어 웹상의 자료를 활용하는 경우 갑자기 인터넷 접속이 되지 않아 수업이 중단될 수도 있습니다. 휴대용 메모리의 오류나 바이러스, 스피커 작동의 불량 등 여러 가지 사항들을 수업 전에 철저히 점검해야만 합니다. 특히 수업 전체에서 멀티미디어가 차지하는 비중이 큰 경우에는 더욱더 사전준비를 철저히 하셔야 합니다. 실제 장학지도를 다녀보면 사소한 준비부족으로 멀티미디어가 작동하지 않아 당황해 하는 경우를 자주 접하게 됩니다.

(3) 장애학생에게 적합한 소프트웨어

멀티미디어를 활용하는 과정에서 다양한 소프트웨어가 사용될 수 있습니다. 좋은 수업이 이루어지기 위해서는 교수목표에 부합하면서도 학생들의 특성을 고려한 좋은 소프트웨어를 선정해야 합니다. 이와 관련하여, 학습장애 학생교육에 적합한 소프트웨어 선정과 관련하여 Babbit(1999)은 10가지 단서를 제시하였는데, 이는 학습장애 학생뿐 아니라 타 장애영역의 학생들에게도 일반적인 지침으로 제시될 수 있습니다(한국특수교육교과교육학회, 2008: 재인용).

〈표 29〉 학습장애 학생 교육에 적합한 소프트웨어 선정을 위한 10가지 단서

• 화면은 덜 혼란스러울수록 좋다. 지나치게 많은 자극과 혼란스러운 화면은 학생의 학습을 방해할 수 있다. • 과제를 해결하는 절차나 단계는 학교에서 배운 것과 조화를 이루는 것이 좋다. • 속도, 문제의 수, 교수 수준을 조정할 수 있는 소프트웨어가 다양한 수준의 학생의 필요를 충족시킬 수 있다. • 한 단계에서 다음 단계까지의 난이도가 차이가 적은 소프트웨어를 선정하는 것이 좋다. 일반학생들을 위해 고안된 소프트웨어는 장애학생들이 사용하기에 난이도가 차이가 큰 것이 많으며, 이는 장애학생들의 실패경험을 높일 수 있다. • 도움이 되는 피드백이 있는 소프트웨어를 선택한다. 학생들이 틀렸을 때, 옳은 답에 대한 단서를 제공하는 소프트웨어가 좋으며, 단순히 학생이 틀렸음을 지적하는 소프트웨어는 별 도움이 되지 않는다. • 단일 문제에 대해 틀린 답의 수를 제한하는 소프트웨어를 선택한다. 장애학생들이 반복적으로 틀리는 문제의 경우, 소프트웨어는 시도의 수를 제한하고 정답단서를 주고, 정답을 제공한다. 그런 후에 같은 문항을 나중에 다시 소개할 수 있다. 교사는 소프트웨어의 이 기능을 확인하기 위해 일부러 틀리게 답해 봄으로써 확인할 수 있다. • 좋은 기록기능이 있는 소프트웨어를 선택한다. 학습과 관련된 수행정보를 제공하는 피드백이 유용하며, 현실적이고 도전적인 목표를 세우는 데 도움이 된다. 또한 소프트웨어는 각 학생의 기록을 작성해야 한다. • 교수보조가 포함된 소프트웨어를 선택한다. 수세기, 수직선, 십진법, 다양한 차트, 분수막대와 같은 교수보조 자료를 포함한 소프트웨어는 학생의 문제해결에 도움이 된다. • 실제 생활에서 사용하는 문제해결방법을 자극하는 소프트웨어를 선택한다. • 소프트웨어는 학습도구이며, 완벽한 해결법은 아님을 기억한다. 교육용 소프트웨어는 효과적인 수학교수의 도구로 학생의 주의집중과 동기유발에 효과적이다. 그러나 이러한 교육매체는 직접적인 교사의 교육과 병행되는 것이 중요하다. 대부분의 예에서 구체적인 자료와 명확한 과정에 대한 교수가 소프트웨어 사용 이전에 제시되어야 한다.

*출처 : 한국특수교육교과교육학회(2008). 『특수교육 교과교육론』. 서울: 교육과학사. p. 259.

11. 환경구성

환경은 학생들의 행동에 직·간접적으로 영향을 미칩니다. 실습이 시작되면 보통 학급환경구성을 동시에 시작하게 되는데, 교실환경의 구성의 과정 및 요소, 그리고 내용은 아래와 같습니다(한국특수교육교과교육학회, 2008).

〈표 30〉 학급 환경 구성의 과정요소

구 분	과 정 요 소
학급 목표설정	• 누가 정할 것인가? • 어떻게 정할 것인가?
학급환경 구성계획	• 연간 계획을 누가 정할 것인가? • 연간 계획을 어떻게 정할 것인가? • 세부 계획을 누가 정할 것인가? • 세부 계획을 어떻게 정할 것인가?
학급환경 구성실행	• 교실의 물리적 조건 정비(조명, 색채, 소리, 환기)를 누가, 어떻게 할 것인가? • 교실의 공간구성(동선설계, 좌석배치)을 누가, 어떻게 할 것인가? • 교실환경구성(교실 전면, 창가, 뒷면, 복도, 기타 공간)을 누가, 어떻게 할 것인가? • 교실환경 구성을 위한 배치는 누가 어떻게 할 것인가? • 교체 및 관리는 누가 할 것인가?
학급환경 구성평가	• 누가 평가할 것인가? • 어떻게 평가할 것인가? • 어떻게 활용할 것인가?

*출처: 한국특수교육교과교육학회(2008). 『특수교육 교과교육론』. 서울: 교육과학사. p. 279.

〈표 31〉 학급 환경 구성의 내용 요소

구 분	내 용 요 소
교실환경 구성계획	• 학급경영 목표 및 학급규칙 • 교실환경 구성의 연간 계획표 • 교실환경 구성의 세부 계획표
학급의 물리적 조건 정비	• 학습활동에 알맞은 학급의 조명과 직사광선 차단 • 학급의 정서적 안정을 위한 전체적인 색체구성 • 학습활동에 알맞은 학급의 소리환경 • 건강을 염두에 둔 실내 공기 환기
학급 공간 구성	• 학습형태에 따른 효율적인 공간 구성 • 학급의 효과적인 동선 설계 • 효과적인 학습 환경을 지원하는 좌석 배치
교실환경 구성	• 학급의 전면 환경구성 • 학급의 창가 환경구성 • 학급의 뒷면 환경구성 • 기타 공간의 환경 구성(천정, 바닥)
복도환경 구성	• 학급 문의 환경 구성 • 복도 벽면 환경 구성 • 신발장 및 작품대의 환경 구성

*출처: 한국특수교육교과교육학회(2008). 『특수교육 교과교육론』. 서울: 교육과학사. p. 280.

표에서 보는 바와 같이 학급의 환경구성은 교육운영을 위한 일환으로 장기적인 관점에서 체계적으로 계획하고 이루어지는 과정입니다. 또한 학생들이 쾌적하게 생활할 수 있도록 교실을 청소하고 정비하는 것 뿐 아니라 학생들이 수업장면에서 교실환경과 상호작용하면서 학습의 효과를 극대화할 수 있도록 의도적으로 구성하는 것까지를 포함할 수 있습니다.

1) 학생들의 쾌적한 학급생활을 고려한 환경구성

학급의 가구, 비품, 일과 시간표 디자인, 화분정리, 커튼 등 학생들의 학급생활을 조금 더 편하게 하고, 학급을 아름답게 가꾸기 위한 환경구성을 합니다. 이를 위해서는 실습이 시작될 때부터 매일 조금씩 학급환경을 정리해 나가는 것이 좋습니다. 물론 담임선생님과 환경구성에 대해서 이야기를 나누고 조언을 구하거나 동의를 구해야 합니다.

2) 수업활동을 고려한 환경구성

교과의 단원, 제재 등 학생들이 배우는 수업내용과 관련성 있는 환경을 구성하여 학생들의 수업참여와 수업이해를 높이기 위한 환경구성을 합니다. 예를 들어 '지역사회 기관'에 대해서 주로 배우게 된다면 지역사회의 여러 기관과 관련한 환경구성을 통해서 학생들이 학급 안에서 수업과 관련된 주제와 내용을 자연스럽게 경험하고 접할 수 있도록 하는 것입니다.

좋은 환경구성을 위해서 실습생들은 우선 담임선생님과 상의하여 각 학급의 학생들의 특징과 요구를 파악하고 이에 기초하여 기존의 환경구성을 조금 더 확장하거나 혹은 재구성할 수 있습니다. 또한 앞에서 밝힌 바와 같이 단순히 아름답게 보여지는 환경이 아니라 학생들의 일상적 학급생활을 돕는 동시에 수업참여도와 이해도를 높일 수 있는 환경구성을 하면 좋습니다. 특히 여러분들이 실습하는 동안에는 연구수업의 주제 및 활동과 관련하여 환경구성을 하시는 것이 바람직합니다.

12. 안전사고의 예방

안전사고는 안전 교육의 미비 또는 일상의 부주의로 인하여 일어나는 사고를 말합니다. 사고의 위험성은 도처에 숨어 있습니다. 교실, 계단, 화장실, 운동장, 통학버스 등 모든 곳에서 안전사고가 발생할 수 있다고 생각하시면 됩니다. 현장의 선생님들은 "아무리 열심히 준비하고 계획해서 학생들을 지도한다고 해도 안전사고가 한 번 발생하면 모든 것이 허사다"라는 말씀을 종종 합니다. 그만큼 안전사고는 아동, 교사, 부모 모두에게 심각한 고통을

야기할 수 있습니다. 따라서 실습이 이루어지는 내내 무엇보다 학생들의 안전사고에 유념해야 하며, 특히 사후조치보다는 예방적 차원에서의 활동이 중요합니다.

아래의 내용은 한 특수학교의 학생안전교육과 관련한 '세부실천방안'의 예를 보여줍니다.

- 체육교과, 보건활동, 특별활동, 재량활동 등을 통한 안전교육 시간을 확보하고 생활중심 경험을 통하여 실생활에 대비하도록 한다.
- 학교시설, 설비, 환경 및 안전교육 전반에 대한 사항을 점검하고 문제점은 즉시 조치한다.
- 학생들의 등·하교시 학교버스의 정확한 승·하차 여부를 확인하고 교내에 출입하는 차량의 안전에 유의하도록 지도하며 자가용으로 등교하는 학생들의 부모교육을 실시하여 안전한 등·하교가 되도록 한다.
- 학생이 학교를 이탈했을 경우를 대비하여 교직원을 대상으로 이탈학생 찾기 조를 편성하여 운영한다.
- 과잉행동·이탈행동을 하는 학생을 사전에 파악하여 특별한 관심을 가지고 지도하며 담임교사 뿐만 아니라 전교사가 참여하여 관심 있게 행동을 관찰하여 수시로 지도한다.
- 학생 행동관찰 및 상담일지를 작성하여 학생의 생활 행동특성, 부적응행동, 진로지도 사항, 학부모 상담내용을 누가 기록함으로써 가정과 연계하여 기본생활 훈련과 안전생활·사회생활 능력을 신장시키는데 도움이 되도록 한다.
- 안전사고 발생시 소방서, 경찰서 등의 유관기관과 긴밀히 협조하여 신속하게 대처한다.

1) 안전사고의 유형

학교에서 일어나는 안전사고의 유형들을 살펴보면 다음과 같습니다.

① 일반적인 교과 수업의 진행과정에서 발생할 수 있는 안전사고

일상적인 교과수업 중에도 안전사고는 발생할 수 있습니다. 예를 들면, 수업중 아동이 경련을 일으켜 상해를 입을 수도 있고 혹은 의자에 앉으려다 의자와 함께 넘어지는 경우도 발생할 수 있습니다.

② 미술이나 체육 등 도구를 활용하거나 움직임이 큰 활동

여러 가지 도구들을 사용하거나 움직임이 큰 활동에 참여하는 중에는 안전사고에 좀 더 유의를 해야 합니다. 예를 들면 미술활동 중 가위, 칼 등을 사용할 때에는 각별히 신경을 써야 하고 아동이 이물질을 먹거나 삼키지 않도록 유념해야 합니다. 어떤 아동들의 경우에는 찰흙과 같은 미술재료들을 먹기도 하기 때문입니다.

움직임이 많은 체육활동 시간에는 부딪히거나 넘어지는 등의 사고가 발생할 수도 있기에 사전에 안전을 점검해야 합니다. 예를 들면 바닥에 미끄러지거나 아동들끼리 충돌하는 등의 안전사고에 유념하여야 합니다.

③ 각종행사

체육대회나 소풍, 학예회 등의 행사동안에는 교사나 아동들 모두 약간은 흥분해 있는 상태가 됩니다. 또한 야외에서는 아동들의 행동반경이 넓어지기 때문에 자칫 아동들을 시선에서 놓칠 수도 있습니다. 특히 행사 때에는 교사를 포함하여 여러 사람들이 함께 있기에 '누군가 아동을 지켜보고 있겠지'라는 막연한 생각을 갖기 쉽습니다. 이런 상황에서 돌발적인 사고가 발생하기 쉽습니다. 여러분들은 사람들이 많은 야외행사 중에 자기 학급의 학생들을 철저히 관리해야 합니다. 혹시라도 화장실 이용 등 피치 못하게 잠시 자리를 비우거나 할 경우에는 반드시 다른 사람에게 아동에 대한 관리를 부탁해야 하는데, 이때도 말로만 부탁하면 안되고 아동을 직접 인계해야 합니다.

④ 날씨 등으로 인한 안전사고-날씨가 더운 날 장시간 햇볕에 노출됨으로 인해 아동들이 더위를 먹는 것처럼 날씨 등도 안전사고와 관련이 있습니다. 장애아동들의 경우에는 날씨에 따른 자신의 신체 상태에 대해서 자발적으로 설명하고 도움을 요청하는 데에 어려움이 있기에 교사는 수시로 아동의 건강을 점검하고 야외활동 시에는 적절한 휴식과 수분 등을 제공해야 합니다.

⑤ 현장체험학습 - 현장체험학습지처럼 일상적으로 접하던 곳이 아닌 새로운 환경에서는 환경 속에 어떤 위험 요소들이 있는지 충분히 예측하고 대처할 수 없는 경우가 생길 수 있습니다. 따라서 안전사고를 미리 예방하기 위해서는 현장체험학습지에 대한 사전 답사를 통해서 주변에 위험한 요소들이 없는지 충분히 살펴보아야 합니다. 일반적으로 현장체험학습에 앞서 한두 선생님들이 답사를 다녀온 후 나머지 선생님들께 설명을 하게 되는데, 여러분들은 이 내용을 귀담아 듣고 머리 속으로 현장체험학습지에 대한 그림을 그려보고 혹시라도 발생할 수 있는 안전사고에 대비해야 합니다.

⑥ 급식시간-급식시간에는 뜨거운 음식과 포크, 젓가락 등을 사용하게 되므로 각별히 유의해야 합니다. 또한 음식물의 양을 제대로 조절하지 못하여 생길 수 있는 기도 막힘과 같은 안전사고에도 신경을 써야 합니다. 아동들이 편안하게, 그리고 주어진 시간 안에서는 천천히 식사를 즐길 수 있도록 도와야 합니다. 흔하지는 않지만 여름철과 같은 때에는 식중독과 같은 사고가 발생할 수도 있습니다.

⑦ 쉬는 시간 - 쉬는 시간은 수업시간에 비해서 아동들이 교사의 눈으로부터 멀어져 있습니다. 쉬는 시간에는 아동들이 교실 안팎으로 동선이 넓어지기에 선생님들은 그만큼 신경을 써야 하는 범위가 넓어지는 것입니다. 실습생들은 쉬는 시간 동안에 교실 안과 밖을 번갈아가면서 확인하고 평소에 사고의 위험성이 높은 아동들을 특별히 눈여겨 관찰할 필요가 있습니다.

⑧ 특별활동 - 활동의 내용에 따라서 다르기는 하지만 어떤 활동들은 그 특성상 아동의 안전지도에 좀 더 신경을 써야 하는 경우가 있습니다. 이 경우에는 사전에 선생님들과 충분히 말씀을 나누어 실습생으로서 주의하고 고려해야 할 점들을 숙지하고 있어야 합니다.

⑨ 등・하교시의 안전사고 - 특수학교의 경우 차량을 운행합니다. 아동들이 차량을 오르내리는 가운데에 여러 가지 안전사고가 발생할 수도 있으며, 차량 운행 중에 안전사고가 발생할 수도 있습니다. 차량과 관련한 안전사고는 특히 그 위험성이 심각한 까닭에 매우 세심하고 꼼꼼하게 문제가 될 요소들을 체크해야 합니다.

비록 실습기간 동안 실습생들이 직접 차량에 올라 통학지도를 하는 경우는 많지 않지만 승・하차 과정까지는 실습생들이 담당하기에 차량이 아동을 태우고 떠날 때까지 안전사고가 발생하지 않도록 각별히 유념하여야 합니다.

⑩ 자해행위 - 자해행위는 외부적 자극에 의할 수도 있고 외부적 자극 없이 일어날 수도 있습니다. 자해가 심한 경우에는 생명에 위협을 가할 수도 있습니다. 학급 안에 자해행동을 하는 아동이 있을 경우에는 담임선생님과 사전에 충분히 상의하여 아동 자신이나 학급의 다른 친구들에게 피해가 가지 않도록 사전에 조치를 취해야 합니다. 특히 자해행동의 이유를 살펴보고 이에 적합한 대안을 제시하여 습관적으로 자해하지 않도록 해야 합니다.

⑪ 또래 간에 발생하는 안전사고 - 학급 안에서 할퀴거나 무는 행동들은 비교적 자주 발생하는 문제입니다. 또한 계단에서 다른 친구들을 밀거나 넘어뜨리는 등의 행동도 나타날 수 있습니다. 이런 행동들은 교사가 사전에 충분히 예방할 수 있는 것들입니다. 예를 들면 아동들의 자리배치를 적절히 조정함으로써 예방할 수도 있고 혹은 아동이 공격행동을 보이기 위한 예비 동작이나 행동을 취할 때에 중재에 들어갈 수도 있습니다.

⑫ 교출(校出) - 아동이 학교 밖으로 나가면 수업이 중단되고 학교에 비상이 걸릴 수밖에 없습니다. 따라서 평소에 교출이 잦은 학생들은 늘 눈여겨보아야 합니다. 특히 교출이 잦은 학생들은 교사의 시선에서 벗어나는 경우가 없도록 해야 합니다. 교출은 매우 짧은 시간에 순식간에 발생하기에 평소에 주의를 요하는 아동들의 경우에는 수시로 확인을 할 필요가 있습니다.

2) 안전사고의 예방 방법

안전사고는 예방이 가장 중요합니다. 교육실습생으로서 안전사고 예방을 위해 여러분들이 해야 할 일들은 다음과 같습니다.

① 학교 및 학급환경에 대해서 충분하게 숙지해야 합니다. 학급이나 학교의 위험한 공간, 위험한 시설물들에 대해서 충분히 숙지하고 있으면 안전사고가 발생하기 전에 문제를 예측하고 예방할 수 있습니다.

② 학급 학생들의 건강상태를 확인합니다. 여러분들은 담임선생님과의 상담을 통해서 학급 안에 특별히 건강상 주의를 요하는 학생이 있는지 확인합니다. 이들 학생들에게 자칫 무리한 활동을 요구하게 되면 안전사고로 이어질 수 있기 때문입니다.

③ 학생들의 행동특성을 정확히 확인합니다. 예를 들어 자해행동이 심하거나 다른 친구들에게 상해를 입히는 경향이 있는 학생들에 대해서 충분히 확인하고 모든 활동 가운데에 각별히 신경을 쓰셔야 합니다.

④ 위험한 도구들에 유의합니다. 예를 들어 미술시간에 만들기 활동을 할 경우에 칼, 가위, 송곳 등 자칫 위험을 초래할 수 있는 도구들이 있습니다. 이러한 도구들을 제시할 때에 충분히 안전성이 확보될 수 있도록 해야 합니다. 여러분들은 아직 전체 학생들이 한 눈에 들어오지 않을 수 있습니다. 따라서 모든 학생들에게 위험한 도구를 나누어 주게 되면 한쪽에서 위험한 행동이 발생해도 미처 발견하지 못하는 경우가 많습니다.

⑤ 야외에서는 여러 가지 상황에 빠르게 대응할 수 있도록 간편한 복장을 해야 할 뿐 아니라 안전사고에 대비한 기초적인 약품들을 지참하시는 것이 좋습니다. 또한 비상시 연락망을 갖추고 있어야 하며, 바로 담임선생님께 보고를 해야 합니다.

아래의 〈표 32〉는 비상연락망 및 응급처치 동의서의 예입니다. 실제로 실습생들이 이러한 동의서를 받지는 않지만 동의서에 포함되어 있는 내용들을 잘 살펴보시면 응급상황을 고려하여 어떻게 연락망을 확보하고 있어야 하는지 알 수 있습니다.

〈표 32〉 비상연락망 및 응급처치 동의서의 예시

비상연락망 및 응급처치 동의서

반이름:______________ 유아이름:____________________ 성별:________________

사고 발생시 응급처치는 부모의 동의를 얻어야 함을 이해합니다. 따라서 귀 기관에서는 사고시 응급처치에 대한 신속한 동의가 이루어지도록 다음의 연락처로 연락을 취해 주시고, 다음의 절차에 따라 응급처치를 하는 경우 그 권한을 귀 기관에 위임할 것에 동의합니다.

날짜:____________________ 부모이름:____________________ 서명 또는 인

- 응급처치의 절차

1. 본 기관에서 사고 발생시 가장 먼저 부모님께 연락합니다.
   (시간/기간) (전화번호)
   어머니와는 ___________동안에 ☎________________로 연락할 수 있습니다.
   ___________동안에 ☎________________로 연락할 수 있습니다.
   아버지와는 ___________동안에 ☎________________로 연락할 수 있습니다.
   ___________동안에 ☎________________로 연락할 수 있습니다.

2. 부모님과 신속하게 연락이 되지 않을 경우 부모님이 정해주신 다음의 사람들에게 연락합니다.

   이름 ____________________는 ☎________________________로 연락할 수 있습니다.
   아동관의 관계 ____________
   이름 ____________________는 ☎________________________로 연락할 수 있습니다.
   아동관의 관계 ____________

3. 필요한 경우 119 구조대에 연락할 것이며(기관에서 지정하는 의료기관이나, 부모님이 정하신 __________의료기관)으로 응급수송할 것입니다. 비용은 보호자 부담으로 합니다.

4. 의료기관 수송 후에는 다음의 의료보험 관련 정보를 주어 신속한 치료를 받을 수 있도록 합니다.
   의료보험 종류____________________________
   번호____________________________
   기관____________________________

출처: 이기숙 · 강영희 · 정미라 외(1997). 『영유아를 위한 안전교육』. 서울: 양서원. p. 353.

13. 교육실습의 평가

1) 실습생에 대한 평가

어떤 일이든 마무리가 중요합니다. 특수교육실습 역시 마찬가지입니다. 실습에 대한 평가는 두 가지 측면에서 이루어집니다. 첫째는 여러분이 실습한 학교에서 실습생 각각에 대해, 그리고 당해연도 실습성 전체에 대해 평가하는 것이고 두 번째는 각 대학에서 실습 후 자체 평가회를 갖는 것입니다.

먼저 실습학교에서의 평가는 담임선생님을 포함하여 여러 선생님들이 한 달여간의 교육실습에 대해서 평가를 내립니다. 물론 연구수업을 통해서 개별적으로 피드백을 제공하기도 하지만 실습의 마무리 단계에서는 교생 전체를 대상으로 실습에 대한 평가를 하시게 됩니다. 여러분들은 향후 교직에서 학생들을 가르치게 될 예비교사로서 겸허하게 선배 선생님들의 조언에 귀를 기울이셔야 합니다.

실습평가는 대학에서 각 실습학교로 발송한 평가항목과 평가지를 통해서 이루어지기도 하고 각 특수학교에서 자체적으로 개발한 평가항목과 평가지를 사용하기도 합니다.

특수교육실습의 평가는 출결사항 등 근무태도, 교직자로서의 일반적인 자질, 학습지도능력, 연구조사능력, 학급 경영 및 사무처리 능력, 교육실습생으로서의 자세 등이 포함됩니다. 그러나 여러분들이 실습하시는 각 학교마다 평가의 기준과 평가 형식이 다를 수 있습니다.

아래의 표들은 특수교육실습에 대한 일반적인 평가항목들과 각 학교에서 실제 작성한 평가서의 예시를 보여줍니다.

〈표 33〉 특수교육실습 평가에 포함되는 일반적인 항목과 내용들

평 가 항 목	내 용
근무태도	• 출근, 지각, 조퇴 등
	• 근면하고 성실한 태도
교직자로서의 일반적인 자질	• 아동에 대한 관심과 이해
	• 교사로서의 바람직한 태도(언어사용, 행동 등)
	• 의사전달의 능력
아동 학습지도능력	• 교육과정의 이해
	• 1교수방법의 이해
	• 교과 · 교재 연구 및 교재교구 활용능력
	• 지도안 작성 등
연구조사능력	• 아동에 대한 적절한 이해
	• 사례연구능력
	• 참관수업, 연수, 학생관찰 등의 이해
	• 다양한 문제장면에 대한 이해와 이를 해결하기 위한 창의적이고 체계적인 해결능력
학급경영 및 사무처리 능력	• 학급환경의 민주적이고 긍정적인 분위기 조성
	• 학급관리에 대한 적극적인 태도
	• 학급관련 사무처리 능력
	• 학급관리의 전반적인 영역에서의 태도와 능력
	• 학급행사의 계획 및 실행
교육실습생으로서의 자세	• 실습내용에 대한 이해와 적용 및 응용능력
	• 수업에 대한 창의적인 발상과 적극적인 노력
	• 민주적인 학습분위기의 형성
	• 다양한 교수방법의 이해와 적용
	• 학습결과에 대한 평가능력 등
	• 동료들과의 협력적인 태도와 긍정적인 사회적 관계능력

〈표 34〉 실습 후 이루어진 교육평가의 예시-1

실습평가서

- 소　　속: ○○○○대학교 특수교육과
- 실 습 학 교: ○○ 학교
- 교육 실습생: 김○○

평가사항		평가내용	배점	평점
1	실습태도	■출퇴근 시간을 정확히 지키는가? ■선생님들과 원만한 관계를 갖는가? ■교생들간에 서로 돕고 협력하는가? ■늘 배우려는 태도를 보이는가? ■학교의 모든 일에 솔선수범하는가?	15	15
2	교사로서의 자 질	■아동에 대한 관심과 사랑을 보이는가? ■민주적이고 합리적인 태도를 갖고 있는가? ■창의적 발상과 시도를 하는가?	15	15
3	학습지도	■아동에 대한 정확한 이해를 하는가? ■교과지도에 대한 이해가 있는가? ■다양한 교수방법들을 시도하는가? ■수업준비를 철저히 하는가?	15	15
4	학급경영	■학급의 특성을 적절히 이해하는가? ■학급경영에 적극적인가? ■담임선생님을 따르고 적절히 보조하는가?	15	15
5	생활지도 및 교내활동	■적극적으로 아동생활지도를 하는가? ■특별활동에 적극적으로 참여하는가? ■교내활동에 적극적으로 참여하는가?	15	15
6	연구활동	■사례연구 능력을 갖추고 있는가? ■다양한 중재방법들을 시도하는가? ■창의적이고 적극적으로 교과 및 교재를 연구하는가?	15	14
7	실습록 작성 및 활용	■실습록을 성실하게 기록하는가? ■실습록의 기록한 내용들을 실천하는가?	5	5
8	기 타	■기타사항	5	5
합 계			100	총점: 99

총 평	김○○ 선생님은 학생들을 너무나 사랑하는 것 같습니다. 학생들 개개인의 특성을 빨리 파악하신 덕분에 학생들에 대한 충분한 이해를 갖고 실습 내내 좋은 지도를 해 주셨습니다. 특히 학생들의 능력에 맞는 학습지와 교재를 이용하여 적극적으로 수업에 임하시는 모습이 교육실습을 나온 교생 같지 않고 마치 경력교사가 수업을 하는 것 같았습니다. 한 달간 정말 수고 많으셨습니다. 지도교사: 이 ○○ (인)

〈표 35〉 실습 후 이루어진 교육평가의 예시-2

교육실습생 평가

교육실습생: 오○○ 평가자: 김○○

<table>
<tr><th colspan="2">평가영역</th><th colspan="2">평가관점</th><th colspan="2">배점</th><th>평가자</th><th>평가
기록란</th></tr>
<tr><td colspan="2" rowspan="3">근무태도</td><td>결근1회</td><td>감 2점</td><td colspan="2" rowspan="3">10점</td><td rowspan="3">교육
연구부</td><td></td></tr>
<tr><td>지각, 조퇴, 결강, 무단외출 1회</td><td>감 1점</td><td>10</td></tr>
<tr><td>품위 손상 1회</td><td>감 1점</td><td></td></tr>
<tr><td rowspan="5">일반
자질</td><td rowspan="3">교사
자질</td><td>교직관 및 국가관</td><td>3점</td><td rowspan="3">10점</td><td rowspan="5">15점</td><td rowspan="5">학급
담임</td><td>3</td></tr>
<tr><td>언행, 복장, 용모단정</td><td>4점</td><td>4</td></tr>
<tr><td>학생 지도의 열성도</td><td>3점</td><td>3</td></tr>
<tr><td rowspan="2">실습록</td><td>기록 내용, 교육 용어구사</td><td>3점</td><td rowspan="2">5점</td><td>3</td></tr>
<tr><td>관찰, 반성, 소감, 연구자세</td><td>2점</td><td>2</td></tr>
<tr><td rowspan="9">학습
지도
능력</td><td rowspan="6">수업
실습</td><td>수업계획안</td><td>5점</td><td rowspan="6">40점</td><td rowspan="9">50점</td><td rowspan="9">관련
교사
(합산
평균
으로
평가)</td><td>5</td></tr>
<tr><td>학습자료 준비</td><td>5점</td><td>5</td></tr>
<tr><td>수업 전개 과정</td><td>15점</td><td>13</td></tr>
<tr><td>언어, 태도, 학생활동, 호응도</td><td>5점</td><td>5</td></tr>
<tr><td>수업형태, 학생활동, 호응도</td><td>5점</td><td>5</td></tr>
<tr><td>판서 구조화, 시청각자료 활용</td><td>5점</td><td>4</td></tr>
<tr><td rowspan="3">참관활동
평가회
활동</td><td>참관태도</td><td>4점</td><td rowspan="3">10점</td><td>4</td></tr>
<tr><td>연구적 자세</td><td>3점</td><td>3</td></tr>
<tr><td>평가회 활동</td><td>3점</td><td>3</td></tr>
<tr><td rowspan="2">연구
조사
활동</td><td colspan="2">수업 계획안 및 과제물 제출</td><td>8점</td><td>8점</td><td rowspan="2">15점</td><td rowspan="2">학급
담임</td><td>7</td></tr>
<tr><td colspan="2">학급 경영안 및 공문서 작성</td><td>7점</td><td>7점</td><td>7</td></tr>
<tr><td rowspan="4">학급
경영
및
문서
처리</td><td rowspan="4">학급경영
및
문서
처리</td><td>학급운영</td><td>3점</td><td colspan="2" rowspan="4">10점</td><td rowspan="4">학급
담임</td><td>3</td></tr>
<tr><td>학생관리, 생활지도</td><td>2점</td><td>2</td></tr>
<tr><td>청소, 환경 관리</td><td>2점</td><td>2</td></tr>
<tr><td>제 장부작성</td><td>3점</td><td>2</td></tr>
<tr><td colspan="4">합 계</td><td colspan="2">100점</td><td></td><td>95</td></tr>
</table>

〈표 36〉 실습 후 이루어진 교육평가의 예시-3

1. 실습 학교명: ○○학교
2. 실습 기간: 20**년 *월 **일 - *월 *일(토)(4주간)
3. 지도교사: 허○○

직 위	성 명	담 당 내 용	비 고
부장교사	허○○	*학급 학생의 특성 및 수준파악지도 *자료제작, 학습자료 및 학습지 제작지도 *수업에 필요한 학습계획, 지도안 작성지도 *등·하교지도, 식사지도, 생활지도 *연구 및 협의활동, 관찰, 사례연구, 수업방법 지도	

4. 실습내용

제1주	제2주	제3주	제4주
• 교생실습 안내 및 학교 소개 • 초중등부 각 반 수업참관 • 교장선생님 특강 • 학교 교육과정(교과, 재량, 특별활동 등) 연수 • 사례연구 준비 • 초중등 교무부 업무연수 (기안문 작성포함) • 통합교육 참관 • 북부지구 특수학교 교직원 체육대회 참가	• 협동수업 실시 • 3주간 주간 교육계획안 작성 • 학적업무, 교무업무시스템상의 학적관리, 학교일지 작성, 출석체크 연수 • 교감 선생님 특강 • 전환 교육부 업무 연수 • 생활 교육부 업무 연수 • 과학 교육부 업무 연수 • 교육 환경부 업무 연수 • 심리검사 요령 연수	• 봄 소풍 참여 (야외 활동시 학생 안전지도) • 실제수업 실시 • 4주 주간 교육계획안 작성 • 재량활동 참석 • 수업연구 지도안 작성 • 특별활동부 업무연수 • 체육 교육부 업무 연수 • 특별활동 수업 참여 • 수업발표 준비	• 실제 수업 실시 • 수업발표 • 교실 환경미화 완성 • 교재교구 제작 및 제출 • 사례연구 결과물 제출 • 실습 소감문 제출 • 교육실습일지 결재 • 교육실습 평가회 참석 및 평가회 실시

5. 실습상황

학과명	실습생 성명	근무태도 (10%)	자질 (15%)	학습지도 능력(50%)	연구조사 활동(15%)	학급경영 및 사무처리 능력(10%)	총평 (100%)	비고
특수교육	오○○	10	15	48	15	9	97	

위 사실을 증명함
20**년 *월 **일

○ ○ 학 교 장 (직 인)

이처럼 특수교육실습은 한 달 동안의 짧은 기간이지만 예비교사로서 갖추어야 할 다양한 소양과 능력을 발휘해 보고 평가받는 소중한 기회가 됩니다.

참고로 여러분 각자에 대한 실습평가는 실습을 마치고 난 후 학과로 보내지게 되는데, 이렇게 보내진 교육실습보고서는 대학에서 일정기간 보관하게 됩니다.

2) 실습종합평가(자체평가)

두 번째 평가는 여러분들이 대학으로 돌아와서 실시하는 실습종합평가입니다. 이 시간을 통해서 여러분들이 경험한 학교에 대해서 다른 학생들에게 안내할 수 있으며 여러분들은 다른 학생들을 통해서 경험하지 못한 다른 학교의 문화와 교육과정 운영 등 제반 내용들을 들어볼 수 있습니다. 이러한 과정을 통해서 한국 특수교육 현장에 대한 그림을 그려볼 수 있게 됩니다.

(1) 실습과 관련한 대학의 자체 평가

① 실습학교와의 협력이 잘 이루어졌는지 반성해 봅니다.

특수교육실습은 대학과 실습학교간의 긴밀한 관계와 협력을 필요로 합니다. 학교의 선정과정에서부터 실습비의 납부를 포함한 각종 서류의 교환, 교수님들의 방문 등 여러 가지 행정적인 소통을 통해서 여러분들의 실습이 이루어지는 것입니다. 따라서 대학과 학교 현장과의 의사소통에 문제는 없었는지, 개선할 점은 없었는지 반성해 보아야 합니다.

② 특수교육실습의 준비과정에서 부족한 점들은 없었는지 반성해 봅니다.

실습을 끝내고 오면 여러 가지 문제점들이 보이고 더불어 많은 아쉬움이 남게 됩니다. 예를 들면 어떤 학생들은 수업지도안을 작성하는 연습을 좀 더 충분히 하지 않은 것이 후회스럽다고 말하고 또 어떤 학생들은 실습과정에서 필요한 자료들을 충분히 준비하지 못한 것에 대한 후회를 하기도 합니다.

이 밖에도 교육실습생들에 대한 충분한 준비가 되었는지에 대한 반성이 필요합니다. 이러한 반성들은 향후 여러분들의 후배들이 교육실습을 할 때에 좋은 참고 자료가 될 수 있습니다.

③ 실습생들의 준비물과 관련하여 문제가 없었는지 반성해 봅니다.

특수교육실습은 대학이나 여러분들의 거주지 근처로만 가는 것이 아닙니다. 어떤 경우에는 한 달 동안 방을 얻어서 생활해야 하는 경우도 있습니다. 따라서 실습생들은 다양한 준비물들을 챙겨야 하는데, 이 과정에서 누락된 것은 없었는지, 보완할 수 있는 방법은 없는지 반성해 봅니다.

④ 교육 실습록에 문제는 없었는지 반성해 봅니다.

특수교육실습은 한 학교에 여러 대학의 실습생들이 참여합니다. 따라서 실습록이 각기 다르고 작성하는 방법이 또한 다를 수 있습니다. 이 때문에 현장선생님들은 가끔 어려움을 호소하시기도 합니다. 따라서 한 달 동안 실습록을 작성하면서 실습록 자체의 문제는 없었는지, 작성하는 과정에서 문제가 점은 없었는지 반성해 봅니다. 이를 통해서 좀더 현장 중심적이면서 실습생과 실습지도 선생님들이 쉽게 작성할 수 있는 실습록을 개발할 필요가 있습니다.

⑤ 참관실습 수업실습, 실무실습 등 실습내용 전반에 대한 평가

실습과정에서 본인이 적극적으로 임했는지, 최선을 다했는지, 부족했던 점과 배운 점, 앞으로 갖추어야 할 점 등 교육실습에 대한 전반적인 반성과 의견을 나눕니다. 이때 참관, 수업, 실무실습 등 실습의 각 영역에 따라서 평가를 한 후에 전체적인 평가를 실시합니다.

⑥ 후배들에게 조언할 것들을 정리해 봅니다.

여러분들은 실습이 끝났지만 여러분의 후배들이 다시 실습에 나가게 될 것입니다. 따라서 향후 후배들이 실습과정에서 무엇을 유의해야 하는지 선배로서의 조언을 남기시는 것이 필요합니다. 실습평가를 통해서 나왔던 의견들을 종합하여 다음 실습에 유의할 점들을 정리합니다.

⑦ 기타 실습학교의 경험 공유

실습생들은 어느 한 학교에 실습을 가는 것이 아니라 여러 지역의 여러 학교에 분산하여 실습에 참여하게 됩니다. 어떤 학생들은 지체장애학교에, 어떤 학생들은 시각장애학교에서 실습할 수 있습니다. 또한 서울지역의 학교로 가는 경우도 있고 부산이나 경상도 지역으로 실습을 가는 경우도 있습니다. 이렇게 서로 다른 지역, 서로 다른 학교에서의 경험을 공유하는 것은 매우 중요한 일이 됩니다. 자신이 경험해 보지 않은 또 다른 학교문화를 간접적으로나마 경험하고 자신의 경험과 비교해 볼 수 있기 때문입니다.

(2) 실습생 자신의 평가

약 한 달 간의 실습을 마친 후에, 실습생들은 실습기간 동안 자신의 모습과 행동을 돌아보고 스스로에 대해서 깊이 평가해 보아야 합니다. 서두에서 밝힌 바와 같이 교육실습은 앞으로 교직의 길을 걸어가려는 학생들에게 중요한 전환점이 되곤 합니다. 예를 들어 그간 막연하게 생각했던 교사로서의 길에 대해서 진지하게 생각해 보게 되고, 교직에 대한 자신의 적성, 문제점 등을 종합적으로 반성하고 고민하게 되는 계기가 된다는 것입니다. 여러분 스스로 자신의 실습에 대한 깊은 반성을 통해 부족한 점들을 보완하고 준비할 수 있다면 교육실습은 향후 여러분의 교직생활에서 잊지 못할 중요한 경험으로 남을 것입니다.

14. 교육실습일지의 작성

지금까지 앞에서 제시한 여러 내용들은 여러분들이 실습 중 매일 매일 실습 일지에 그 내용을 담게 됩니다. 즉, 실습이 시작되는 순간부터 실습이 끝나는 순간까지 실습일지에 기록을 남기는 것입니다. 실습기간 동안 교육실습일지를 작성하기 위해서는 생각보다 많은 에너지와 시간이 소요됩니다. 그래서 자칫 허겁지겁 실습일지를 작성할 수도 있는데, 실습일지는 여러분의 특수교육실습에 대한 모든 내용들이 들어있을 뿐 아니라 실습기간 동안 실습지도 선생님과 소통할 수 있는 통로가 되기에 최선을 다해서 작성하시기 바랍니다.

실습일지를 작성할 때에는 다음의 내용에 유의합니다.

① 채팅용어나 기호 등을 사용하시면 안 됩니다. 최근 핸드폰 문자, 메일 등에 익숙한 관계로 채팅에서 사용하는 용어나 혹은 기호들을 글 사이에 끼워 넣는 경우가 많은데, 이런 것들을 사용하시면 안 됩니다.

② 실습일지는 매일 작성해야 하며 구체적이고 객관적으로 작성해야 합니다.

③ 맞춤법에 유의하면서 작성하셔야 합니다.

④ 바른 글씨체로 써야 합니다.

⑤ 정해진 시간과 기일을 반드시 지켜서 작성해야 합니다. 보통 하루 일과가 끝나면 잠시동안 일지를 작성할 수 있는 시간이 주어지는데, 이때 최선을 다해서 작성합니다.

⑥ 선생님이 해당 페이지를 쉽게 확인할 수 있도록 표시해 두면 좋습니다.

⑦ 매일 지도 선생님의 확인을 받고 선생님께서 주시는 조언을 주의깊게 고려하여 다음 날 실습에 반영합니다.

Ⅳ

부 록

1. 전국 특수학교 목록

〈부록〉 전국 특수학교 연락처 및 주소 및 홈페이지

시도	학교명	설립별	장애별	전화번호		주소(우편번호)	홈페이지
				교무실	FAX		
서울	서울맹	국립	시각장애	02)737-0656	02)722-0845	서울시 종로구 신교동 1-4(110-032)	www.bl.sc.kr
	서울농	국립	청각장애	02)737-0378	02)723-5848	서울시 종로구 신교동 선희궁길 18(110-032)	www.seoulnong.sc/kr
	한국우진	국립	지체장애	02)304-6253	02)304-6256	서울특별시 마포구 으뜸길 13(121-877)	www.woojin.sc.kr
	서울경운	공립	정신지체	02)3676-2038	02)3676-7889	서울시 종로구 경운동 2번지	www.gyeongun.sc.kr
	서울광진	공립	정신지체	02)455-2108	02)455-2107	서울시 광진구 구남길 18(143-203)	kjin.sc.kr
	서울정문	공립	정신지체	02)869-7188	02)851-0030	서울시 관악구 난향동 673-82번지	www.jeongmun.sc.kr
	서울정민	공립	지체장애	02)978-8405	02)978-8408	서울시 노원구 하계1동 153-1	jeongmin.sc.kr
	서울정애	공립	정서장애	02)540-7826	02)540-7265	서울시 강남구 삼성동 74-13	www.jungae.sc.kr
	서울정인	공립	정신지체	02)983-4321	02)983-4006	서울시 강북구 수유1동 468-305(142-886)	jeongin-s.sc.kr
	서울정진	공립	정신지체	02)2688-1303	02)2625-4076	서울시 구로구 궁동 온수학교길 78(152-884)	www.jungjin.sc.kr
	광성하늘빛	사립	정신지체	02)474-1004	02)474-3434	서울시 송파구 풍납동 474-1	hanulbit.sc.kr
	광성해맑음	사립	정신지체	02)813-8386	02)813-8308	서울시 동작구 대방동 395-2	shine.sc.kr

시도	학교명	설립별	장애별	전화번호		주소(우편번호)	홈페이지
				교무실	FAX		
서울	교남	사립	정신지체	02)2695-5079	02)2601-8746	서울시 강서구 화곡6동 960-22(157-913)	www.kyonam.sc.kr
	다니엘	사립	정신지체	02)445-9435	02)445-9439	서울시 서초구 내곡동 1-1328(137-180)	daniel.sc.kr
	밀알	사립	정서장애	02)3412-1133	02)3412-1132	서울시 강남구 일원동 713번지 (135-942)	www.miral.sc.kr
	삼육재활	사립	지체장애	02)884-4833 031)799-3936	02)884-4832 031)799-3939	서울 관악구 봉천1동 722-19(151-831) 경기도 광주시 초월읍 지월리 729-6(464-863)	samyook.or.kr
	서울동천	사립	정신지체	02)974-9573~5	02)978-4287	서울시 노원구 하계1동 288-1(139-231)	www.dongchun.sc.kr
	서울명수	사립	정신지체	02)762-8049	02)742-6279	서울시 성북구 성북동 226-220(136-824)	www.myungsu.sc.kr
	서울삼성	사립	청각장애	02)823-7430~2	02)823-3815	서울시 동작구 상도 4동 212-128(156-841)	samsung.sc.kr
	서울애화	사립	청각장애	02)987-5161-3	02)985-5579	서울시 강북구 미아3동 124-2(142-807)	www.aewha.sc.kr
	서울인강	사립	정신지체	02)955-0523	02)955-0525	서울시 도봉구 도봉동 381-1(132-806)	ingang.sc.kr
	성베드로	사립	정신지체	02)2612-6413	02)2683-3092	서울시 구로 구항동 1-1 항동7길(152-140)	www.stpeters.sc.kr
	수도사랑	사립	정신지체	02)739-9868	02)737-1217	서울시 종로구 사직동 262-57	www.sudolove.sc.kr
	연세재활	사립	지체장애	02)2123-8141	02)2123-8144	서울시 서대문구 성산로 262번지(120-749)	www.yonsei.sc.kr
서울	은평대영	사립	정신지체	02)353-2040	02)389-0623	서울시 은평구 구산동 191-1(122-822)	www.sep.sc.kr
	주몽학교	사립	지체장애	070)8255-0505	02)3427-3726	서울시 강동구 상일동 179번지(134-837)	www.jumong.sc.kr
	한국구화	사립	청각장애	02)428-0873	02)428-0872	서울시 강동구 고덕동 297번지(134-080)	kuhwa.sc.kr
	한국육영	사립	정서장애	02)443-9781-2	02)443-9784	서울시 송파구 장지동 45-4(138-210)	www.yukyoung.sc.kr
	한빛맹	사립	시각장애	02)989-9135	02)987-8351	서울시 강북구 수유1동 484-21(142-713)	www.hanbit.sc.kr
부산	부산혜성	공립	정신지체	051)637-6211	051)637-6221	부산시 남구 대연6동 산64번지(608-026)	www.hyeseong-s.sc.kr
	부산혜남	공립	지체장애	051)637-6051	051)637-6059	부산시 남구 대연6동 산64번지(608-819)	www.hyenam.sc.kr
	부산배화	공립	청각/지체	051)755-2197	051)757-8548	부산시 수영구 망미1동 787(613-131)	www.baehwa.sc.kr
	부산맹	공립	시각장애	051)524-1046	051)529-3392	부산시 동래구 명장2동 263-5(607-811)	www.busanmaeng.sc.kr
	부산혜송	공립	정신/지체	051)600-6702	051)600-6789	부산시 서구 남부민동	www.hyesong-s.sc.kr

						611-43(602-020)	
부산	부산솔빛	공립	정신/지체	051)309-3900	051)309-3910	부산시 사상구 삼락동 365-8(617-826)	www.solvit.sc.kr
	부산구화	사립	청각/정신	051)642-7100	051)646-9110	부산시 남구 대연6동 대운마루길8(608-026)	www.pskuhaw.sc.kr
	부산동암	사립	정신/정서	051)758-1711	051)758-1716	부산시 연제구 연산9동 10-51(611-089)	www.dongam.sc.kr
	부산혜원	사립	정신지체	051)972-2804	051)972-9938	부산시 강서구 대저1동 393-20(618-803)	www.hyewon-s.sc.kr
	부산은애	사립	정신지체	051)508-0606	051)508-5544	부산시 금정구 청룡동 276-2(609-814)	www.eunai.sc.kr
	부산천사	사립	정신지체	051)208-9497	051)206-0026	부산시 사하구 괴정2동 352-116(604-082)	www.cheonsa.sc.kr
	부산두레	사립	정신지체	051)868-6118	051)567-0957	부산시 연제구 연산8동 1030-1(611-815)	www.hyeseong-s.sc.kr
	부산성우	사립	정신지체	051)727-0025	051)727-4506	부산시 기장군 장안읍 명례리 133-1(619-951)	www.sungwoo.sc.kr
대구	대구남양	공립	정신지체	053)762-5256	053)765-0837	대구시 수성구 지산1동 1022번지(706-842)	www.namyang.sc.kr
	대구성보	공립	지체장애	053)953-7611	053)943-0556	대구시 북구 복현2동 312-1번지(702-830)	www.sungbo.sc.kr
	대구광명	사립	시각장애	053)624-5832	053)624-5836	대구시 남구 광명길 13(705-823)	www.kwangmyung.sc.kr
	대구영화	사립	청각장애	053)628-6672	053)628-6629	대구시 남구 광명길 13(705-823)	www.younghwa.sc.kr
	대구보명	사립	정신지체	053)627-9711	053)627-9783	대구시 남구 광명길 13(705-823)	www.bomyung.sc.kr
	대구보건	사립	지체장애	053)626-5121	053)626-4933	대구시 남구 광명길 13(705-823)	www.bogun.sc.kr
	대구선명	사립	정신지체	053)986-7050	053)986-7056	대구시 동구 덕곡동 34(701-510)	www.smschool.sc.kr
	대구덕희	사립	정서장애	053)626-3052	053)626-3061	대구시 남구 광명길 13(705-823)	www.dukhee.sc.kr
인천	인천인혜	공립	정신지체	032)518-8553	032)515-7183	인천시 계양구 장기동 6-107번지(407-470)	www.inhye.or.kr
	인천연일	공립	정신지체	032)816-6473~4	032)817-3583	인천시 연수구 함박뫼길 112번지 (406-110)	www.yonil.sc.kr

시도	학교명	설립별	장애별	전화번호		주소(우편번호)	홈페이지
				교무실	FAX		
인천	미추홀	공립	정신지체	032)473-0175	032)473-0180	인천시 남동구 만수2동 2-82(405-852)	www.mch.sc.kr
	인천예림	사립	정신지체	032)502-0813	032)528-6322	인천시 부평구 동수로 145(403-828)	www.yerim.sc.kr www.ek.sc.kr
	인천은광	사립	지체장애	032)529-5043	032-501-5617	인천시 부평구 부개새싹길 8(401-101)	www.sd.sc.kr
	인천성동	사립	청각장애	032)524-3545	032)524-3529	인천시 부평구 부평2동 756번지(403-831)	www.ichk.sc.kr
	인천혜광	사립	시각장애	032)522-8345	032)516-2516	인천시 부평구 부평삼거리길 17(403-130)	www.sunkwang.sc.kr

시도	학교명	설립별	장애별	전화번호 교무실	전화번호 FAX	주소(우편번호)	홈페이지
광주	광주선광	공립	정신지체	062)958-2203	062)716-2235	광주시 광산구 신창 매화길 10(506-307)	www.sunmyong.sc.kr
	광주선명	공립	정신지체	062)672-4346	062)657-4546	광주시 남구 선명길 27 선명학교(503-836)	www.sekwang.sc.kr
	광주세광	사립	시각장애	062)374-6172	062)374-6178	광주시 서구 덕흥로 72	www.eunhae.sc.kr
	광주은혜	사립	지체장애	062)971-1004	062)971-4004	광주시 북구 오룡동 479-2번지(500-480)	www.inhwa.sc.kr
	광주인화	사립	청각장애	062)943-0231	062)943-0451	광주시 광산구 삼거동 603-1(506-454)	www.djschool.sc.kr
대전	대전맹	공립	시각장애	042)285-5002	042)285-5010	대전시 동구 가오동 171-1(300-050)	www.hyekwang.sc.kr
대전	대전혜광	공립	정신지체	042)280-0121	042)285-0255	대전시 동구 가오동 171-1(300-050)	www.sungse.sc.kr
	성세재활	사립	지체장애	042)540-3400	042)540-3499	대전시 유성구 용계동 319-3(305-363)	www.wonmyeong.sc.kr
	대전원명	사립	정신지체	042)620-8622~4	042)621-5075	대전시 대덕구 대화1길 2(360-801)	www.hyein.sc.kr
울산	울산혜인	공립	정신지체	052)283-8004	052)283-8030	울산시 중구 약사동 527번지(681-430)	taeyoun.sc.kr
	태연	사립	정신지체	052)298-3703	052)298-1814	울산시 북구 대안4길 60(683-240)	www.meary.sc.kr
	메아리	사립	청각장애	052)295-8286	052)295-4322	울산시 북구 중산동 492-2(683-450)	www.hyeeun.sc.kr
경기	성남혜은	공립	정신지체	031)734-5022	031)733-8973	경기도 성남시 단대동 192번지(461-140)	www.sbse.sc.kr
	성남성은	공립	정신지체	031)706-6983	031)704-1084	경기도 성남시 분당구 야탑3동 172번지 (463-817)	www.haesol.sc.kr
	안양해솔	공립	정신지체	031)471-5824	031)471-7568	경기도 안양시 만안구 석수동 1-3 (430-040)	www.sangrok.sc.kr
	부천상록	공립	정신지체	032)678-2810	032)678-2747	경기도 부천시 원미구 춘의동 246 (420-859)	www.ge-s.sc.kr
	남양주경은	공립	정신지체	031)575-3668	031)575-3669	경기도 남양주시 별내면 광전리 145번지 (472-811)	www.seokwangl.sc.kr
	수원서광	사립	청각/정신	031)258-7612	031)252-8005	경기도 수원시 장안구 이목동 130 (441-310)	www.jh.sc.kr
	수원자혜	사립	정신지체	031)292-2579	031)298-6683	경기도 수원시 권선구 탑동 508-6 (441-440)	www.hl.sc.kr
	부천혜림	사립	정신지체	032)666-7994	032)664-7994	경기도 부천시 소사구 심곡본동523-99(422-821)	www.myhe.sc.kr
	명혜학교	사립	지체장애	031)406-1138	031)407-4147	경기도 안산시 상록구 사2동 1273(426-825)	www.seongsim.sc.kr
	오산성심	사립	정신지체	031)374-4694	031)374-2812	경기도 오산시 가수동 90번지(447-150)	
경기	하남성광	사립	정신지체	031)791-8181	031)793-0007	경기도 하남시 천현동 390번지(795-110)	www.sksk.org
	광주인덕	사립	정신지체	031)763-6182	031)763-6188	경기도 광주시 탄벌동 674-1(464-100)	www.induk.sc.kr
	광주한사랑	사립	정신지체	031)762-4891	031)762-4894	경기도 광주시 초월읍 신월리 333(464-860)	www.hsr.sc.kr
	광주동현	사립	정신지체	031)764-0982	031)764-0984	경기도 광주시 실촌읍 연곡리 산2(464-875)	www.donghyun.sc.kr

시도	학교명	설립별	장애별	전화번호		주소(우편번호)	홈페이지
				교무실	FAX		
경기	평택에바다	사립	청각장애	031)611-9342	031)611-9347	경기도 평택시 진위면 하북리72번지(451-864)	www.ebada.sc.kr
경기	평택동방	사립	정신지체	031)651-1274	031)651-1270	경기도 평택시 소사동 106-1(450-080)	www.dongbang.sc.kr
경기	양평창인	사립	정신지체	031)774-7905	031)774-6898	경기시 양평군 단월면 덕수리 213-2번지 (476-851)	www.changin.or.kr
경기	화성해원	사립	정신지체	-	031)351-0807	경기도 화성시 장안면 어은리 300(453-941)	www.haewon.sc.kr
경기	화성한우리	사립	청각/언어	031)354-3089	031)352-3091	경기도 화성시 정남면 관항리 338-6(445-963)	www.hwr.sc.kr
경기	의정부희망	사립	정신지체	031)829-8511	031)829-8513	경기도 의정부시 녹양동 386-4(480-826)	www.huimang.or.kr
경기	고양홀트	사립	정신지체	031)915-2914	031)915-2910	경기도 고양시 일산구 탄현동 41-1(411-839)	www.holt.sc.kr
경기	고양명현	사립	정신지체	02)381-6587	02)381-5117	경기도 고양시 덕양구 삼송동 99-11 (412-080)	www.myhy.sc.kr
경기	파주새얼	사립	정신지체	031)958-7004	031)958-5355	경기도파주시법원읍금곡리 414(413-873)	www.saeul.sc.kr
경기	고양밝은	사립	정서장애	031)911-7060	031)911-7040	경기도 고양시 일산서구 법곳동 438-1 (411-420)	www.bgn.sc.kr
경기	한국선진	국립	정신지체	031)409-1224	031)409-1223	경기도 안산시 상록구 본오동 723-2(425-807)	www.seonjin.sc.kr
경기	한국경진	국립	정서장애	031)906-9812	031)906-9815	경기도 고양시 일산동구 일산로 417(411-350)	www.kj.sc.kr
강원	원주청원	공립	정신지체	033)732-0612	033)748-1511	강원도 원주시 단계동 481-4(220-935)	www.chongwon.sc.kr
강원	강릉오성	공립	정신지체	033)652-1027	033)653-3566	강원도 강릉시송정동 306-6(210-140)	www.knose.se.kr
강원	속초청해	공립	정신지체	033)638-6602	033)638-6607	강원도 속초시 장사동 405-5(217-130)	www.cheonghae.sc.kr
강원	강원명진	사립	시각장애	033)253-3011	033)256-3549	강원도 춘천시 우두동 399-7(200-939)	www.mj.sc.kr
강원	태백미래	사립	정신지체	033)582-9182	033)582-9184	강원도 태백시 금천동15(235-110)	www.tbmirae.sc.kr
강원	춘천계성	공립	청각장애	033)256-4651	033)256-4654	강원도 춘천시 후평2동 21-2(200-955)	www.kds76.sc.kr
강원	춘천동원	공립	정신지체	033)242-6119	033)241-6125	강원도 신북읍 천전리 70-2 (200-824)	www.dongwon.sc.kr
충북	청주혜원	공립	정신지체	043)286-6881	043)286-0995	충북 청주시 상당구 육모정길 38(360-800)	www.cjhwon.sc.kr
충북	청주혜화	공립	지체장애	043)233-0163	043)233-0140	충북 청원군 남이면 구암리 275(363-812)	www.hehwa.sc.kr
충북	청주맹	사립	시각장애	043)253-7761	043)222-2570	충북 청주시 상당구 탑동 185-2(360-081)	www.chsb.sc.kr
충북	청주성신	사립	정서장애	043) 266-7976	043)276-4475	충북 청주시 흥덕구 현암동 산 5-83(361-350)	cjss.sc.kr
충북	충주성심	사립	청각장애	043)852-1557	043)843-1336	충북 충주시 야현로 147(380-951)	sungsim.sc.kr

시도	학교명	설립별	장애별	전화번호		주소(우편번호)	홈페이지
				교무실	FAX		
충북	충주성모	사립	시각장애	043)852-1374	043)844-7816	충북 충주시 호암동 42-9(380-966)	chungjusm.sc.kr
충북	숭덕	사립	지체장애	043)852-6943	043)848-5781	충북 충주시 봉방동 404-1(380-960)	www.sungdeok.sc.kr
충북	제천청암	사립	정신지체	043)648-0696	043)648-4840	충북 제천시 흑석동 45-1(390-270)	www.cheongam.or.kr
충북	꽃동네	사립	정신지체	043)882-5813	043)882-9500	충북 음성군 맹동면 통동리 235(369-811)	www.kkot.sc.kr

충남	공주정명	공립	정신지체	041)857-1522	041)857-0845	충남 공주시 장기면 송선리 101-1공주정명학교 (314-914)	jeongmyeong.sc.kr
	천안인애	공립	정신지체	041)583-4008	041)583-0868	충남 천안시 서북구 성거읍 소우리 182-4(331-835)	inae.sc.kr
	서산성봉	공립	정신지체	041)669-2261	041)669-2263	충남 서산시 성연면 명천리 35-1	www.seongbong.sc.kr/
	아산성심	공립	정신지체	041)541-8793	041)541-0101	충남 아산시 선장면 군덕리 191-2 (336-892)	www.asansungsim.sc.kr
	보령정심	사립	정신지체	041)931-1715	041)932-7452	충남 보령시 주교면 관창리 407-7 (355-922)	jeongsim.sc.kr
	나사렛새꿈	사립	지체장애	041)579-1296	041)579-1298	충남 천안시 서북구 쌍용2동 425(330-092)	www.jeongsim.sc.kr
전북	전주선화	공립	청각장애	063)223-6195	063)224-0940	전북 전주시 완산구 이서로 304(560-860)	www.ns.or.kr
	전주은화	공립	정신지체	063)222-6870	063)224-0612	전북 전주시 완산구 이서로 303번지	www.myounghwa.sc.kr
	군산명화	공립	정신지체	063)462-2159	063)461-2462	전북 군산시 나운1동801번지	www.sunhwa.sc.kr
	전주유화	공립	정신지체	063)253-1238	063)253-2012	전북 전주시 덕진구 인후동 26-7(561-853)	www.eunhwa.sc.kr
	전북혜화	사립	정신지체	063)839-5312	063)839-5307	전북 익산시 덕기동 751-7	www.yoohwa.sc.kr
	전주자림	사립	정신지체	063)223-9339	063)221-2285	전북 전주시 덕진구 성덕동 478(561-390)	www.dajaehwal.sc.kr
	전북재활	사립	지체장애	063)263-2600	063)263-2603	전북 완주군 고산면 삼리기 산 15-7(565-860)	www.jeonbukmaenga.sc.kr
	동암재활	사립	지체장애	063)223-4443	063)225-4444	전북 전주시 완산구 효자동3가 1215-5 (560-860)	www.jbjh.sc.kr
	전북맹아	사립	시각장애	063)833-2621	063)831-0454	전북 익산시 석암동 산 41-77(570-330)	www.hyehwa.sc.kr
전남	여수여명	공립	정신지체	061)651-6536	061)652-5595	전남 여수시 문수동 640-2(550-817)	www.jarim.sc.kr
	순천선혜	공립	정신지체	061)721-2001	061)721-4095	전남 순천시 비봉길 100(540-966)	www.seonhye.sc.kr

시도	학교명	설립별	장애별	전화번호		주소(우편번호)	홈페이지
				교무실	FAX		
전남	목포인성	사립	정신지체	061)282-1105	061)282-4049	전남 목포시 정명산길 12-7(530-828)	www.yeomyeong.sc.kr
	강진덕수	사립	정신지체	061)432-4901	061)432-3686	전남 강진군 성전면 송월리 40-2(527-813)	www.mpinsung.sc.kr
	영암소림	사립	청각장애	061)462-5532	061)462-5535	전남 영암군 삼호읍 저두길 65-7(526-892)	www.eungwang21.com
	영암은광	사립	시각장애	061)462-4714	061)462-1767	영암군 삼호읍 산호리 442-3(526-895)	www.yh.sc.kr
	함평영화	사립	정신지체	061)323-9889	061)323-9779	전남 함평군 함평읍 진양리 744-2(525-801)	www.duksu.net
경북	경희	공립	정신지체	054)749-1541	054)749-5036	경북 경주시 희망찬길 27호 (780-934)	www.sorim.sc.kr
	상희	공립	정신지체	054)534-8791	054)535-5260	경북 상주시 남성동 118(742-903)	www.sanghee.sc.kr
	안동진명	사립	정서장애	054)854-4301	054)854-2638	경북 안동시 평화동 석탑5길 31(760-270)	adjm.sc.kr
	안동영명	사립	정신지체	054)841-8201	054)841-9663	경북 안동시 북후면 오산리 501(760-892)	www.andong.sc.kr
	경북영광	사립	정신지체	054)331-6501	054)331-6505	경북 영천시 북안면 도천리 646(770-881)	www.kbyk.sc.kr
	구미혜당	사립	정신지체	054)455-1728	054)452-3114	경북 구미시 지산동 산 15(730-160)	hyedang.sc.kr
	포항명도	사립	정신지체	054)248-5370	054)248-5374	경북 포항시 북구 소티재길	www.phmd.sc.kr

						109(791-814)	
경남	창원천광	공립	청각장애	055)283-2997	055)283-3155	경남 창원시 가음동 11-2(641-800)	kcs.sc.kr
	경남혜림	공립	정신지체	055)251-3140	055)292-1208	경남 마산시 합성동 599(630-851)	www.knhr.sc.kr
	진주혜광	공립	정신지체	055)760-5110	055)761-7527	경남 진주시 문산읍 삼곡리 706(660-844)	jinjuhk.sc.kr
	통영잠포	공립	정신지체	055)646-9896	055)646-9808	경남 통영시 도산면 법송리 241(650-811)	www.jp.sc.kr
	경남은혜	공립	정신지체	055)324-5540	055)324-5306	경남 김해시 화목동 60-5(621-150)	www.eunhye.sc.kr
	경남은광	공립	정신지체	055)572-8435	055)572-8439	경남 의령군 가례면 운암리 117-1(636-821)	www.ek.ac.kr
	거제애광	사립	정신지체	055)681-7526	055)682-3380	경남 거제시 장승포동 521-4(656-910)	aikwang.sc.kr
제주	제주영지	공립	지체장애	064)755-2004	064-747-0840	제주 영지로 15(690-825)	www.youngji.sc.kr
	서귀포온성	공립	정신지체	064)767-8013	064)767-8014	제주도 서귀포시 5.16도로 240(697-050)	www.onseong.sc.kr
	제주영송	사립	정신지체	064)748-2064	064)747-5758	제주도 제주시 애월읍 광령2리 25 39(695-792)	www.youngsong.sc.kr

2. 전국 지역별 교재교구 관련 물품 상점

교육실습동안 학교의 비품을 사용할 수 없습니다. 학교에 따라서 사용을 허락하기도 하지만 원칙적으로 학교의 비품이기에 여러분들은 가까운 곳에서 수업과 관련한 물품을 구입하셔야 합니다. 하지만 타 지역으로 실습지를 정한 경우 해당 지역의 지리를 잘 모르는 관계로 필요한 물품을 구입하는 것이 쉽지 않습니다. 문구점처럼 쉽게 접할 수 있는 곳을 활용하실 수도 있고 특별한 재료가 필요한 경우에는 관련 물품을 판매하는 도매상을 이용할 수도 있습니다. 아래에 제시된 곳들은 상업적으로 교재교구관련 재료들을 판매하는 곳입니다. 필자가 특정 회사와 연관된 것은 결코 아님을 밝혀둡니다.

[보육사]

지역	주소	연락처
서울/경기/인천지역	경기도 광명	(02) 2681-7373, 5752
	경기도 광주	(031)767-9981~2
	경기도 구리·남양주	(031) 511-3554
	경기도 부천	(032) 328-1400 , 011-748-4179
	경기도 서부	(031)904-7701~3
	경기도 성남	(031) 758-1681,754-3043
	경기도 수원	(031) 244-2411, 255-4230, 255-2459
	경기도 안산	(031) 485-2060
	경기도 안양	(031) 465-0016
	경기도 의정부	(031) 843-0404
	경기도 이천	(031) 635-6380,6318
	경기도 평택	(031) 656-9167,692-1731
	서울시 강남	(02) 532-2249
	서울시 강북	(02) 953-3657~8
	서울시 강서·김포	(02)3663-7710,(031)997-7756, (032)563-7719
	서울시 광진·중랑	(02) 455-6184~5
	서울시 남서울	(02) 836-2121
	서울시 동부	(02) 478-2225~7
	서울시 북부	(02) 996-8147
	서울시 은평	(02) 382-7703, (02) 382-0022
	인천광역시 부평	(032) 526-2525, 2550~2
	인천광역시 인천	(032) 773-4508, 765-0550
	경기도 용인	(031) 287-6216~7
강원도	강원도 강릉	(033) 645-4689,645-4689
	강원도 속초	(033) 635-4984
	강원도 영월	(033) 374-4847
	강원도 원주	(033) 761-6627, 744-6749
	강원도 춘천	(033) 262-6470, 252-6470
충남/충북	충청남도 서산	(041) 665-7856~7
	충청남도 천안·아산	(041) 555-0272, 565-0272
	충청남도 대전	(042) 483-5375, 486-9305, 487-8339
	충청남도 청주	(043) 222-5564, 256-1988
	충청남도 충주	(043) 847-5644, 848-5644
	충청남도 공주.논산.부여	(041) 856-1261, 2
	충청남도 제천	(043)645-6749
경남/경북	경상남도 마산	(055) 242-7908~9, 010-9664-3558
	경상남도 통영	(055) 641-0030, 641-5030
	경상북도 구미	(054) 456-8318
	경상북도 김천	(054) 435-4343,435-2442
	경상북도 문경	(054) 555-4155, 011-549-2822, 011-542-4155
	경상북도 안동	(054) 852-4868,4388
	경상북도 포항 동해안	(054) 256-1900~1
	대구광역시 대구	(053) 424-4421,4434
	부산광역시 남부산	(051) 202-7221
	부산광역시 동부산	(051) 506-5594

	부산광역시 서부산·김해	(051) 336-0564
	울산광역시 울산	(052) 274-7753~4, 274-7759
	경남 진주시 진주	(055) 746-9700
전남/전북	전라남도 목포	(061) 247-2800
	전라남도 순천	(061) 724-8333~4, HP: 010-3633-2093
	전라남도 여수	(061) 654-5073~4
	전라남도 호남	(062) 223-8585~6
	전라남도 광양	(010) 3633-2093
	전라북도 이리	(063) 856-7767, 7750
	전라북도 전주.군산.남원	(063) 246-1895
제주	제주도 제주	(064) 722-6975,721-6974

[알파문구]

지역	주소	전화번호
서울	서울 중구 남대문로3가45454	05-752-0096
거제	경남 거제시 거제면 수월동 1125-4	055-637-0038
강남	서울 서초구 서초동1919-11 두산베어스텔 B1 알파	02-3472-6220
건대	서울 광진구 화양동4번지(구의로 265)	02-3437-0096
아이엔씨	서울 중구 필동2가 10번지 충무빌딩 1층 101	0222781095
건대	서울 광진구 자양4동7-17	02-462-5037
낙원	서울 종로구 낙원동102번지	02-765-2137
명동/구:남산	서울 중구 남산동1가 13-31번지	02-775-2401
내방역	서울 서초구 방배동898-1 삼보빌딩 지하1층	02-585-4275
목동	서울 양천구 신정동988-5	02-823-9211
도봉구청	서울 도봉구 방학동도봉월드빌딩 113호	02-955-1450
도화	서울 마포구 도화동182-9	02-717-2230
돈암	서울 성북구 삼선동 5가298-7	02-921-4110
동여의도	서울 영등포구 여의도동34-2 1층2호	02-780-2230
망원	서울 마포구 망원동422-9	02-322-8444
미아삼거리	서울 강북구 미아동60-16미아삼거리	02-980-0199
미아역	서울 강북구 미아동197-9미아역	02-985-9116
반포	서울 서초구 반포동95-5번지반포	02-3476-3301
보라매	서울 관악구 봉천동 972-26	02-876-9820
사당역	서울 서초구 방배동442-1(경복빌딩1F)사당역	02-598-6640
상명대	서울 종로구 홍지동60-2 103호	02-396-0096
서대문	서울 서대문구 냉천동204 번지 알파문구	02-364-3266
서소문	서울 중구 서소문동58-17 명지빌딩B1	02-774-4484
서울대역	서울 관악구 봉천동1666-45서울대역	02-884-0995
석계역	서울 성북구 석관1동 168-4 동성빌딩지하1	02-959-8510
성대	서울 종로구 명륜동4가188-4(동화-103)	02-743-3513
성수역	서울 성동구 성수2가3동 315-1	02-469-9140
수유	서울 강북구 번동446-13 가든타워 지하1층	02-991-6413
숭실대역	서울 동작구 상도동495-2 지하1층 15/1	02-827-0218
신당2호	서울 중구 신당동333-205 1층	02-2253-1096
신당	서울 중구 무학동50-2	02-2254-1096
신대방	서울 동작구 신대방2동 377-1 알파	02-821-7983
신설동	서울 종로구 숭인동219번지	02-2233-7333
신촌	서울 마포구 노고산동16번지	02-715-4567
아차산역	서울 광진구 구의2동50-10	02-444-5567
아현	서울 마포구 아현동282-2	02-393-5588

안국오피스	서울 종로구 경운동 101-2	02-730-6353
연신내	서울 은평구 갈현동 396-4	02-353-0038
영등포구청	서울 영등포구 당산동3가189 1층	02-2634-1110
영등포	서울 영등포구 영등포동2가94-121 고촌B/D 115호	02-2068-7123
용강	서울 마포구 용강동473-1 대현빌딩용강	02-714-1761
우장산역	서울 강서구 내발산1동723-8우장산역	02-2603-4105
이대	서울 서대문구 대현동 34-15	02-313-6666
이수	서울 동작구 사당1동1001-24	02-583-0738
장위	서울 성북구 장위3동 121-10알파장위	02-941-2420
장평교	서울 동대문구 장안동308-2 한창빌딩지하1층	02-2212-2836
전자	서울 용산구 원효로2가 96-1호	02-719-0096
중곡	서울 광진구 중곡동647-25	02-467-3175
중랑	서울 중랑구 망우1동358-6	02-2209-3523
중앙대	서울 동작구 흑석동162-10	02-812-4858
중화	서울 중랑구 중화동 303-1	02-432-4191
충무로	서울 중구 충무로4가150번지	02-2264-0844
카피프라자	서울 마포구 도화동251-1 근신빌딩별관 102	02-715-2840
당산	서울 영등포구 당산동6가220 1층	02-2635-0095
한남	서울 용산구 한남동78-2	02-749-0021
휘경	서울 동대문구 휘경동 276-49	02-2245-5743
구로서부	서울 구로구 구로동611-26 오피스1	02-2639-8123
낙성대역	서울 관악구 봉천동1688-127낙성대역	02-877-8791
영동	서울 강남구 논현동58-2 마일스디오빌 101호	02-545-4653
양재	서울 강남구 도곡동양재	02-3463-1751
로데오	서울 강남구 신사동617-2로데오	02-511-7177
소망	서울 강남구 신사동665-6 신한양빌딩 지하1	02-546-1175
양재에이티	서울 서초구 양재동232 at센터 B1양재에이티	02-6300-8787
코엑스	서울 강남구 삼성동159-6지하	02-551-0477
역삼	서울 강남구 역삼동789-7	02-539-5906
도곡	서울 강남구 도곡동424-1도곡	02-572-0732
서초	서울 서초구 서초동1543-8	02-523-0096
올림픽	서울 송파구 방이동180-19방이	02-413-2686
송파	서울 송파구 송파2동97-43송파	02-423-8415
길동	서울 강동구 길동411-1	02-472-6696
오금역	서울 송파구 가락동 10-2	02-3401-7955
포스코직영	서울 강남구 대치동892번지 포스코센타빌딩B1	02-3453-0096
오금	서울 송파구 오금동 40	02-408-2521
장지	서울 송파구 문정동82-10번지	02-406-4003
교대	서울 서초구 서초동1673-2교대	02-585-3025
강동구청	서울 강동구 성내동553-12	02-474-4112
둔촌	서울 강동구 성내동415-8삼원BD 1층 107	02-489-4578
압구정역	서울 강남구 신사동574-3번지 신운빌딩지하	02-511-2033
서초남부	서울 서초구 서초동1443-1서초남부	02-522-3567
테헤란로	서울 강남구 역삼동719신웅타워 104.105호	02-3452-4482
청담	서울 강남구 청담동49-8 7/6청담	02-544-0557
거여	서울 송파구 거여동37	02-409-8752
송파한양	서울 송파구 송파1동142-9	02-420-0604
논현역	서울 강남구 논현동142-1향산빌딩1층논현역	02-540-0884
관세청	서울 강남구 논현동97-23세종빌딩지101관세청	02-540-6211
포이	서울 강남구 포이동218-28	02-3445-2665
수서	서울 강남구 수서동724 로즈데일 103	02-2226-5763
잠실	서울 송파구 잠실본동228-10 대영1F	02-3432-4080

역삼신일	서울 강남구 역삼동735-11 신일유토빌 108호	02-555-9361
암사	서울 강동구 암사동500-21암사	02-442-6040
석촌	서울 송파구 석촌동 286-1 B101	02-416-7274
수서역	서울 강남구 수서동713 현대벤처빌 B104	02-2040-6533
명일동	서울 강동구 명일동332 LG상가 107 108호	02-426-0555
매봉	서울 강남구 역삼2동779매봉	02-561-3084
강남구청	서울 강남구 삼성동34-7 청암 1층강남구청	02-586-1945
교대남부	서울 서초구 서초동1626-2교대아스트	02-521-0092
방배역	서울 서초구 방배동910-14	02-3486-8062
삼성	서울 강남구 대치동946-18 삼성	02-557-0096
강릉	강원 강릉시 포남1동1171-9	033-652-5493
계산	인천 계양구 계산동335-7 근주상가 1층 102	032-544-7770
과천코롱	경기 과천시 별양동1-23 코오롱빌딩지하 105	02-502-9969
인천원당	인천 서구 당하동 뉴씨티 프라자	032-567-1341
구미	경북 구미시 원평동381-7	054-452-6492
금오	경기 의정부시 금오동470-2 3로얄프라자117	031-853-5900
김포	경기 김포시 사우동 246-4	031-982-3377
통진	경기 김포시 통진읍 옹정리 52-2	031-982-9222
김해	경남 김해시 부원동 613-10	055-335-1338
김천	경북 김천시 신음동 791-7 1층	054-434-0606
남원왕정	전북 남원시 왕정동48-23	063-626-7970
당진	충남 당진군 당진읍 원당리 1223	041-352-8033
대전중구	대전 중구 용두동 99-28	042-256-6645
도농	경기 남양주시 지금동194-1도농	031-555-0042
알파통상(동구청)	경기 고양시 일산동구 장항동847 웅신아트 214	031-906-0274
천안법원	충남 천안시 신부동472-13	041-563-2556
발안	경기 화성시 향남면장짐리 360-1 금탑프라자 1층 104호,2층201호	031-352-5315
파주봉일천	경기 파주시 조리읍봉일천리204-21	031-944-0103
삼척대	강원 삼척시 교동520-2 3/1삼척대	033-574-0234
서귀포	제주 서귀포시 서귀동 299-3	064-732-3441
서산	충남 서산시 동문동311-22서산	041-667-6167
속초	강원 속초시 조양동1034-4 제일프라자 205, 206호속초	033-635-2768
시화	경기 시흥시 정왕동 1734-5(우리빌딩1F)	031-431-7101
천안쌍용	충남 천안시 쌍용동2012 하나메디컬타운1F쌍용	041-577-0823
안산시청	경기 안산시 단원구 고잔동529-1 에이스타워B/D	031-413-2800
하안	경기 광명시 하안동3-5	02-895-9737
영종도	인천 중구 운서동2974-1 에어포트103호	032-746-0488
옥련	인천 연수구 옥련동194-12 윤성상가 3호	032-831-0015
울산	울산 남구 신정동1637-72	052-269-2662
인하대	인천 남구 용현동192-3	032-867-7168
문산	경기 파주시 문산읍 문산리17-25번지 청도 훼밀리 상가 153호	031-953-0026
조선대	광주 동구 지산동476-7	062-228-9514
중동	경기 부천시 원미구 중동 1126-2 아이타운1층101중동	032-323-4021
창원	경남 창원시 상남동11-6 비잔틴빌딩(1 2층)	055-286-6611
천안서부	충남 천안시 쌍용동829-2천안서부	041-576-7822
천안신방	충남 천안시 신방동57-6 새말빌딩 1층	041-575-4097
철산	경기 광명시 철산동245-9(웅진B/D)	02-2614-0096
춘천	강원 춘천시 중앙로2가78-1번지	033-242-0096
테크노파크	경기 부천시 오정구 삼정동삼정 365 테크노파크300동108호테크노파크	032-234-2266
퇴계원	경기 남양주시 퇴계원면 퇴계원리 267-3	031-572-3842
파주시청	경기 파주시 금촌동768-7	031-941-0609

평촌	경기 안양시 동안구 평촌동89-2	031-421-7733
평택역	경기 평택시 평택동55-3	031-654-1500
평택	경기 평택시 평택동66-9	031-654-3123
포승공단	경기 평택시 포승읍 방림리51-13 알파문구	031-682-2002
포천일동	경기 포천시 일동면 기산리 91-167 포천일동	031-533-8668
포항	경북 포항시 북구 두호동1053-1	054-248-0096
호계	경기 안양시 동안구 호계동1065-6맵시프라자 103호계	031-383-4688
홍성	충남 홍성군 홍성읍 고암리 548-4홍성	041-633-8454
홍천	강원 홍천군 홍천읍 신장대리 250-805	033-433-1700
화성	경기 화성시 남양동1172-40 1층 101 알파문구(예인상사)	031-355-8777
후평	강원 춘천시 후평1동693-7후평	033-251-1891
단구	강원 원주시 단구동1577-6	033-762-7787
청주개신	충북 청주시 흥덕구 개신동 626번지 청주개신	043-237-2939
천안두정	충남 천안시 두정동1568번지 들꽃 세상빌딩 1층천안두정	041-565-2345
의정부시청	경기 의정부시 의정부2동486 제일퍼스트상가 1-113호	031-872-2852
남동공단	인천 남동구 논현동 434-1 남동공단	032-815-6007
백송	경기 고양시 일산동구 백석동 1149-2 1층 알파문구	031-906-2221
부산서면	부산 부산진구 부전2동 172-2번지1층 부산/서면	051-807-0378
충주	충북 충주시 칠금동872신충주	043-843-9988
화정	경기 고양시 덕양구 화정동970-5 태원빌딩 지하층 화정	031-978-9777
태안군	충남 태안군 태안읍 동문1리 319-4태안군	041-675-9988
부곡	경기 의왕시 삼동 160-76 신/부곡	031-461-2223
진주	경남 진주시 주약동 776-33 신/진주	055-755-6577
외대	서울 동대문구 이문동288-64호신/외대	02-963-3844
가평	경기 가평군 가평읍 대곡리 282-5 101호	031-581-7372
충북오창	충북 청원군 오창면 각리 649-7	043-217-3342
마포	서울 마포구 공덕동450 지하2층알파문구 마포	02-707-1796
제주법원	제주 제주시 이도2동1026-14 1층 제주법원	064-727-0979
부산동구	부산 동구 범일동 252-373 진성빌딩 1층 부산동구	051-638-0332
유성	대전 유성구 장대동354-8유성	042-823-8155
용호	경남 창원시 용호동73-2번지 지하1층 101-110호	055-286-6612
영남(통영)	경남 통영시 광도면 죽림리1575-7번지 영남/통영2호	055-649-9632
구로	서울 구로구 구로동1258 중앙유통단지 D-26 라알파구로	02-6679-6400
경희대	서울 동대문구 회기동42-1알파문구경희대	02-959-6727
탄방	대전 서구 탄방동702알파문구탄방	042-486-9211
목포하당	전남 목포시 상동877-6	061-285-3650
순복음	서울 영등포구 여의도동12번지 CCMM빌딩 지하1층 107호	02-784-0096
포항남구	경북 포항시 남구 이동652-7 알파남구	054-276-4111
충남대	대전 유성구 궁동479-11 지하충남대	042-824-4422
야탑역	경기 성남시 분당구 야탑동358-2 아미고타워1층	031-622-1470
모란	경기 성남시 중원구 성남동3227번지	031-754-7033
분당	경기 성남시 분당구 서현동248-5 코코프라자 2F분당	031-708-1196
수원시청	경기 수원시 팔달구 인계동 1046-18 수원시청	031-236-4414
수원법원	경기 수원시 영통구 원천동78-84수원법원	031-215-9520
수원영통	경기 수원시 영통구 영통동998-1수원영통	031-204-3300
오산중앙	경기 오산시 오산동 872-10	031-373-8433
수원경희대	경기 용인시 기흥구 서천동경희대학교 우정원 알파수원경희대	031-205-7291
수원권선	경기 수원시 권선구 권선동1297-2 삼성프라자 109호(권선3지구)	031-226-6231
용인신갈	경기 용인시 기흥구 신갈동53-12	031-2850127
수원성대역	경기 수원시 장안구 율전동288-6수원성대역	031-227-4441
미금역	경기 성남시 분당구 금곡동155우방코아 108.109호	031-711-6927

운암	경기 오산시 오산동919-4 운암	031-377-3255
용인	경기 용인시 역북동585	031-333-0224
용인수지	경기 용인시 수지구 풍덕천동1082-1용인수지	031-261-0375
광동	경기 남양주시 진접읍 장현리 629-3광동	031-572-2035
성남상대원	경기 성남시 중원구 상대원1동517-13 성남상대원	031-740-9084
수내	성남 분당 수내17-3 (미도트윈프라자1층)	031-717-2931
북수원	경기 수원시 장안구 파장동627-8 1층	031-253-9422
봉담	경기도 화성시 봉담상리 27-2 호조B/D 1F봉담	031-298-5626
수원역	경기도 수원 권선매산로2 90-18수원역	031-234-7222
태안	경기 화성시 진안동873-10	031-221-8553
태평역	경기 성남시 수정구 태평1동6512-1	031-723-7872
수원장안구청	경기 수원시 장안구 조원동752-18	031-252-0123
정자	경기 성남시 분당구 정자동159-5번지 백궁프라자 107호	031-716-3945
서현	경기 성남시 분당구 서현동255-1 풍림아이원 239 서현	031-783-5949
수원아스트	경기 수원시 영통구 원천동79-8 예스프라자 107수원아스트	031-212-0808
오산	경기 오산시 오산동793-6	031-372-8433
이천	경기 이천시 창전동 463-10	031-634-2760
용인구갈	경기 용인시 기흥구 구갈동579 아카데미프라자 1층 103호	031-286-3545
청북	경기 평택시 청북면 어연리738-11	031-686-6721
서수원(고색)	경기 수원시 권선구 고색동49-7	031-297-8956
금정	경기 군포시 금정동689-27 1층	031-452-2625
범계역	경기 안양시 동안구 비산동 1108-1 동안프라자1층	031-383-0093
광주오포	경기 광주시 오포읍 문형리 705-27	031-768-8997
덕평	경기 이천시 마장면 오천리94	031-631-2415
천안지부	충남 천안시 두정동698 말우물빌딩 1층	041-562-4001
기흥구청	경기 용인시 기흥구 구갈동 353-6 창형빌딩 102	031-282-9889
월드(신공항)	인천 중구 운서동 2850 국제업무단지 월드게이트 오피스텔133호	032-743-8585
백석역	경기 고양시 일산동구 백석동1332-1 레이크하임빌딩 102	031-907-0102
안산	경기 안산시 단원구 원시동768-1 대우테크노피아 c119호	031-495-0996
대구지부	대구 북구 관음동1402-2	053-314-4082
온양	충남 아산시 신창면 읍내리 457-2	041-543-5425
중계	서울 노원구 중계동360-9 두타빌 지층 111번지	02-3391-9520
신영통	경기 화성시 반월동347-20	031-206-9451
전주인후	전북 전주시 덕진구 인후동1가855-8 1층	063-245-7330
풍동	경기 고양시 일산동구 풍동1294-1 1층	031-909-1587
고천	경기 의왕시 오전동388-1상가107호	031-459-3109
구산	서울 은평구 구산동200-3	02-385-2534
인천제철	인천 동구 송현동1-770 101	032-772-6123
안성중앙대	경기 안성시 대덕면 내리678-8	031-676-0034
용산	서울 용산구 한강로3가16-18	02-3274-0096
안양대교	경기 안양시 만안구 안양2동817-38	031-361-3008
강서	서울 강서구 염창동282-20	02-3662-2372
고잔	경기 안산시 단원구 초지동743-6 제일프라자 204	031-475-0996
관악구청	서울시 관악구 봉천동1569-5	02-889-2177
동암	인천 부평구 십정동486-30	032-423-0096
만안구청	경기 안양시 만안구 안양6동505-5	031-443-5000
사내	강원 화천군 사내면사창리 426	033-441-3115
삼성테마트	서울 용산구 산천동6번지 삼성테마트2층	02-703-2849
상계	서울 노원구 상계동717-1 노원빌딩2층201호	02-935-8382
서교	서울 마포구 성산동53-2	02-332-3663
안양	경기 안양시 만안구 안양1동674-261	031-444-7218

가산	서울 금천구 가산동429-1뉴티캐슬206	02-2626-9333
연수구청	인천 연수구 연수2동631-1	032-822-0090
경주지부	경북 경주시 노동동140-20	054-773-8799
가산역	서울 금천구 가산동371-28 우림라이온스밸리A동B323	02-2026-2555
구리교문	경기 구리시 교문1동229-17	031-556-5656
광주남부	광주 남구 진월동294-17 104호	062-674-2456
공주	충남 공주시 반죽동11-2	041-853-3856
이매	경기 성남시 분당구 이매동116-6	031-707-8141
진주도동	경남 진주시 초전동840-4	055-752-0528
송도	인천광역시 연수구 송도동 3-2 드림시티130호~131호	032-858-1512
제천중앙	충청북도 제천시 중앙로1가 89-1	043-652-4039
고양동	경기 고양시 덕양구 고양동244 현대 빌딩 105	031-962-9403
신천	서울 송파구 잠실동184-5 외 필지지하 1층 2	02-421-0010
죽전	경기 용인시 수지구 죽전동2004-4 에메랄드 그린존108	031-272-9445
대전동부지부	대전 대덕구 중리동133-5	042-628-1354
을지	서울 중구 장교동 장교빌딩 지하 109	02-773-3905
송탄지부	경기 평택시 서정동822-5	031-611-0862
상암	서울 마포구 상암동 1601케이지아이티센타 125,126,131,132호	02-6393-5500
월드컵	서울 마포구 서교동440-14	3143-0096
화양	서울 성동구 성수동2가280-41	02-466-7375
춘천석사	강원 춘천시 석사동888-3화인프라자101,102호	033-263-0005
철원와수리	강원 철원군 서면 와수리1147	033-458-2003
장안	서울 동대문구 장안동464-8	02-2243-0096
양주	경기 양주시 백석읍방성리 6-3(104호)	031-855-1120
김해내외	경남 김해시 외동701-12	055-333-9530
김해삼계	경남 김해시 삼계동1478-5	055-314-8959
울산방어진	울산 동구 방어동 문현지구 74-4	052-201-0949
오리역	경기 성남시 분당구 구미동187-2 세종그랑시아2동101-1호	031-726-3327
여주	경기 여주군 여주읍 창리 68 중앙프라자비 1	031-885-1184
스타타워	서울 강남구 역삼동737 강남파이낸스센터 B2층	02-2112-3777
파주금촌	경기 파주시 금촌동989-8 파르테논프라자 107	031-943-4652
남원중앙	전북 남원시 죽항동99	063-636-8733
대구성서	대구 달서구 호산동707-3 근로자종합복지회관지하 1층	1566-9667
서천	충남 서천군 서천읍 군사리 587-1	041-953-1297
부평시장	인천 부평구 부평동241-30	032-506-2243
울산동구	울산 동구 일산동530-13	052-236-2111
칠곡왜관	경북 칠곡군 왜관읍 왜관리331	054-971-0838
답십리	서울 동대문구 답십리동496-2 세영빌딩 1층	02-2215-9595
곤지암	경기 광주시 실촌읍 곤지암리 445-5	031-762-6253
죽전보정	경기 용인시 기흥구 보정동 1204-5 1층	031-889-2722
오이도	경기 시흥시 정왕동1884-7	031-319-7550
남구로	서울 구로구 구로동141-14	02-855-1088
동탄솔빛나루	경기 화성시 반송동219-1 성우프라자 104호	031-8003-6300
공덕	서울 마포구 공덕동423 5호선 공덕역 7호포	02-3275-2435
옥천	충북 옥천군 옥천읍 금구리 22-1	043-731-5955
하남	경기 하남시 신장1동430-25	031-791-4432
청주산남	충북 청주시 흥덕구 산남동584 뉴월드프라자 103	043-283-2358
상도역	서울 동작구 상도동32-40 지하1층	02-824-0196
진영	경남 김해시 진영읍 본산리 921	055-343-9779
울산남목	울산 동구 서부동458-2	052-232-7790
수영	부산 수영구 광안동99-4 1층	051-752-9005
광양광림	전남 광양시 중동1540-1 1층	061-795-6699

용인구성	경기 용인시 기흥구 언남동373-2 1층	031-287-3579
전농(테크노오피스)	서울 동대문구 전농동295-5	02-2247-8891
대치	서울 강남구 대치동943-16 영광빌딩 1층	02-538-0841
용인동백	경기 용인시 기흥구 중동830-3 1층 112호~113호	031-693-7401
삼척	강원 삼척시 남양동32-12	033-573-0003
문정	서울 송파구 가락동120-4 우성2차아파트 102 동상가비동 101호	02-443-2021
관양	경기 안양시 동안구 관양동1446-5	031-384-9341
행신	경기 고양시 덕양구 행신동943 썬프라자빌딩 1층 111-4호	031-974-0223
천안공단	충남 천안시 성성동483-36	041-551-0083
대전월평	대전 서구 월평동1186 두우빌딩 101	042-488-5896
압구정	서울 강남구 신사동565-8	02-518-8994
파주출판도시	경기 파주시 교하읍 문발리 531-2 107호	031-955-8281
양양	강원 양양군 양양읍 남문리 98-1	033-671-1295
인천서구	인천 서구 검암동669-4	032-568-0008
팔탄구장	경기 화성시 팔탄면 구장리 23-3 승정프라자 103호, 104호	031-366-0156
진주지부	경남 진주시 평거동165-6 1층	055-746-6577
원통(호국사)	강원 인제군 북면 원통리 645-9	033-461-0928
정읍	전북 정읍시 연지동55-2	063-532-6903
용인포곡	경기 용인시 처인구 포곡읍 둔전리 149-6	031-337-0780
청주	충북 청주시 흥덕구 봉명동1060	043-266-5285
수원정자	경기 수원시 장안구 정자동878-11 효신빌딩 1 층제 101-2호	031-268-1580
덕성여대	서울 도봉구 쌍문동423-18	02-902-7262
여수	전남 여수시 충무동621-26	061-663-1929
분당공단	경기 성남시 분당구 야탑동150번지 테크노파크상가 106호	031-705-6328
인천논현	인천 남동구 논현동 논현2 택지지구상 15 아이플렉스 110, 111호	032-433-2969
목포(용해동)	전남 목포시 용해동228-22 외 1필지	061-277-2066
정선	강원 정선군 정선읍 봉양리 337	033-563-8809
부산센텀	부산 해운대구 재송동1209 센텀아이에스타워 412번지	051-905-2233
청원	충북 청원군 부용면부강1리 439-7번지	043-277-6531
군포당동	경기 군포시 당동904-4번지 104호	031-391-8985
전남대	광주 북구 용봉동300 학생생활관 1층	062-460-5117
아산배방	충남 아산시 배방면 북수리 1184	041-548-3696
대구시지	대구 수성구 신매동567-14번지	053-793-9902
서정	경기 평택시 서정동817-5	031-664-0865
부천상동	경기 부천시 원미구 상동318-13외 2필지 1층	032-651-1999
오남	경기 남양주시 오남읍 오남리 326qjswl	031-573-5700
구로남부	서울 구로구 구로동729-2	02-854-3516
화서	경기 수원시 팔달구 화서동113-10	031-247-9206
부산메트로자이	부산 남구 용호동197 GS하이츠자이상가 401-140	051-997-8800
광주금호	광주 서구 금호동239-3번지외 4필지 1층 102호~103호	062-652-0038
진사	경기 안성시 공도읍진사리 16-24번지	031-652-5949
독산	서울 금천구 독산동951-4번지	02-855-0058
강화	인천 강화군 강화읍 관청리171-5	0329339389
인제	강원 인제군 인제읍 상동리296-14	0334611378
호법	경기 이천시 호법면 유산리367-1	0316378244
목포연산	전남 목포시 산정동1759-9	061-274-5005
안산선부	경기 안산시 단원구 선부동1081 131,132호	0314032888
수원방죽역	경기 수원시 영통구 망포동383-12	0312780577
충주시청	충북 충주시 금릉동804	0438579933
신림	서울 관악구 신림동86-3 B1	02-883-3336
거모	경기 시흥시 거모동35-1	031-491-8253
연제	부산 연제구 거제동891-5	051-505-0907

부산덕천	부산 북구 덕천동401-2	0513318803
센트럴파크	경기 화성시 반송동41-1 정일프라자 101~102호	031-613-2212
주엽역	경기 고양시 일산서구 주엽동115 대우시티프라자지하상가	031-913-8303
남영	서울 용산구 갈월동85-3 남영빌딩1층 101	02-701-3720
금왕	충북 음성군 금왕읍 무극리 242-5	043-883-0388
충북영동	충북 영동군 영동읍 계산리686-9	043-744-2800
산본	경기 군포시 산본동1142-10 동산상가지하층101,102호	031-393-1917
아산인주	충남 아산시 인주면 신성리 128-1	041-542-2312
고양원당	경기 고양시 덕양구 성사동698-10	031-966-6007
천안직산	충남 천안시 직산읍 삼은리 76-136	041-583-7123
갤러리아둔산	대전 서구 둔산2동1036	042-720-6633
예천	경북 예천군 예천읍 노하리74-2	054-654-2338
대구신서	대구 동구 신서동535-7	053-963-1555
증평	충북 증평군 증평읍 중동리82	043-836-3192
계양구청	인천 계양구 계산1동1062 대덕하이베라스 C동101-102	032-555-0330
광주운암	광주 북구 운암동357-2 로데오빌딩101-104	062-527-7623
역삼르네상스	서울 강남구 역삼동720-19 삼봉빌딩지하1층	02-555-7952
문화	대전 중구 문화동284-37	042-581-2949
밀양	경남 밀양시 내일동610	055-355-0588
대구교동	대구 중구 공평동1-6	053-425-1479
달성논공	대구 달성군 논공읍803-227	053-614-6688
동탄시범	경기 화성시 반송동86-2 센타타워 103호	031-8015-3256
광양	전남 광양시 광양읍1008-12	061-761-3751
역삼중앙	서울 강남구 역삼동668-1	02-552-6882
고리	울산 울주군 서생면 신암리 1114-71	052-238-7770
예산	충남 예산군 예산읍 주교리182-2	041-333-8872
용인양지	경기 용인시 처인구 양지면양지리 575-4	031-338-3541
청평	경기 가평군 청평면 청평리 389-1	031-584-8754
전남도청	전남 무안군 삼향면 남악리 1532 1층	061-287-4549
부천	경기 부천시 원미구 심곡동164-12	032-663-8463
대구중앙	대구 남구 대명동1791-2,1791-4,1791-14,1791-41	053-622-2353~
정남	경기 화성시 정남면 괘랑리 920-5	031-352-8721
부산화명	부산 북구 화명동2276-4 큐빅스타워 203	051-365-2500
부산양정	부산 부산진구 양정동365-8	051-851-7558
광주북구	광주 북구 삼각동660-4	062-572-5810
창원테크노파크	경남 창원시 성산동77-1 창원SK테크노파크넥스존 B120	055-600-6500
부산평화	부산 남구 용당동477-1	051-625-3426
수원산업단지	경기 수원시 권선구 고색동950 골든프라자 118	031-227-7262
종로	서울 종로구 관철동7-1 대명빌딩지하1층	02-739-0096
부산중앙	부산 연제구 연산동707-14	051-865-5463
포항연일	경북 포항시 남구 연일읍 생지리 204	054-615-3535
분당효자	경기 성남시 분당구 서현동298-3	031-708-3348
광주광산	광주 광산구 월계동868-1 NH메디타워 101호	062-972-4909
의왕현대	경기 의왕시 삼동460-30(현대로템 B1)	031-462-2027
고창	전북 고창군 고창읍 읍내리 204	063-564-3705
광주수완	광주 광산구 수완동1473	062-959-5595
교하	경기 파주시 교하읍 동패리 1696-2 이지타운206호~207호	031-945-8303
영천	경북 영천시 야사동290-1	054-337-3800
화곡	서울 강서구 화곡동1051-27	02-2607-4733
오피스알파원주	강원 원주시 단구동1516-3 이룸빌딩1층	010-6275-8785
양주고읍	경기 양주시 광사동657 메가시티상가 105	031-841-8825
백암	경기 용인시 처인구 백암면 근창리 10	031-323-3579

전남대리	광주 서구 화정동23-15 (금호하이빌24호)	0623618001
제주본부	제주 제주시 삼도2동124	0647511124
광주지부	광주 서구 매월동952	0626829480
대전롯데	대전 서구 괴정동423-1 롯데백화 지하1층	042-536-0447
오피스알파__관악	서울 관악구 봉천동874-4 벽송빌딩 1층	02-883-7100
상주	경북 상주시 남성동10-5	054-535-9818
부평역	인천 부평구 부평동224-1 부평 중앙지하상가 다 - 56	032-526-8700
노량진역	서울 동작구 노량진동59-30	02-813-7575
구의역	서울 광진구 구의동246-63 덕우빌딩 102	02-3436-8536
하계	서울 노원구 하계동251-4 1층 101호 알파하계	02-948-2500
대동사(인천)	인천광역시 중구 인현동 17대동사	032-763-0121
흑석	서울 동작구 흑석동223-66 중앙대학교 정문	02-814-8966
장충	서울 중구 장충동1가54-1 분도빌딩 1층 103호	02-2267-3700
대덕테크노	대전 유성구 관평동810 2층	042-933-7474
뱅뱅사거리	서울 서초구 서초동1338-20 현대렉시온 오피스텔B-119	02-521-3520
역삼빅웨이	서울 강남구 역삼동677-25	02-527-0023
안성	경기 안성시 인지동414-1	031-675-6277
수원팔달	경기 수원시 팔달구 매산로2가65-4 1층	031-257-8505
동교	서울 마포구 동교동147-6	02-333-7355
합정	서울 마포구 서교동지하1층	02-337-6730
합정역	서울 마포구 합정동412-4	02-3143-0120
명지대	서울 서대문구 남가좌동344-1	02-306-1415
자양	서울 광진구 자양동661-34	02-444-4590
방배	서울 서초구 방배동868-22	02-596-0096
창동	서울 도봉구 창동74-9 1층	02-905-9141
대전전민	대전 유성구 전민동360-1	042-862-2541
숙대	서울 용산구 청파동2가71-88 명신프라자 B1	02-704-5250
양산	경남 양산시 물금읍 범어리687-7	0553846784
단국대	경기 용인시 수지구 죽전동1328-4 단대프라자2 지하 1층	031-889-2236
서산남부	충남 서산시 동문동194-10	041-662-3101
구리인창	경기 구리시 인창동458-20 지층2/1	031-563-0306
보령	충남 보령시 대천동153-1	041-935-3936
동두천	경기 동두천시 지행동721-2 지행역프라자202~203호	0318581377
영등포역	서울 영등포구 영등포동3가7번지 지하1층	02-777-0114
고성	경남 고성군 고성읍 성내리 164-4	055-672-0661
순천(신)	전남 순천시 매곡동38-10번지	061-751-6400
양구	강원 양구군 양구읍 상리227-77	0334818859
주엽	경기 고양시 일산서구 주엽동태영프라자 지하1층	0319249510
진천	충북 진천군 진천읍 읍내리 571번지	043-536-2030
서초법원	서울 서초구 서초동1696-11번지 서일빌딩지하1층	02-3487-5200
화서제일1	경기 수원시 팔달구 화서동743번지 203동 102~103호	031-292-9681
계룡	충남 계룡시 엄사면 엄사리180-1	042-551-1509
익산	전북 익산시 신동762-28	0638413332
녹산용원	경남 진해시 용원동1119-12	0555472552
삼송	경기 고양시 덕양구 삼송동28-1	02-381-0191
강남대	경기 용인시 기흥구 구갈동581-2 명문프라자	031-212-4181
서초구청	서울 서초구 서초동1364-38~39	02-587-3515
양평	경기 양평군 양평읍 공흥리 468-7 외 3필지	031-775-7762
나주	전남 나주시 금성동11	061-333-3252
대천	충남 보령시 동대동1534	041-932-6436
천안서북구	충남 천안시 성거읍 저리 57-25 대주프라자 1층 108	041-568-0980
영업부	서울 강남구 논현동237-10 서진빌딩 4층	02-514-9884

영업	경기 화성시 향남읍 장짐리 360-1	010-9039-1486
테스트체인	광주 동구 용산동11111	011-111-1111
중부물류	대전 동구 삼성동302-134	042-635-0096
강남본부	서울 강남구 도곡동543번지 동신빌딩	02-3462-0096
알파몰__강북본부	서울특별시 용산구 이촌동302-64번지 장미맨션 알파(주)	02-797-0096
MS본부	경기 고양시 일산동구 장항동11	031-932-7100
오피스알파__금천	서울 금천구 가산동60-17 백상스타타워 1차 1층 103호	02-6333-6500
오피스알파__이천광주	경기 이천시 증포동106	031-635-6610
오피스알파__파주	경기 파주시 금촌동937-22	031-949-1115
경리	경기 용인시 처인구 역북동585	031-333-2476
오피스알파__구로	서울 구로구 구로동192-22 에이스테크노타워 5차 104	02-859-0557
강남 터미널	서울 서초구 반포동19-1 귀금속타운 B1	02-3472-0096
테스트	서울 강남구 삼성동1	02-111-1111
삼척	강원 삼척시 남양동32-12번지	033-573-0003

여기에서 제시한 업체들 외에도 오피스디포, 드림오피스, 오피스웨이, 국민서관, 페이펄 문구 등 다양한 업체들이 있으며, 학교 인근의 문구점, 대형마트, 미술재료점 등에 대해서도 위치와 운영시간 등을 실습 전에 알아보시면 도움이 됩니다.

3. 교수학습 관련 사이트

사이트명	내용	URL
국립특수교육원	특수교육관련 정보, 자료실 운영	https://www.knise.kr
특수교육지원센터 지원사이트	특수교육지원센터간 연계와 지원을 위한 다양한 자료제공	https://support.knise.kr
아이소리	교사도우미 자료실(학습, 학급운영, 멀티미디어, 소프트웨어 등)	http://www.isori.net
이얍(E-YAB)	시각장애인용 멀티미디어 학습시스템 제공	https://blind.knise.kr
손오공의 특수교육	각 교과자료, 학급경영, 주제학습, 통합학급, 장애이해 등 자료제공	http://speedu.cafe24.com
키세넷	학습자료, 멀티미디어 자료, 온라인교과서 등	http://www.kysenet.org
에듀에이블	학습자료, 학급경영자료, 교육용프로그램자료 외	https://www.eduable.net
알자넷	특수교육과 관련한 다양한 소식, 뉴스 등	http://www.alza.net
초등참사랑	초등과정 학급경영, 학년별 자료	http://www.chocham.com
꺼야꺼야 할꺼야	통합교육 중심의 특수교육 자료실	http://www.gguya.com
어린이꿈 연구소	특수교육실습, 수업 등과 관련한 자유로운 상담	http://www.childdream.com
경기북부특수교육정보자료실	교수학습자료 안내	http://www.kyseninfo.or.kr/

*각 지역교육지원청이나 특수교육지원센터 홈페이지를 방문하시면 더 많은 특수교육 관련 자료들을 얻을 수 있습니다.

4. 수업지도안 예시

여기에서 제시하는 수업지도안은 모범지도안이 결코 아닙니다. 단지 다양한 학교에서, 다양한 대상으로 어떻게 실습지도안을 작성하는지 보여주기 위한 것으로 여러 학교의 실습생들이 작성한 실례입니다. 따라서 지도안들은 실습지도 선생님으로부터 조언을 받아 연구수업을 위해 최종 사용된 것들입니다.

• 수업지도안 예시-1

결재	지도교사	부 장	교 감	교 장

체육과 교생 수업연구 지도안

단 원: 3. 놀이 · 게임 (2/2)
주 제: 여러 가지 전래놀이 하기

일 시	2000년 ○월 ○일 요일 4교시
장 소	5학년 ○반 교실
대 상	5학년 ○반 (남 ○명, 여 ○명, 계 ○명)
지도 교사	박 ○ ○ 선생님
교육실습생	오 ○ ○ (인)

○ ○ ○ ○ 학 교

목 차

Ⅰ. 단원명

1. 단　　원 : 3. 놀이 · 게임
2. 주　　제 : ❹ 여러 가지 놀이알기
3. 제　　재 : 여러 가지 전래 놀이하기

Ⅱ. 단원 개관

1. 주제 및 활동 설정의 이유

놀이와 게임 활동은 아동의 신체적, 정신적, 사회적 성장 발달에 큰 도움을 주는 교육 활동이다. 놀이 활동의 이해, 전개 익히기, 놀이 시설 이용하기, 여러 가지 놀이 알기, 스포츠 활동에 관심을 가지고 참여하는 것은 신체 활동을 발전시키고 사회성을 키우는 데 매우 중요하다. 뿐만 아니라 놀이 활동을 통해 어릴 때부터 성장 과정에 맞는 근력 발달과 협응 능력, 협동, 단체 생활에 필요한 규칙과 질서를 배울 수 있다. 이 단원에서는 놀이 활동 및 게임을 통해 가정과 학교, 사회에서 필요한 과제를 제시하여 신체적 발달과 정신적 발달을 촉진하는 데 목적이 있다.

2. 단원의 전개

1) 단원의 학습 목표

① 놀이에 참여하는 자세를 기른다.
② 놀이 기구를 사용하고 정리한다.
③ 놀이 및 게임 활동에 참여한다.
④ 게임 규칙을 알고 실천한다.
⑤ 스포츠 활동에 관심을 가지고 스포츠에 참여하여 체력을 기른다.
⑥ 응원을 통해 즐거움을 안다.

3. 단원의 학습 계열

1 단계	2 단계	3 단계
· 놀이 활동 알아보기 · 놀이 방법 익히기 · 놀이 시설 이용하기 · 여러 가지 놀이 알기 · 스포츠 활동에 관심 갖기	· 여러 가지 놀이하기 · 계절 놀이하기 · 놀이 및 게임하기 · 스포츠 활동에 참여하기	· 게임 및 스포츠 활동에 참여하기 · 여러 가지 여가 활동하기

4. 단원의 지도계획

소단원	제재	활동 내용	시수
놀이 활동 알아보기	놀이와 관련된 동작해 보기	-놀이 대형과 질서 동작 익히기	1
	놀이에 사용하는 용품 알아보기	-공의 종류를 알아보고, 지시하는 공 찾기 -여러 가지 운동 용품 찾기	1
	놀이 활동 후 주변 정리하기	-놀이 기구 정리하기	1
놀이 방법 익히기	공을 이용하여 여러 가지 놀이하기	-공놀이하기 -공 튀기기 -큰 공 가지고 놀이하기	1
	기구를 이용하여 놀이하기	-스쿠터보드와 자전거 타기 -비행접시 놀이	2
놀이 시설 이용하기	실내외 놀이 시설 이용하기	-그네타기와 시소놀이 -정글짐과 줄사다리 오르기 -실내 놀이 기구 이용하기	3
여러 가지 놀이 알기 (본시)	여름에 물놀이하기	-물놀이 준비하기 -물속에서 놀이하기	3
	겨울 놀이하기	-눈썰매타기 -얼음 썰매 타기 -눈사람 만들기 -눈을 이용하여 모양 만들기	2
	여러 가지 전래 놀이하기	-투호, 널뛰기, 제기차기, 원통쌓기, 등씨름 놀이	2
스포츠 활동에 관심 갖기	운동 경기장과 사용하는 용품 알기	-경기장과 용품 알기	8
	질서를 지키며 운동 경기 관람하기	-운동 경기장의 특징 알아보기 -경기장의 정보 검색과 입장권 구입하기 -관람 질서 지키기	6
	자신이 좋아하는 팀 응원하기	-종목별 팀 구성과 좋아하는 팀 검색하기	2

5. 본시지도를 위한 교재연구

① 놀이의 재미를 얻기 위해서는?

놀이를 이해하는 방법	설 명
놀이방법의 이해	놀이의 규칙과 방법을 아는 것이다. 기계적인 이해를 필요로 하는 것으로 낮은 단계의 놀이 이해 방법이다.
놀이상황의 이해	놀이판 안에서 벌어지는 상황을 이해하는 것이다. 예를 들면, '얼음 땡' 놀이에서 술래의 위치를 알고 도망갈 것인지, 얼음을 외칠 것인지, 친구를 도와줄 것인지에 대한 상황을 판단하는 것이다.
놀이하는 사람간의 관계 이해	놀이 상황 안에서 친구들을 관찰하고 서로간의 관계를 이해하는 것이다. 빠른 사람, 힘이 센 사람, 전략적인 사람 등 친구들의 특징을 잘 파악하고 그 관계를 아는 것이다.

* 놀이 방법의 이해에 해당하는 대표놀이는 '딱지'이다. 딱지놀이를 위해서는 딱지를 접는 방법과 상대편의 딱지를 쳐서 넘기는 방법을 알아야 한다. 이를 위해서는 딱지치기 기술이 필요한데 기술은 많은 연습을 통해서 얻어지게 된다. 좀 더 재미있게 연습할 수 있는 기회를 가지도록 하기 위해서 아이들에게 상대편 딱지를 뒤집어 따먹는 것이 어려운 친구들을 위해 우리끼리 규칙을 다시 만들어 모든 친구들이 함께 딱지 따먹기를 할 수 있도록 지도한다. (예를 들면, **이는 딱지를 맞추기만 해도 딱지를 뒤집는 것으로 인정하자!, **이와 딱지 따먹기를 할 때에는 딱지를 날려 멀리 나가는 사람이 이기는 것으로 하자!) 또한, 아이들에게 성취감을 맛보게 하기 위해서 정해진 개수의 딱지를 딴 아이들에게 '황금딱지'로 교환해주어 놀이 방법을 자연스럽게 이해할 수 있도록 한다.

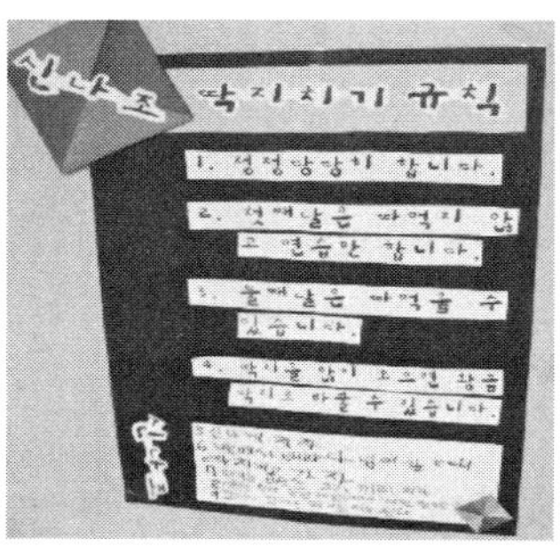

〈우리끼리 정한 딱지치기 규칙〉

〈딱지치기 규칙〉

1. 정정당당히 합니다.
2. 첫 시간에는 따먹지 않고 연습만 합니다.
3. 둘째 시간에는 따먹을 수 있습니다.
4. 딱지를 많이 모으면 황금딱지로 바꿀 수 있습니다.

(기준: 2학년 10개, 3•4학년 15개, 5•6학년 20개)

6. 단원의 유의점 및 평가

1) 단원 전개상의 유의점

여러 가지 놀이 게임 및 스포츠를 할 수 있도록 놀이 활동 수업을 단계적으로 지도한다. 놀이와 스포츠 종목에 대한 시범을 보이고 따라 할 수 있게 한다. 개인 놀이와 스포츠, 단체 놀이와 스포츠 활동을 통해 개개인의 잠재 능력을 개발하여 사회성과 협동심을 기를 수 있게 지도한다.

2) 단원의 학습의 평가

(1) 놀이 대형을 구분하는가?

(2) 공의 종류를 구분하고, 공놀이에 적극적으로 참여하는가?

(3) 운동 기구를 정리하는가?

(4) 놀이 시설을 이용하고, 놀이 활동에 적극적으로 참여하는가?

(5) 스포츠 활동에 관심을 가지는가?

(6) 좋아하는 팀의 정보를 알아보고 응원 활동에 참여하는가?

Ⅲ. 아동의 실태

1. 학급실태

1) 대 상 : 5학년 ○반 (남 ○명, 여 ○명 계 ○명)

2) 방 법 : 관찰 및 면접

2. 아동 구성 및 특성

번호	이 름	성별	생활 연령	발달 연령	본시 학습 관련 수행 수준	집단
1	김OO	남			교사의 물음에 대답을 잘 하고 대부분의 일상적인 의사소통이 가능하며 질의응답이 가능하다. 신체적인 움직임이 많은 활동에 적극적으로 참여한다.	가
2	김OO	남			행동이나 움직임으로 여러 가지 학습과 관련된 부분에서 자신의 감정이나 의견을 적극적으로 표현하나 가끔씩 과잉행동을 보이는 경우가 있다.	가
3	박OO	남			다양한 언어 표현에는 제약이 있으나 수업에는 적극적으로 참여한다. 하지만 기분에 따라 수업의 참여 의지가 좌우되는 경향이 있다.	가
4	부OO	남			평소에 매우 조용한 편이고 다양한 언어표현에 제약이 있으며 신체적인 움직임이 많은 활동에도 매우 소극적인 편이다.	나
5	유OO	여			학습욕구가 생길 때 주로 수업에 적극적으로 참여하며 자신의 감정이나 의견을 매우 적극적으로 표현한다. 신체적인 움직임이 많은 활동에서는 일반적으로 잘 참여한다.	나
6	윤OO	여			교사의 물음에 대답을 잘하고 대부분의 의사소통이 가능하다. 신체적인 움직임이 많은 활동에 적극적으로 참여하지만 질서와 규칙이 있는 놀이에 대한 학습은 아직 부족한 편이다.	가
7	조OO	남			보조교사의 언어적·신체적 도움을 받아 여러 활동을 할 수 있으며 간단한 지시는 잘 따르나 지루해지면 수업 중 밖으로 뛰쳐나가거나 교실 안을 돌아다닌다.	나

Ⅳ. 본시 학습 지도

1. 본시 교수-학습 지도안

<table>
<tr><td>일 시</td><td colspan="2">20○○년 ○월 ○일(화)4교시</td><td>대 상</td><td>5학년○반</td><td>교 사</td><td>오 ○ ○</td></tr>
<tr><td>단 원</td><td colspan="4">3. 놀이 • 게임 (기본교육과정 체육 I 단계)</td><td>차 시</td><td>2/2</td></tr>
<tr><td>주 제</td><td colspan="6">여러 가지 전래놀이 하기</td></tr>
<tr><td rowspan="3">학습 목표</td><td colspan="2">전체목표</td><td colspan="4">친구들과 규칙을 정해 딱지치기를 할 수 있다.</td></tr>
<tr><td rowspan="2">개별 목표</td><td>㉮모둠</td><td colspan="4">친구들과 규칙을 정해 딱지치기를 할 수 있다.</td></tr>
<tr><td>㉯모둠</td><td colspan="4">교사의 도움을 받아 친구들과 규칙을 정해 딱지치기에 참여할 수 있다.</td></tr>
</table>

단계	교수 · 학습 활동				시간(')	자료(㉶) 및 유의점(㋴)
	학습 내용	교 사	학 생			
			㉮ 모둠	㉯ 모둠		
도입	학습 분위기 조성	◎ 인사하기	-인사 노래를 부르면서 큰 소리로 인사한다.	-교사와 눈을 마주친다.	2'	
	전시 학습 상기	◎ 전시학습 상기하기 -지난 시간 함께 만든 딱지를 보여주기	-교사를 바라보면서 교사의 물음에 대답한다.			
	동기 유발	◎ 도깨비 이야기 -본시 학습과 관련된 동기유발 자료 제시	-화면을 바라본다.		3'	㉶ 도깨비 영상자료
	학습 문제 제시	◎ 학습 문제 제시하기 -학습 문제 읽기	-학습문제를 함께 읽는다.	-학습 문제를 바라본다.	1'	㉶ 학습 문제 제시자료(ppt)
		친구들과 규칙을 정해 딱지치기를 할 수 있다.				
전개	활동 1	◎ 딱지치기 규칙 정하기 -딱지치기를 시작하기 전에 딱지치기 놀이에 대하여 설명하고 친구들과 함께 규칙 정하기	-친구들과 함께 딱지치기 규칙을 정한다.	-교사의 도움을 받아 딱지치기 규칙을 정한다.	6'	㉶ 딱지치기 규칙판
	활동 2	◎ 친구들과 번갈아가며 딱지치기 -친구들과 한 명씩 번갈아가면서 딱지를 칠 수 있도록 안내하기	- 친구들과 번갈아가며 딱지치기를 한다.	- 교사의 시범을 보고 친구들과 번갈아가며 딱지치기를 한다.	10'	㉶ 딱지, 딱지 지갑
	활동 3	◎ 황금딱지로 교환하기 -정해진 규칙을 잘 지킨 아동의 우유팩 딱지를 황금딱지로 교환하기	-자신이 따야 할 딱지를 모아 황금딱지로 교환한다.		10'	㉶ 황금 딱지
정리	정리 및 평가 차시 예고	◎ 학습 내용 정리하기 -도깨비 영상자료를 제시하여 학습내용 정리하기 ◎ 차시 예고 -다음 시간에 공부할 내용을 설명하기 ◎ 인사하기	-도깨비 영상자료를 잘 보고 교사의 말을 귀담아 들으며 오늘 함께한 활동을 정리해 본다. -교사의 말에 귀 기울인다. -다 함께 인사한다.		8'	㉶ 도깨비 영상자료, 도깨비의 선물

2. 본시 교수-학습을 위한 교실 배치도

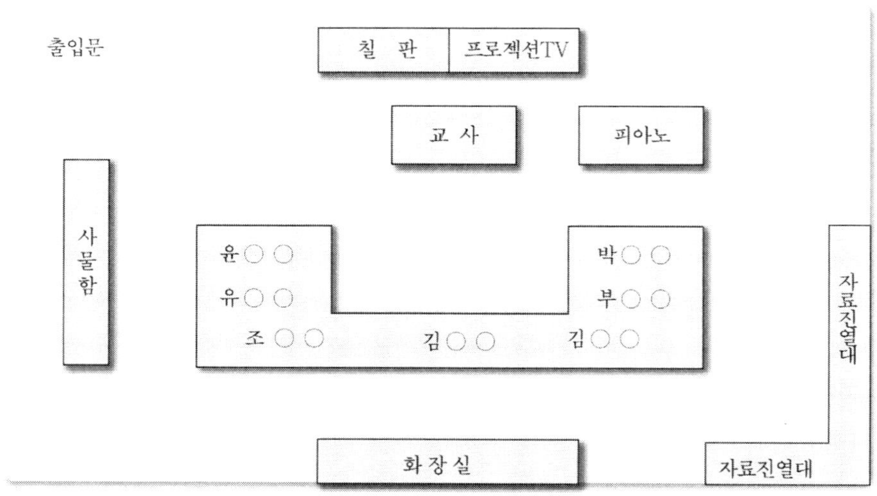

3. 본시 학습 평가

<table>
<tr><td rowspan="12">평
가</td><td rowspan="2">평가
목표</td><td>㉮모둠</td><td colspan="6">친구들과 규칙을 정해 딱지치기를 할 수 있다.</td></tr>
<tr><td>㉯모둠</td><td colspan="6">교사의 도움을 받아 규칙을 정해 딱지치기에 참여할 수 있다.</td></tr>
<tr><td>평가
방법</td><td>㉮
㉯</td><td colspan="6">· 관찰
· 과제 수행 정도</td></tr>
<tr><td rowspan="9">평
가
기
준</td><td rowspan="4">㉮모둠</td><td rowspan="4">김OO
박OO
부OO
윤OO</td><td rowspan="4">규칙을 정해 딱지치기에 참여할 수 있다.</td><td>1</td><td>2</td><td>3</td><td>4</td></tr>
<tr><td>1</td><td>2</td><td>3</td><td>4</td></tr>
<tr><td>1</td><td>2</td><td>3</td><td>4</td></tr>
<tr><td>1</td><td>2</td><td>3</td><td>4</td></tr>
<tr><td>평가
준거</td><td colspan="6">·4 - 90% 이상 혼자 할 수 있다
·3 - 70% 이상 혼자 할 수 있다.
·2 - 30% 이상 혼자 할 수 있다.
·1 - 50% 이상 혼자 할 수 있다.</td></tr>
<tr><td rowspan="3">㉯모둠</td><td rowspan="3">김OO
유OO
조OO</td><td rowspan="3">교사의 도움을 받아 규칙을 정해 딱지치기에 참여할 수 있다.</td><td>1</td><td>2</td><td>3</td><td>4</td></tr>
<tr><td>1</td><td>2</td><td>3</td><td>4</td></tr>
<tr><td>1</td><td>2</td><td>3</td><td>4</td></tr>
<tr><td>평가
준거</td><td colspan="6">·4 - 교사의 도움을 받아 70% 이상 혼자 할 수 있다.
·3 - 교사의 도움을 받아 50% 이상 혼자 할 수 있다.
·2 - 교사의 도움을 받아 30% 이상 혼자 할 수 있다.
·1 - 교사의 도움을 받아도 하지 못한다.</td></tr>
</table>

4. 판서 계획

3. 놀이 • 게임 (2/2) ♠ 학습문제 : 친구들과 규칙을 정해 딱지치기를 할 수 있다.

•수업지도안 예시-2

Ⅰ. 단원의 개관

1. 단원명

가. 대단원: 16. 환경을 깨끗하게 해요
나. 영 역: 기본교육과정 국어Ⅰ수준
다. 제 재: 쓰레기 분리하기

2. 단원의 개관

대부분의 학생들은 부모의 과보호에 의해 의존적이며, 자신이 할 수 있는 주변의 사소한 일도 다른 사람에게 미루는 경향이 있다. 이러한 학생들은 주변 환경을 둘러보고 사회생활에 적응하려는 의지가 약하고, 일상생활에서 항상 접하는 쓰레기 처리 문제에 직면해서도 문제 해결에 대처하는 노력과 방법이 미숙하다. 그래서 일상생활에서 발생하는 쓰레기의 처리 방법과 쓰레기를 지정된 곳에 버리는 습관을 형성하게 하는 것은 교육적으로 의의가 있다.

이 단원의 목적은 쓰레기의 바른 처리 방법을 알고 실천하는 것이 민주 시민으로서 지켜야 할 의무이고 타인에 대한 배려이며, 이것이 곧 공동체 구성원 모두에게 이익이 되어 결국 자신을 위하는 일이라는 사실을 깨닫게 하는데 있다. 이를 통해 학생들로 하여금 자기 주변에서 발생하는 쓰레기의 양을 줄이고, 분류, 배출하여 재활용하는데 적극 동참할 수 있도록 한다.

이 단원에서는 가정생활을 중심으로 생활 쓰레기를 분리 배출하는 방법에 중점을 두고, 깨끗한 환경의 중요성에 대한 기초적인 이해를 돕는데 중점을 두고 지도하도록 한다.

3. 단원의 목표

일회용품과 음식물 쓰레기를 줄여 깨끗한 환경을 만들며, 쓰레기와 재활용품을 구별하여 분리해서 지정된 곳에 버린다.

· 깨끗한 환경의 좋은 점과 나쁜 점을 이야기한다.
· 쓰레기와 재활용품을 구별하여 분리해서 버린다.
· 생활 주변에서 볼 수 있는 쓰레기를 종류별로 분류한다.

4. 단원의 연계

단계	단 원 명	활 동 명
1	1. 맛있게 먹어요	1. 식사를 마친 뒤 정리 정돈하기
2	16. 절약과 재활용	3. 자원 재활용 실천하기 4. 재활용품 순환 과정 알기
3	17. 자원 절약	2. 자원 절약하기 3. 환경오염 예방하기

5. 단원의 지도계획

차시	제 재	주요 내용 및 활동
1	깨끗한 환경 알기	· 깨끗한 환경 알기 · 깨끗한 환경을 위해 할 수 있는 일 찾기
2	쓰레기 줄이기	· 생활 주변에서 볼 수 있는 쓰레기 알기 · 쓰레기 줄이는 방법 알기
3	쓰레기 분류하기	· 같은 종류의 재활용 쓰레기 찾기 · 재활용 쓰레기의 종류 알기 · 생활 주변에서 볼 수 있는 쓰레기를 종류별로 분류하기

6. 지도상의 유의점

가. 쓰레기 처리 시 재활용할 물건과 일반 쓰레기를 구분하여 버리는지 확인한다.
나. 깨끗한 환경을 위해서 학급별로 할 수 있는 환경 실천 활동을 기록한다.
다. 쓰레기 분리수거함에 부착된 그림과 글자를 보고 바르게 맞추었는지 점검한다.
라. 쓰레기의 종류를 알고, 쓰레기를 섞지 않고 분류하여 쓰레기봉투나 재활용 분리수거함에 제대로 버렸는지 수시로 확인하고 점검을 유지한다.
마. 학교나 가정에서 모아 놓은 쓰레기를 재활용 분리수거함에 분류하도록 한다.
바. 쓰레기 처리 방법은 각 학교와 가정마다 조금씩 차이가 나므로 고착화되는 행동 양

식으로 지도하지 말고 여러 가지 유형을 함께 지도한다.

사. 가정에서는 부모님이 각 가정에 알맞은 쓰레기 처리 방법을 가르치도록 연계해서 지도한다.

아. 자원을 절약하는 습관이 생활화되도록 꾸준히 지도한다.

자. 쓰레기 분리수거를 생활화하며, 청결을 유지하는 습관이 형성되도록 생활 지도를 반복한다.

7. 단원의 평가계획

가. 깨끗한 환경의 좋은 점을 이야기 듣고 이해하는가?

나. 분리수거 작업을 바르게 꾸준히 실행하는가?

다. 생활 주변에서 볼 수 있는 쓰레기를 종류별로 구별하는가?

라. 쓰레기봉투에 일반 쓰레기와 재활용 쓰레기를 분류하여 버리는 활동을 하는가?

마. 생활 속에서 나온 쓰레기를 종류별로 구별하여 처리하는가?

바. 쓰레기봉투에 일반 쓰레기와 재활용 쓰레기를 분류하여 버리는 활동을 하는가?

8. 생활 및 가정과의 연계

가정에서 자연스럽게 절약하는 생활 습관을 길러 물건을 아껴쓸 뿐만 아니라 생활 속에서 쓰레기를 분리하여 버려 쓰레기의 양을 줄이고, 또한 다시 사용하는 것을 실천할 수 있도록 한다.

9. 특수교육보조원 활용계획

스스로 수업의 과제를 해결하기 어려운 학생을 보조하며 지도계획에 따라 활동과정에서 학생이 참여할 수 있도록 언어적 · 신체적 촉구를 제공한다. 또한 수업에 집중하기 어렵고, 쉽게 주의가 산만해지는 학생의 자세를 교정해 주어 활동과정에서 수업에 적극 참여할 수 있도록 조력한다.

10. 좌석 배치도

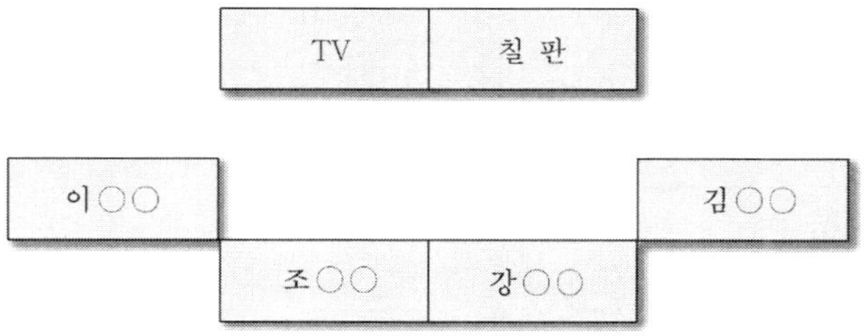

Ⅱ. 본수 교수학습 활동 계획

1. 본시 관련 학생 실태

이름	성별	장애영역	본시 학습 관련 수행 수준	행동특성
강○○	남	지적장애 1급	-쓰레기를 스스로 버릴 수 있음. -지시를 잘 이해하고 따름. -풀질과 가위질을 잘 하고 손동작과 행동이 빠름. -집중력이 떨어짐.	-할 수 있는 과제라도 처음에는 자신감 없는 표정을 지음. -행동이 민첩하고 수업 수행능력이 뛰어남. -친구들을 잘 도움.
김○○	남	정신지체 1급 (청각장애)	-쓰레기를 스스로 버릴 수 있음. -풀질과 가위질은 도움을 받아야 할 수 있음. -시키면 곧 잘 따라 하지만 스스로 하기는 힘듦.	-수업 중에 집중하여 듣는 편이기는 하나 수업 중 화장실을 가는 경우도 종종 있음. -수업의 과제를 수행할 때 보조가 필요함. -반향어를 가끔 사용함.
이○○	남	뇌병변 장애 1급	-쓰레기를 스스로 버릴 수 있음. -소리 나는 쪽으로 관심을 기울임. -풀질과 가위질이 서툴기는 하지만 보조를 조금 받으면 할 수 있음. -교사의 지시를 어느 정도 이해할 수는 있으나 컨디션에 따라 행동을 달리함.	-수업에 관심이 없고 싫증을 잘 느낌. -착석은 잘 되나 자리에서 일어나 활동하는 것을 싫어함. -반복적인 언어를 사용함 -고집이 세며 말과 행동이 느림.
조○○	남	지적장애 2급	-쓰레기를 스스로 버릴 수 있음 -풀질과 가위질이 서툴지만 할 수 있음. -깔끔한 편이라 지저분한 것을 싫어함 (주변 정리정돈을 잘함) -지시를 잘 따르고 착석을 잘함.	-처음에는 수업 중 활동에 나서기 두려워하나 친구가 앞서 시범을 보이면 곧잘 활동함. -수업시간 중 집중력이 높고 노래 부르기와 춤추기를 좋아함. -교사의 설명이나 이야기를 이해하기에 큰 어려움은 없으나 표현언어의 발음이 불명확함.

2. 본시 교수 · 학습 지도안

<table>
<tr><td>일 시</td><td>○○년○월○일(화)2교시</td><td>교 과 서</td><td>사회 1</td><td>수 업 자</td><td>윤 ○ ○</td></tr>
<tr><td>대 상</td><td>초등부 1학년 ○반(남4,여0,계4명)</td><td>학습장소</td><td>1-1 교실</td><td>지도교사</td><td>최 ○ ○</td></tr>
<tr><td>단 원</td><td colspan="3">16. 환경을 깨끗하게 해요</td><td>차 시</td><td>1/3</td></tr>
<tr><td>제 재</td><td colspan="3">쓰레기 분리하기</td><td>교 과 서
쪽 수</td><td>사회 1
236~238</td></tr>
<tr><td rowspan="3">학습목표</td><td colspan="5">쓰레기의 종류를 알고 각각 나누어 버릴 수 있다.</td></tr>
<tr><td>(가) 강○○
조○○
이○○</td><td colspan="4">◈ 쓰레기의 종류를 알고 각각 나누어 버릴 수 있다.</td></tr>
<tr><td>(나) 김○○</td><td colspan="4">◈ 그림을 보고 쓰레기를 각각 나누어 버릴 수 있다.</td></tr>
</table>

<table>
<tr><td rowspan="3">학습단계</td><td rowspan="3">학습내용</td><td colspan="3">교수-학습활동</td><td rowspan="3">시량</td><td rowspan="3">자료(㉶) 및 유의점(※)</td><td rowspan="3">보조원 활용 계획</td></tr>
<tr><td rowspan="2">교사활동</td><td colspan="2">학생활동</td></tr>
<tr><td>(가)</td><td>(나)</td></tr>
<tr><td rowspan="5">도입</td><td>인사하기</td><td>◎학습 분위기 조성하기
-노래로 인사하기</td><td colspan="2">-수업 시작송에 맞춰 인사를 한다.</td><td>2'</td><td rowspan="2">㉶음악자료, 궁금이 상자, 재활용품으로 만든 물건들</td><td rowspan="2">학생들이 바른자세로 앉았는지 확인하고 자세를 교정해 준다.</td></tr>
<tr><td>동기유발</td><td>◎궁금이 상자 보여주기
-궁금이 상자에 재활용품으로 만든 여러 가지 물건을 넣어놓고 하나씩 꺼내어 보여준다.
-무엇으로 만들었는지 설명한다.</td><td colspan="2">-바른자세로 앉아 교사의 설명을 듣는다.</td><td>2'</td></tr>
<tr><td rowspan="3">학습문제제시</td><td rowspan="2">◎ 학습 문제 제시하기
-학습문제를 읽어준다.</td><td colspan="2">-학습 문제 확인하기</td><td rowspan="3">1'</td><td rowspan="3">㉶ 학습문제판</td><td rowspan="3"></td></tr>
<tr><td colspan="2">-학습 문제를 듣는다.</td></tr>
<tr><td colspan="3">〈학 습 문 제〉
-가: 쓰레기의 종류를 알고 각각 나누어 버려보자.
-나: 그림을 보고 쓰레기를 각각 나누어 버려보자.</td></tr>
<tr><td rowspan="2">전개</td><td rowspan="2">학습활동안내</td><td>◎ 학습활동 안내하기
-학습활동을 읽어준다.</td><td colspan="2">-바른자세로 앉아 학습활동 안내를 듣는다.</td><td rowspan="2">1'</td><td rowspan="2">㉶학습활동판</td><td rowspan="2"></td></tr>
<tr><td colspan="3">〈학 습 활 동〉
〔활동 1〕 같은 종류의 쓰레기 알기
〔활동 2〕 쓰레기를 나누어 버리기</td></tr>
</table>

		〔활동 3〕 캔으로 장난감 자동차 만들기				
	활동 1	◎같은 종류의 쓰레기 알기 -캔, 플라스틱, 종이 등 여러 가지 쓰레기를 같은 것끼리 모아서 제시한다.	-교사를 바라본다.	8'	㉶캔, 플라스틱병, 우유팩 등	

학습단계	학습내용	교수-학습활동			시량	료(㉶) 및 유의점(※)	보조원 활용 계획
		교사활동	학생활동				
			(가)	(나)			
전개	활동 1	-실물을 통해 쓰레기 종류의 이름을 가르친다. -같은 종류의 쓰레기 붙임 딱지를 실물판에 붙이도록 지도한다.	-교사의 설명을 듣는다. -교사가 나누어준 붙임 딱지를 같은 종류의 실물 쓰레기 옆에 붙인다.	-교사의 설명을 듣는다. -언어적 촉구를 받아 교사가 나누어준 붙임 딱지를 실물 쓰레기 옆에 붙인다.		㉶학습판, 스티커 등	(나)모둠아동의 학습을 보조한다.
	활동 2	◎쓰레기를 나누어 버리기 -실물 쓰레기의 사진과 이름이 붙어있는 분리수거 쓰레기통의 쓰임을 설명한다. -학생들에게 각자 여러 종류의 쓰레기가 담긴 바구니를 나누어준다. -각자 자신이 나눈 쓰레기를 종류별로 분리수거 쓰레기통에 나누어 버리도록 지도한다. -분리수거 쓰레기통에 쓰레기가 바로 버려졌는지 점검한다.	-바른 자세로 앉아 교사의 설명을 듣는다. -교사가 나누어준 쓰레기 바구니를 받는다. -쓰레기를 적절한 분리수거함에 넣는다. -교사를 응시하며 설명을 듣는다.	-바른 자세로 앉아 교사의 설명을 듣는다. -도움을 받아 교사가 나누어준 쓰레기를 받는다. -언어적, 행동적 촉구를 받아 분리수거함에 붙은 사진을 보고 쓰레기를 넣는다. -교사의 설명을 듣	10'	㉶분리수거 쓰레기통, 캔·플라스틱 등의 종류별 쓰레기, 쓰레기 이미지 사진 등	(나)모둠의 아동이 쓰레기 분리수거함에 사진을 인지할 수 있도록 보조하고 자리에서 일어날 수 있도록 돕는다.

				는다.			
	활동 3	◎캔으로 장난감 자동차 만들기 -완성된 장난감과 만들기 재료를 소개한다. -학생들에게 각각 재료를 나누어준다. -만들기를 돕는다.	-바른 자세로 앉아 교사의 설명을 듣는다. -교사의 설명을 듣는다 -재료를 붙여 장난감 자동차를 꾸민다.	-바른 자세로 앉아 교사의 설명을 듣는다. -앞을 주시하여 교사의 설명을 듣는다. -도움을 받아 만들기를 완성한다.	13'	㉶캔, 캔두껑, 양면 테이프, 글루건, 색종이 등	(나)모둠 아동이 장난감 자동차를 꾸밀 수 있도록 돕는다.
정리	학습 정리	-학생 책상주변을 정돈시킨다. -만들기를 완성한 후 쓰레기를 분리하여 버리고 재활용하는 이유를 설명해 준다.	-주변정리를 한다. -교사의 설명을 듣는다.	-도움을 받아 주변을 정리한다. -교사의 설명을 듣는다.	2'		(나)모둠 학생에게 언어적 촉구를 한다.
	차시 예고	◎다음 차시 예고하기 17. 가족 행사에 참여해요.	-교사를 바라본다.	-교사를 바라본다.	1'		

3. 평가 계획

평가영역	평가관점		평가척도			평가방법	평가시기
			우수	보통	부족		
개별평가	가	쓰레기의 종류를 알고 각각 나누어 버릴 수 있는가?				관찰법, 수행평가	전개 및 정리과정
	나	그림을 보고 쓰레기를 각각 나누어 버릴 수 있는가?					
전체평가	1. 적극적인 태도로 학습활동에 참여하는가? 2. 교사의 지시에 따라 주어진 과제를 잘 수행하는가?					관찰법, 수행평가	수업 전 과정

• 수업지도안 예시-3

Ⅰ. 단원명 : 학교에서 할 일

Ⅱ. 단원의 개관

1. 단원 설정의 이유

발달 장애 아동에 대한 교육활동의 의의는 개개인의 인지적 영역의 발달과 더불어 사회적 능력을 유도하여 정상화된 생활을 경험하게 하고 사회에 통합되어 자립적으로 살아갈 수 있도록 하는데 있다. 장애인들도 사회의 구성원으로서 권리를 가지며 통합된 환경에서 살아가야 한다. 그들이 사회에 통합되어 자립적인 삶을 영위할 수 있기 위해서는 학교생활은 필수라고 할 수 있다. 특히 장애학생들에게 학교에서 자신이 할 일이 무엇인지 역할을 찾고 학급의 구성원으로 소속감을 가질 수 있는 경험을 가지도록 하는 것은 큰 의미가 있다. 자기결정력이 부족한 장애학생들에게 스스로의 역할을 찾도록 하는 것은 자아를 새롭게 인식하게 해주고 발전시켜 줄 것이다. 대부분의 학생은 학교생활에서 스스로 독립적인 생활을 하는 데 어려움을 보인다. 가정에서는 부모의 도움을 받아서 자신의 필요한 활동을 하고 도움을 받지만, 학교생활은 가정보다는 더 자립적인 생활을 하여야 한다. 따라서 학생이 학교에서 자립심을 키우고 스스로 일을 해 나가기 위해서는 학교에서 할 일을 구체적으로 학습하는 것이 필요하다. 그러나 특수교육대상 학생들은 스스로 생활하거나 할 수 있는 일을 찾는 것에 어려움을 가지고, 실생활에서의 활용 능력의 부족으로 학교에서 맡은 일과 스스로 할 수 있는 일들에 책임감을 가지는 것에 대한 학습의 어려움을 지니고 있다. 학교에서의 할 일을 알고 찾아내기 위한 기능은 다양한 장면과 상황에서 반복하여 학습되어야 한다. 그래야만 일반화의 어려움이 있는 장애학생들에게 습관적인 행동 양상으로 표출될 수 있을 것이다.

그러므로 본 단원은 반복 훈련을 통한 습관화를 통하여 학교에서 할 수 있는 일들을 이해하고 학생 스스로 자신의 역할을 찾을 수 있도록 하며, 더 나아가 생활 속에서 자신이 맡은 일에 대한 책임감을 가질 수 있도록 하기 위하여 설정하게 되었다.

2. 단원의 목표

가. 인지/이해면

1) 학교에 와서 수업 전에 준비할 일을 알 수 있다.
2) 학급에서 내가 맡아 할 수 있는 일을 알 수 있다.
3) 학교 식당 이용하는 방법을 알 수 있다.
4) 수업을 마치고 준비해야 할 일을 알 수 있다.

나. 기능면

1) 신발과 가방을 바르게 정리할 수 있다.
2) 교실에서 사용한 물건을 제자리에 둘 수 있다.
3) 식사 후 주변 정리를 할 수 있다.
4) 「스스로 할 수 있어요」 책을 만들 수 있다.

다. 태도면

1) 자발적으로 수업준비를 하는 자세를 가질 수 있다.
2) 사용한 물건을 자발적으로 제자리에 두는 자세를 가질 수 있다.
3) 올바른 식사 예절을 형성할 수 있다.
4) 스스로 정리정돈 하는 것에 흥미를 가질 수 있다.

3. 단원의 구성

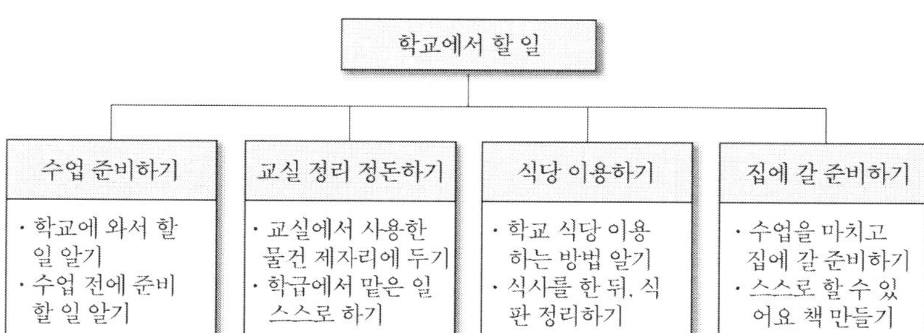

4. 차시별 주요활동

차시	주요활동	내 용	자료 및 유의점
1/8	학교에 와서 할 일 알기	·우리 학교의 모습을 살펴보기 ·학교안의 여러 공간 그림을 보며 무엇을 하는 곳인지 알아보기 ·상황그림에 맞는 행동 분류하기 각 공간의 이름을 듣고 제시된 사진에서 자신이 할 수 있는 여러 가지 일 찾기	자)ppt자료, 그림카드, 융판, 사진자료, 컴퓨터, tv유)학생들의 실제적인 경험을 생각할 수 있도록 비디오 자료나, 사진자료 등을 이용하여 지도한다.
2/8	수업 전 준비 할 일 알기	·학교에 등교하는 동영상 자료 시청하기 ·수업 전 내가 할 일의 그림을 순서대로 나열하기 ·수업 전 준비할 일 순서판 만들기	자)멀티미디어자료, 그림카드, 융판, 컴퓨터, tv 유)학생 개개인의 수준에 맞게 과제를 수정하여 제시하도록 한다.
3/8	교실에서 사용한 물건 제자리에 두기	·그림판을 이용하여 물건 제자리 찾기 ·두 가지 상황그림을 제시하여 바른 것과 바르지 못한 것에 대한 기분 표현하기 ·우리반 제자리 당번 찾기 ·제자리 당번 고리북 만들기	자)ppt자료, 사진자료, 그림판, 제자리 당번 명찰, 컴퓨터, tv 유)학생들이 흥미를 가지고 참여할 수 있도록 다양한 기분을 신체를 통해 표현해 내도록 지도한다.
4/8	학급에서 맡은 일 스스로 하기	·당번이 하는 일 알아보기 ·궁금이 상자에서 당번그림카드를 뽑아 역할에 맞는 행동하기 ·우리반 당번 표지판 만들기	자)ppt자료, 당번그림카드, 도화지, 색종이, 스티커, 나무막대, 글자 스티커, 컴퓨터, tv 유)학생이 맡은 일을 한 달 동안 한 가지 과제로 학생 순서대로 할 수 있도록 하여 맡은 일에 대한 충분한 숙지가 되도록 지도한다.
5/8	학교 식당 이용하는 방법 알기	·ppt자료를 보면서 설명 듣기 ·두 가지 상황 그림 중에서 바른 것을 찾 기 ·제시된 ppt자료를 보면서 OX 게임하기	자)ppt자료, 그림카드, 컴퓨터, tv 유)공공장소인 식당을 이용할 때에 남에게 피해를 주는 행등을 하지 않도록 상기시키면서 지도한다.
6/8	식사를 한 뒤, 식판 정리하기	·식사 후 주변 정리를 하는 동영상 자료 시청하기 ·ppt자료를 보면서 설명 듣기 ·우리반 학생의 식당 이용하는 모습이 담긴 동영상을 제시하여 바른 것과 틀린 것 찾기	자)ppt자료, 그림카드, 컴퓨터, tv 유)학생들의 실제적인 모습을 반 학생들과 함께 보면서 간접경험을 통해 동기유발을 시켜 실천할 수 있도록 지도한다.
7/8	수업을 마치고 집에 갈 준비하기	·수업을 마치고 정리하는 동영상 자료 시청하기 ·교사가 제시하는 두 가지 그림 중에서 바른 것을 찾기 ·제시하는 상황그림에 맞는 글자 붙이기 ·오늘 할 일 알림장 꾸미기	자)멀티미디어자료, 그림카드, 글자 스티커, 스티커, 색연필, 컴퓨터, tv 유)학생 개개인의 수준에 맞게 과제를 수정하여 제시하도록 한다.
8/8	스스로 할 수 있어요 책 만들기	·학교에서 스스로 한 일에 알맞은 사진 찾기 ·색종이, 색연필, 파스텔을 이용하여 사진 꾸미기 ·사진에 맞는 할 수 있는 일 이름 붙이기 ·자신이 만든 책 친구들에게 소개하기	자)사진, 색종이, 색연필, 파스텔, 도화지 유)여러 가지 재료를 사용하여 자신이 한 일을 표현하는 것에 흥미를 가질 수 있도록 하며, 앞으로 계속해서 실천할 수 있도록 칭찬과 격려를 해주어 동기를 유발시킨다.

5. 단원 활동의 평가

가. 인지/이해면

1) 학교에 와서 수업 전에 준비할 일을 알 수 있는가?
2) 학급에서 내가 맡아 할 수 있는 일을 알 수 있는가?
3) 학교 식당 이용하는 방법을 알 수 있는가?
4) 수업을 마치고 준비해야 할 일을 알 수 있는가?

나. 기능면

1) 신발과 가방을 바르게 정리할 수 있는가?
2) 교실에서 사용한 물건을 제자리에 둘 수 있는가?
3) 식사 후 주변 정리를 할 수 있는가?
4) 스스로 할 수 있어요 책을 만들 수 있는가?

다. 태도면

1) 자발적으로 수업준비를 하는 자세를 가질 수 있는가?
2) 사용한 물건을 자발적으로 제자리에 두는 자세를 가질 수 있는가?
3) 올바른 식사 예절을 형성할 수 있는가?
4) 스스로 정리정돈 하는 것에 흥미를 가질 수 있는가?

6. 단원 지도상의 유의점

가. 학생이 스스로 해야 할 일의 목록을 정하여 꾸준히 실천할 수 있도록 지도한다.
나. 스스로 자신의 일을 하면 이에 대한 적절한 칭찬을 통하여 자신감을 가지도록 지도한다.
다. 주변을 깨끗이 하고 자기가 사용한 물건을 자연스럽게 제자리에 가져다 놓는 습관이 형성되도록 실습 위주의 반복 지도를 한다.
라. 학생이 스스로 하는 일들이 자연스러운 학급 장면에서 이루어지도록 지도한다.

Ⅲ. 제재의 활동 실제

1. 제재 명 : 교실 정리 정돈하기

2. 학급실태 및 학생현황

가. 학급실태

본 학급은 7-9세 사이의 남학생 3명과 여학생 3명으로 구성된 초등학교 1학년 반이다. 장애 유형별로는 지적장애 2명, 뇌병변 1명, 중복장애(시각+지적장애 : 1명, 지체+뇌병변+시각 : 1명, 지체+뇌병변+시각+청각 : 1명) 3명으로 구성되어 있다. 본시와 관련하여 학생들을 수준별로 분류하면 상위 수준 학생이 2명, 중위 수준 학생이 2명, 하위 수준 학생이 2명으로 분포되어 있다. 상위 수준의 학생은 글자를 이해하고 간단한 문장이나 단어로 자신의 의사를 표현할 수 있으며, 교사의 설명이나 지시를 이해할 수 있고, 스스로 신변처리가 가능하며, 사물의 이름과 용도를 알고 구별할 수 있다. 중위 수준의 학생은 간단한 단어를 따라 발음할 수 있으며, 부분적인 도움을 받아 같은 그림, 모양, 색 찾기를 할 수 있으나 학습에 대한 관심이 적고, 거부하는 반응을 보이는 등의 부적응 행동이 있어 수업에 집중하도록 교사의 특별한 지도가 필요하다. 하위 수준의 학생은 교사의 도움으로 사물을 만지거나, 소리를 들어볼 수 있다. 또한 같은 학습수준에 있는 학생들 내에서도 학습의 내용을 받아들일 수 있는 능력에 차이를 보여 각각의 학생에게 맞는 적절한 개별화 지도가 요구된다.

나. 학생현황

수준	성명	성별	연령	장애유형	행동 특성	본시관련 학습수준
Ⅰ	김○○	여	9	중복장애 (시각장애, 지적장애 1급)	-이름을 불러주면 고개를 살짝 움직이며 반응을 보임. -선생님이나 친구들의 목소리를 들을 수 있으며, 물건을 도움 받아 만져보며 크기와 모양을 알아볼 수 있음. -몸이 아파 자주 울어 수업 참여가 전반적으로 제한됨.	-영상물을 들어볼 수 있으며, 도움을 받아 만들기를 완성하고 만져볼 수 있음.

	신○○	남	8	중복장애(시각장애, 지적장애 1급)	-이름을 불러주면 고개를 살짝 움직이며 반응을 보임. -선생님이나 친구들의 목소리를 들을 수 있으며, 물건을 도움 받아 만져보며 크기와 모양을 알아볼 수 있음. -생활의 전반적인 부분에 도움이 필요함.	-영상물을 들어볼 수 있으며, 도움을 받아 만들기를 완성하고 만져볼 수 있음.
Ⅱ	이○○	남	7	뇌병변	-단어를 따라 비슷하게 발음할 수 있으며, 노래나 사진, 영상물에 관심을 갖고 집중하여 봄. -교사의 지시를 듣고 이해하며 도움을 받아 지시에 따를 수 있음. -학습에 대한 거부반응이 있어 자리에서 이탈하려 하거나 손으로 머리를 두드리는 행동을 보임.	-동영상 자료를 집중하여 볼 수 있고, 지정된 곳에 도움을 받아 재료를 붙여 과제를 수행할 수 있으며, 같은 그림을 구별하여 붙일 수 있음.
	우○○	여	8	중복장애(시각장애, 지적장애)	-시력의 제한으로 과제 수행에 도움을 필요로 하며, 발음이 정확하지 못함. -노래를 아주 좋아하며, 비교적 정확한 음정으로 따라 부를 수 있음. -화가 나거나 마음에 들지 않으면 울기, 꼬집기 등의 행동을 보임.	-영상물과 소리에 집중을 잘 하며, 도움을 받아 만들기 재료를 가리키는 자리에 붙일 수 있음.
Ⅲ	김○○	여	8	지적장애	-간단한 단어 쓰기와 읽기가 가능하며, 일상생활에 필요한 의사소통을 할 수 있음. -말할 때 발음이 부정확한 편이며, 옳고 그름에 대한 구별없이 다른 친구의 행동을 따라 하는 경우가 있음.	-전반적으로 수업에 주의집중을 잘 하며, 그림에서 필요한 곳에 알맞은 물건 그림을 붙일 수 있음. -행동이 느린 편이나 수업활동에 성실히 참여할 수 있음.
	박○○	남	7	지적장애	-간단한 문장 쓰기와 읽기가 가능하며, 자신의 의사를 말로 잘 표현할 수 있음. -수업 중에 질문이 많으며, 사람 앞에서 발표하는 것을 부끄러워하는 경향을 보임.	-여러 가지 물건의 이름과 용도를 간단한 문장으로 말할 수 있고, 그림에서 필요한 곳에 알맞은 물건 그림을 붙일 수 있음. -만들기를 창의적으로 꾸며 완성할 수 있음.

Ⅳ. 본시활동의 실제

1. 본시활동의 목표

수준	학습 목표
Ⅰ	· 교사의 도움을 받아 그림을 보고 제자리 명칭을 들어볼 수 있다. · 교사의 도움을 받아 물건을 바르게 두었을 때와 바르게 두지 않았을 때의 설명을 들을 수 있다. · 교사의 도움을 받아 자신이 어떤 당번인지 들어보고 자신의 당번 고리북을 만져볼 수 있다.
Ⅱ	· 교사의 도움을 받아 배경판에 그림을 붙이고, 제자리 명칭을 따라 발음할 수 있다. · 교사의 도움을 받아 물건을 제자리에 바르게 두는 것과 바르게 두지 않는 것을 경험할 수 있다. · 교사의 도움을 받아 자신이 맡은 당번을 알고 자신의 당번 고리북을 만들 수 있다.
Ⅲ	· 신발, 책, 색연필, 우유의 제자리를 구분하여 배경판에 알맞은 그림과 제자리 이름카드를 붙일 수 있다. · 물건을 제자리에 바르게 둘 때의 좋은 점과 바르게 두지 않을 때의 나쁜 점을 구별할 수 있다. · 제자리 당번을 맡아 자신의 당번 고리북을 만들 수 있다.

2. 본시활동의 계획

단계	활동 과정	교수-학습활동				자료 및 유의점
		교사활동	학생활동			
			Ⅰ	Ⅱ	Ⅲ	
도입 (5분)	전시 학습 상기 (3)	지난 시간의 학습내용을 보며 전시 학습 내용을 상기할 수 있도록 질문하기	지난 시간 과제물을 보면서 설명듣기	지난 시간 과제물을 보면서 전시학습 상기하기	지난 시간 과제물을 보면서 전시학습 기억하여 말하기	자)지난시간 과제물 유)전시학습 내용을 상기할 수 있도록 간단히 설명한다.
전개 (29분)	본시 학습 소개 (3)	학습 목표 설명하기	학습목표 듣기	학습목표를 보고, 중요 단어 따라 발음하기	학습목표 따라 읽기	자)ppt자료, 활동안내판 유)과제를 명확히 인지할 수 있도록 안내판을 제시한다.
	교실에서 사용하는 물건 제자리 구분하기 (6)	교실에서 볼 수 있는 여러 가지 물건 그림 자료를 제시하기	도움을 받아 신발, 책, 색연필, 우유를 알맞은 위치에 붙이기		신발, 책, 색연필, 우유를 알맞은 위치에 붙이기	자)그림자료, 제자리 명칭카드 유)교실에서 할 수 있는 일에 자신이 사용한 물건을 제자리에 두는 일이 있음을 알게 하여 동기유발이 되도록 지도한다.
		제자리 이름카드 나눠주기	도움을 받아 제자리 이름카드를 알맞은 위치에 붙이기		제자리 이름카드를 알맞은 위치에 붙이고 발음	

					하기	
	교실의 물건이 되어 제자리 찾아주기(10)	짝이 맞지 않은 모습을 한 꽃과 나무를 제시하기	도움을 받아 완성된 꽃과 나무의 모습이 어떤지 들어보기	도움을 받아 꽃과 나무의 모습이 완성되도록 맞추기	꽃과 나무의 모습이 완성되도록 맞추기	자)꽃모형, 부직포 나무, ppt자료, 제자리판 유)학생들이 흥미를 가지고 참여할 수 있도록 다양한 기분을 신체를 통해 표현해 내도록 유도하고 제자리에 두었을 때의 기분이 더 좋은 것임을 몸으로 느낄 수 있도록 지도한다.
		두 가지 상황그림을 제시하기 -화면에서 신발, 의자, 가방, 색연필이 제자리에 있는 모습과 아닌 모습이 담긴 사진을 제시하고 각각의 상황에 따른 물건이 되어 보도록 해서 기분이 어떤지 표현하도록 한다.	도움 받아 상황사진에 따른 물건의 느낌을 들어보기	도움 받아 상황사진에 따른 물건의 느낌을 몸으로 표현하기	사진을 보고 각각의 물건의 상태에 따른 느낌을 몸으로 표현하고 말하기	

단계	활동 과정	교수-학습활동				자료 및 유의점
		교사활동	학 생 활 동			
			Ⅰ	Ⅱ	Ⅲ	
전개 (29분)	우리반 제자리 당번 찾기 (4)	우리반 학생들의 모습을 담은 사진을 숨겨둔 카메라 주머니를 제시하기 -학생이 카메라 주머니에서 뽑은 사진 순서대로 우리반 제자리 당번을 정하도록 한다.	도움을 받아 자신의 사진을 보고 무슨 제자리 당번이 되었는지 들어보기	도움을 받아 자신의 사진을 보고 무슨 제자리 당번이 되었는지 말하기	사진을 보고 사진속의 학생이 무슨 제자리 당번이 되면 좋을지 말하기	자)카메라 주머니, 사진자료 유)스스로가 할 수 있는 당번이 주어지도록 하고 실천할 수 있도록 지도한다.
	제자리 당번 고리북 만들기 (6)	제자리 당번 고리북 만드는 재료 나눠주기	도움을 받아 제자리 당번 고리북 재료 만져보기	도움을 받아 제자리 당번 고리북 재료 살펴보기	제자리 당번 고리북 재료 받고 살펴보기	자)고리북, 할핀, 사인펜, 당번 스티커, 사진자료 유)제자리 당번 고리북 자료를 함부로 다루지 않도록 주의를 시킨다. 고리북의 각각의 밑장에 제시된 우리반 학생의 이름에 알맞은 제자리를 찾아 사진을 붙일 수 있도록 지도하고 수행이 어려운 학생은 숫자와 색깔을 제시하여 지도한다.
		제자리 당번 고리북 만드는 방법 설명하기	도움을 받아 우리반 당번이 붙여진 종이를 확인하고 만져보기	도움을 받아 다양한 크기의 종이에 당번 스티커와 우리반 당번 사진 붙이기	다양한 크기의 종이에 당번 스티커와 우리반 당번 사진 붙이기	
평가 및	평가 및	완성된 개별 과제물을 보여	완성된 개	도움을 받	우리반 당	자)완성된 과제물

차시 예고 (5분)	차 시 예고	주며 수업내용 확인하기	별 과제물 보며 설명 듣기	아 당번 고리북을 보면서 해야 할 일 가리키기	번 고리북을 보면서 해야 할 일을 말하기	유)과제를 마치고 실천할 수 있도록 칭찬나무로 강화한 후 다음 수업을 안내 받으며 본시 수업을 마치도록 한다.
		다음 차시 예고하기	다음 시간에 학습할 내용 주의 깊게 듣기			
정리 (1분)	정리	정리 및 인사하기	책상과 주변을 정리하고 인사하기			유)각자가 사용한 물건과 쓰레기를 스스로 정리할 스 있도록 지도한다.

3. 본시활동의 평가

수준	학 습 목 표 활 동	김○○	신○○	이○○	우○○	김○○	박○○
Ⅰ	· 교사의 도움을 받아 그림을 보고 제자리 명칭을 들어볼 수 있는가?						
	· 교사의 도움을 받아 물건을 바르게 두었을 때와 바르게 두지 않았을 때의 설명을 들을 수 있는가?						
	· 교사의 도움을 받아 자신이 어떤 당번인지 들어보고 자신의 당번 고리북을 만져볼 수 있는가?						
Ⅱ	· 교사의 도움을 받아 배경판에 그림을 붙이고, 제자리 명칭을 따라 발음할 수 있는가?						
	· 교사의 도움을 받아 물건을 제자리에 바르게 두는 것과 바르게 두지 않는 것을 구별할 수 있는가?						
	· 교사의 도움을 받아 자신이 맡은 당번을 알고 우리반 당번 고리북을 만들 수 있는가?						
Ⅲ	· 신발, 책, 색연필, 우유의 제자리를 구분하여 배경판에 알맞은 그림과 제자리 이름카드를 붙일 수 있는가?						
	· 물건을 제자리에 바르게 둘 때의 좋은 점과 바르게 두지 않을 때의 나쁜 점을 구별할 수 있는가?						
	· 제자리 당번을 맡아 자신의 당번 고리북을 만들 수 있는가?						

▶평가방법 : 독립적으로 수행할 수 있다: ○

제한적 도움을 받아 수행할 수 있다: △

전반적인 도움을 받아 할 수 있다: ×

• 수업지도안 예시-4

20**학년도

과학과 교수 · 학습지도안

교 과	과 학
단 원	8단원. 함께하는 세상
제 재	곤충의 종류와 특징
대 상	초등부 5학년 ○반(남3명, 계 3명)
수 업 일 시	20○○년 5월 ○일 3교시
장 소	초등부 5학년 ○반 교실
지 도 교 사	이 ○○ 선생님
수 업 자	교생 이 ○○

결재	계	연구부장	교감	교장

○○○ 학 교

- 수업을 설계하며 -

아이들이 밖을 나갔을 때 나비와 꽃들 그리고 다양한 곤충들을 접해 보았을까 하는 생각이 들었습니다. 봄에는 꽃들 위에 날아다니는 벌들을, 여름에는 나무에 매달려 목청껏 우는 매미들을, 가을에 하늘 높이 나는 잠자리들을 볼 수 있었을까? 생각을 해보니 비록 모형이라지만 이 단원을 통해서 다양한 곤충들의 종류를 보여주고 특징에 대해 알려주고 싶었습니다. 학교의 교육과정 특성상 밖의 활동을 자주 하는데 학교의 지리적 특성을 보았을 때에도 아이들에게 곤충은 쉽게 탐구 할 수 있는 존재입니다. 하지만, 명칭을 모르거나 작기 때문에 관심 있게 보지 않으면 알 수가 없어 그냥 지나쳐버리곤 하는 것이 현실입니다. 과학수업을 통하여 작은 곤충들의 종류와 특징에 대해서 안다면 바깥에서 만나는 곤충들이 낯설게 느껴지진 않을 것이라고 생각합니다. 또한, 작은 곤충들을 배우면서 생물의 다양성과 작은 생명을 존중하는 태도까지 키울 수 있을 것으로 기대한다면 이 단원을 배우는 것은 더욱 더 좋은 기회라고 생각합니다.

Ⅰ. 단원의 개관

1. 단원명

함께하는 세상

2. 단원 설정의 이유

이 단원은 실생활에서 직접 또는 간접적으로 접할 수 있는 여러 동물을 관찰하여 그 종류와 특징을 알고, 특징에 따라 분류하는 것을 목적으로 한다. '여러 동물을 관찰하고 그 특징 찾아내기'에서는 동물을 사는 곳, 먹는 것 생김새에 따라서 분류하여 보고, 동물의 특징을 모방하여 몸(몸짓과 소리)으로 표현하도록 한다. 또 나아가 초식 동물과 육식 동물의 차이점을 살펴보고, 가축과 야생 동물을 구분하여 실생활과 연관 지어 학습하도록 한다. 그리고 동물들을 암, 수로 구분하고, 짝짓기의 행동을 관찰하며, 짝짓기 행동 후의 변화에 대해서 살펴보도록 한다. 그리고 작은 생물인 곤충을 다양한 기분에 따라서 분류하여 보고, 이를 바탕으로 곤충의 특징을 관찰하도록 한다.

3. 단원의 목표

가. 지식・이해면

・동물들의 사는 곳, 먹는 것, 생김새를 알 수 있다.

・동물들의 특징을 알 수 있다.

・동물들의 암수를 구분하고 그 역할을 알 수 있다.

・곤충의 종류를 살펴보고, 곤충의 특징을 찾을 수 있다.

나. 기능면

・동물들의 사는 곳, 먹는 것, 생김새에 따라 분류할 수 있다.

・동물들의 암수를 구분할 수 있다.

・곤충의 종류를 살펴보고 특징과 이름에 따라 분류할 수 있다.

다. 태도면

・작은 생명도 존중할 수 있는 태도를 기른다.

・다양한 생물들과 함께 살아가는 태도를 기른다.

・과학 수업에 흥미를 가지고 참여하는 태도를 기른다.

4. 단원의 지도 계획

영역	제재명	차 시	학습주제	교수・학습자료	교과서(쪽)
생명	동물의 종류	1/13	동물을 사는 곳에 따라 분류하기	환경판, O, X퀴즈문제, 표지판, 멀티미디어 자료	188~193
		2/13	동물을 먹는 것에 따라 분류하기		194
		3/13	동물을 생김새에 따라 분류하기		195
	동물의 특징	4/13	초식동물과 육식동물이 특징 구분하기	동물카드, 멀티미디어 자료	198
		5/13	가축과 야생동물의 특징 구분하기		199
		6/13	척추동물과 무척추동물의 특징 구분하기		200~201
	동물의 암수	7/13	동물의 암수 구분하기	동물 생활 영상, 동물 그림, 멀티미디어 자료	204~205
		8/13	동물의 짝짓기 행동 관찰하기		206
		9/13	동물의 짝짓기 후의 변화 관찰하기		207
	곤충의 종류와 특징	10/13	곤충이 종류 분류하기	멀티미디어자료, 학습 활동안내판, 곤충모형	210~211
		11/13	곤충의 특징 찾아보기		212
		12/13	곤충의 종류와 특징을 알고 곤충 찾기(본시)		210~212
		13/13	곤충의 사는 곳 알아보기		213

5. 교과 학습 계열

선수학습	본 학습	후속 학습
(과학Ⅰ) 8. 함께하는 세상 · 땅에 사는 동물의 종류를 알고, 생김새의 특징과 공통점 찾기 · 날아다니는 동물의 종류를 알고 생김새의 특징과 공통점 찾기 · 물에 사는 동물의 종류를 알고 생김새의 특징과 공통점 찾기 · 여러 동물들 중에서 곤충과 곤충이 아닌 것을 구분하기 · 곤충의 생김새와 특징과 공통점 찾기	(과학Ⅱ) 8. 함께하는 세상 · 동물들을 사는 곳, 먹는 것, 생김새에 따라 구분하기 · 동물을 특징에 따라 구분하기 · 동물의 암수를 구분하고 그 역할 알기 · 곤충의 종류를 살펴보고, 곤충의 특징 찾기 · 곤충의 이름에 따라 분류하기	(과학Ⅲ) 8. 함께하는 세상 · 여러 동물의 먹이 알기 · 알을 낳는 동물과 새끼를 낳는 동물 찾기 · 여러 동물의 성장과정 관찰하기 · 동물을 아끼고 사랑하는 마음을 가지고 동물 기르기

6. 지도상의 유의점

- 동물들이 사는 곳에 따라서 생김새 및 특징이 다른 것을 관찰할 수 있도록 한다.
- 동물의 분류보다는 동물의 생김새와 특징을 이해하고, 이야기하는 데 중점을 둔다.
- 직접 관찰을 통하여 생김새와 특징 그리고 공통점과 차이점을 찾아내는 것이 좋겠으나, 실물관찰이 어려울 경우 그림, 사진, 비디오 영상자료, 모형 등을 이용한 간접 경험을 통하여 학습하도록 한다.
- 주변에서 볼 수 있는 곤충을 중점으로 제시하여 학습하도록 한다.
- 곤충에 대해서 관심을 갖고 관찰하려는 태도를 가지도록 하며, 곤충마다 생김새가 다르다는 것을 발견할 수 있도록 한다.
- 곤충을 채집할 때에는 생명의 소중함을 알게 하여 불필요한 채집은 삼가도록 한다.
- 곤충 채집 시 일어날 수 있는 안전사고에 대비해 유의사항에 대해서 지도하도록 한다.
- 다양한 기준을 만들어 동물들과 곤충들을 분류해 보도록 한다.

7. 단원의 평가계획

이 단원에서는 대부분의 활동이 관찰학습과 체험을 통하여 이루어지기 때문에 평가는 특별한 시간을 설정하여 실시하기보다는 학습 과정 중에 자연스럽게 이루어질 수 있도록 관찰법과 학생들이 수행한 분류판 내용을 중심으로 평가한다. 단원 평가 계획은 다음과 같다.

영 역	평가 기준	평가 시기	평가 방법
지 식	· 동물들의 사는 곳, 먹는 것, 생김새를 알 수 있는가? · 동물들의 특징을 알 수 있는가? · 동물들의 암수를 구분 하고 그 역할을 알 수 있는가? · 곤충의 종류를 살펴보고, 곤충의 특징을 찾을 수 있는가?	수업 중	질문법 관찰법
기 능	· 동물들의 사는 곳, 먹는 것, 생김새에 따라 분류할 수 있는가? · 동물들의 암수를 구분할 수 있는가? · 곤충의 종류를 살펴보고 특징과 이름에 따라 분류할 수 있는가?	수업 중	관찰법
태 도	· 작은 생명도 존중할 수 있는 태도를 보이는가? · 과학 수업에 흥미를 가지고 참여하는 태도를 보이는가?	수업 중	관찰법

8. 실생활과의 연계

곤충들은 작아서 잘 보이진 않지만 우리 주변에서 우리와 같이 존재하는 작은 생물이다. 길을 가면서, 학교에서 심지어 집에서도 볼 수 있는 것이 곤충이다. 하지만, 아이들의 눈에는 너무 작고 동물들과는 다른 생김새를 가지고 있어 가까이 있지만, 가까이 하기에는 먼 존재와 같은 것이다. 아이들의 실생활에서 연계가 되기 전에 학교생활에서 먼저 연계를 하고 실생활로 연계하는 것이 좋은 방법이 될 것 같다. 위에서도 말했듯이 OO학교의 지리적 특성과 교육과정의 운영은 바깥 활동이 많아 작은 곤충들을 자주 만날 수 있는 환경에 있다. 1교시 아침 걷기활동 시간에도 논과 밭 사이를 돌면서 다양한 종류의 채소들과 곤충들을 볼 수 있는데, 새로운 것을 보여주면서 아이들에게 가르칠 수도 있고, 학습한 내용을 좀 더 구체적으로 보여줄 수 있는 시간이기도 하다. 이 때 아이들에게 다양한 곤충들을 소개할 수 있고 반구체물이나 모형이 아닌 구체물을 직접 볼 수 있어서 걸으면서도 심심하지 않게 좋은 교재들을 만날 수 있을 것이라고 생각한다. 또한, 토요일 책가방 없는 날을 활용하여 바깥 활동 시 곤충들을 직접 관찰할 수도 있다. 따로 과학수업 시간이 아닌 다른 수업시간에도 충분히 연계하여 가르칠 수 있으며, 학교생활 내에서 보이는 작은 곤충들을 관찰하는 태도를 기른다면 아이들의 생활 속에서도 곤충에 대한 관심이 많아질 것이고 작은 생명의 소중함도 알게 될 것이라고 기대한다.

Ⅱ. 본시 전개 계획

1. 학생 실태와 그에 따른 분석 및 지도 대책

가. 아동 실태 조사

1) 대상 : 5학년 3반(남: 3명, 계: 3명)

2) 방법 : 관찰법

집단	성명	장애유형	본시 학습관련 수행능력	기타 학습 및 행동특성	
가	배 ○○	정신지체 2급	·말은 잘 하고 글자를 읽는 것은 가능하다. 글자는 'ㄹ'까지 쓴다. ·언어적 촉진이 있었을 시에 분류 기준에 맞추어 분류할 수 있다. ·수업 시간에 주의가 산만하며, 같은 말을 계속 반복한다.	강점	·수업에 적극적으로 참여하며 자신의 일은 스스로 한다.
				약점	·앞에 나서는 일을 쑥스러워하며 감정에 따라 수업에 참여하지 않을 때가 있다.
나	강 ○○	뇌병변 1급	·언어적, 신체적 촉진을 주었을 때 뒷글자를 따라하거나 말을 한다. ·글씨를 쓰고 글을 읽는 것 능력이 부족하다. ·언어적, 신체적 촉진을 주었을 때 분류판 기준에 맞게 분류할 수 있다.	강점	·언어적 촉진을 주었을 때 대답을 잘 한다.
				약점	·수업 중 스케치북을 많이 찾으며 잠이 많다.
다	김 ○○	정신지체 1급	·언어적 촉진을 주었을 때 비슷하게 말을 따라한다. ·글자를 따라 쓰는 것이 가능하다. ·언어적, 신체적 촉진을 주었을 때 분류판 기준에 맞게 분류할 수 있다.	강점	·언어적 촉진을 주었을 때 따라하려고 하며, 정리정돈을 잘한다.
				약점	·수업 중 소리를 지르거나 "아, 오"라는 말을 단순 반복한다

나. 실태 분석 및 지도 대책

1) 곤충에 대한 탐구 자세

조 사 내 용	예(%)	아니오(%)
·곤충에 대한 관심이 많다.	3	0
·곤충의 이름은 1가지 이상 알고 있다.	1	0
·곤충모형을 제시했을 때 무서워하지 않고 만질 수 있다.	3	0

지도대책 : 실태 분석을 통해서 아동들이 곤충에 대한 관심이 많은 것을 알 수 있었다. 하지만, 명칭이나 생김새를 잘 알지 못해서 모르는 부분이 많아 처음 개념을 도입하는 만큼 더 흥미롭고 재미있게 가르쳐야 할 것 같다.

2) 본시 학습을 위한 선수 학습 능력 조사

조 사 내 용	예	아니오
· 여러 가지 기준에 의해 사물을 분류할 수 있다.	1	0
· 여러 가지 생물을 관찰하고 그 생김새와 특징을 설명할 수 있다.	1	0
· 모든 활동에 신체적, 언어적 촉진 시 적극성을 가지고 열심히 참여한다.	3	0
· 여러 가지 생물을 기준에 따라 분류할 수 있다.	1	0

지도대책 : 아동들에게 신체적, 언어적 촉구를 제시하면 수업을 하는 데 좋은 반응이 나올 것이라고 생각한다. 또한, 부족한 부분을 계속적으로 수행하게 하는 것보다 자극을 많이 주어서 개념을 익힐 수 있도록 하는 것이 적절하다고 생각한다.

2. 교실 배치도

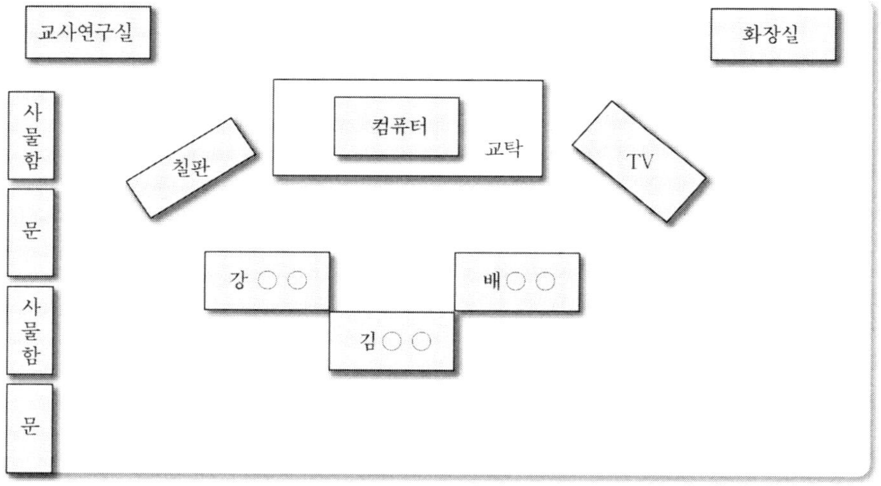

3. 본시 지도를 위한 교재연구

가. 본시 수업의 학습 원리 및 모형

1) 본시 수업의 교수 · 학습 원리

과학 교육의 목표는 자연 현상과 사물에 대하여 흥미와 호기심을 가지고 탐구하여 과학의 기본 개념을 이해하고, 과학적 사고력과 창의적 문제 해결력을 길러 일상생활의 문제를 창의적이고 과학적으로 해결하는 데 필요한 과학적 소양을 기르는 것이다. 이처럼, 창의적 문제해결력을 바탕으로 생물에 대한 관찰력을 기르고 흥미와 호기심을 갖도록 지도하는 것에 중점을 두었다.

2) 본시 수업의 학습 모형

• 문제 해결 학습 모형 •

문제 해결 학습 모형은 경험 중심의 교수 학습 과정이며 이 학습법은 지식 중심의 기능적 학습과는 달리 학습자의 사고과정을 주이하고 학생들 스스로가 문제를 해결하는 방법을 발견할 수 있는 활동을 요구한다. 그러므로 어떠한 문제든 학습자 스스로 문제의식이 있어야 하고, 그 문제의 해결책을 원하되 직접적인 해결 방법을 모르고 있어야 성립될 수 있다. 교사는 수업 내용에 맞는 문제의식을 제공하고 조언자로서의 역할이 강조되며, 학생들은 스스로 실생활에서 부딪히는 문제와 실천 가능한 구체적인 해결방법을 찾게 되므로 탐구력, 창의적 해결력, 종합력 등이 요구된다. 또한 학생은 문제 해결 과정을 통해 협력하고 역할을 분담하는 태도를 배우게 되며, 교사는 학습의 전체 과정을 관찰할 수 있어 결과 중심적인 평가에서 벗어날 수 있다. 우리의 생활 자체가 일상적인 의사결정을 해야 하는 문제에 부딪히게 되므로 문제해결 교수 학습은 매우 유용하다.

• 문제 해결 학습 모형의 과정 •

과정	주요 활동	유의점
문제 확인하기	· 문제 진단 및 확인 (목표확인) · 가설 설정	· 문제 해결 과정을 강조하며 학습자들이 지식이나 개념을 가르칠 때 적합하다. · 교사의 개입을 줄이고 학습자의 탐구활동을 강조하나 사전에 학습 훈련이 필요하다.
문제 해결 방법 찾기	· 문제 해결 방법 탐색 · 학습 계획 및 학습 절차 확인	
문제 해결하기	· 문제 해결 활동 · 원리 터득 · 전략 습득 여부 확인	
일반화하기	· 전략의 적용 및 연습 · 전략의 정착 및 일반화	

나. 본시 지도안에 제시된 곤충 연구

곤충 이름	생김새	특징	사는 곳	먹이	사진
메뚜기	머리는 앞가슴 등판 안에 들어 있다. 주행성인 경우에는 머리 옆에 큰 겹눈이 있으며 3개의 홑눈은 겹눈의 위쪽에 접하는 곳에 1쌍과 촉각(더듬이사이 중앙에 1개가 있다.	겹눈과 세 개의 홑눈이 있고 뒷다리가 발달하여 잘 뛴다. 불완전 변태를 하며 알로 겨울을 난다.	초원(땅 위, 풀잎이나 나뭇가지 위)	벼와 식물	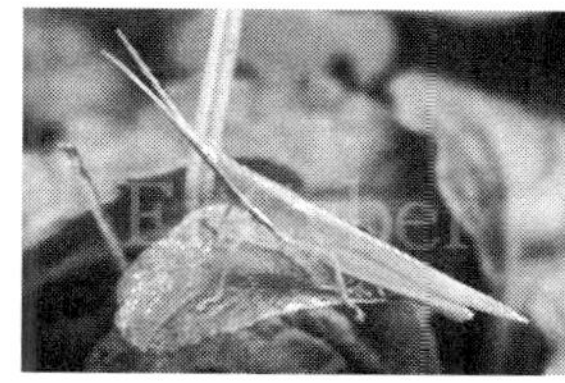
무당벌레	몸길이 약 7mm이다. 몸은 반구형이고 겹눈을 제외한 머리의 등면은 노란색에서 검은색까지 매우 다양하며 광택이 난다. 배면은 검은색이다. 앞가슴등판은 노란색 바탕의 중앙에 4~5개의 검은색 점무늬 또는 M자 모양의 무늬가 있다	무늬가 전혀 없는 개체도 있고 검은색 날개에 1쌍·2쌍·6쌍의 커다란 주황색 점무늬만 있는 개체도 있으며 노란색인 것, 황갈색 바탕에 2~19개의 검은색 무늬가 있는 것 등 다양하다.	들이나 산의 진딧물이 있는 곳	진딧물	
매미	몸길이 12~80mm이다. 머리는 크고 겹눈은 튀어나와 있으며 홑눈은 보통 3개가 정수리에 서로 접근하여 붙어 있다. 촉각(더듬이)은 짧고 겹눈 사이의 앞쪽에 나 있다. 주둥이는 머리에서 시작해 길쭉하다.	수컷이 특수한 발음기를 가지고 있어서 높은 소리를 내는 것으로 잘 알려져 있다.	나무에 달라 붙어서 산다.	나무의 수액	

4. 본시 교수 · 학습 계획안

단 원(제재)	8. 함께하는 세상		차시	12/13	시간	40분
학습 주제	곤충의 종류와 특징		교과서	과학, 210~212쪽		
학습 목표	가	배○○	①곤충의 종류와 특징을 알고 곤충을 찾을 수 있다.			
	나	강○○김○○	①언어적 촉구를 받아 곤충의 종류와 특징을 알고 곤충을 찾을 수 있다.			
학습 모형	문제해결학습모형	학습 조직	전체-개인-전체	주요 활동	퍼즐 풀기, 채집하기	
수업 자료	교사	컴퓨터, 프로젝션 TV, 학습 활동 안내판, 인사노래, 나무모형, 곤충모형, PPT영상 자료들, 곤충연필, 곤충카드				

단계(시간)	학습 내용	교수 학습 활동: 교사 활동	학생활동 가	학생활동 나	보조 교사	자료(재) 및 유의점(유)
문제 확인하기 (5')	인사 하기	❏학습 분위기 조성하기 • 인사 노래하기	• 선생님과 눈을 맞추며 즐겁게 인사노래를 한다.		◎PPT에 집중할 수 있도록 지도하기	재인사노래 도입PPT제시
		❏ 전시학습 상기하기	• ppt에 제시된 사진자료를 참고하여 전시 학습 상기하기			
	동기 유발	❏ 동기 유발하기 • 곤충박사의 긴급 SOS 영상 보여주기	• 곤충박사의 영상 보기 - 곤충박사를 도와주자는 다짐하기			재 곤충 박사의 SOS PPT
	학습 주제 제시	❏ 공부 할 문제 제시	• 공부할 문제에 관심을 가지고 보기			재 학습 주제 및 활동 안내판
		공부 할 문제 곤충의 종류와 특징을 알고 곤충을 찾아 봅시다! **활동 안내** 활동1. 곤충박사를 도와주세요! 활동2. 범인의 퍼즐을 풀어 봐요!				

단계 (시간)	학습 내용	교수 학습 활동				자료(자) 및 유의점(유)
		교사 활동	학생활동 가	학생활동 나	보조 교사	
		❑ 활동 소개하기	• 활동판 보기			(자) 활동판
		활동1. 곤충박사를 도와줘요!				
	활동 1	❑ 활동 1 제시하기 • 곤충박사의 잃어버린 곤충 수배 영상 보여주기	• 곤충박사의 영상 보기		◎ 아동이 ppt에 집중할 수 있도록 지도하기	(자) 곤충박사의 수배영상 및 PPT
		• 곤충의 이름과 특징을 PPT에 제시하기	• 곤충 사진을 보고 이름 말하기	• 곤충 사진을 보고 입모양을 보며 따라 말하기		
		활동2. 범인의 퍼즐을 풀어보아요!				
문제 해결 방법 찾기 (29')	활동 2	❑ 활동2 제시하기 • 범인이 내는 퍼즐 제시하기	• 개별판 풀어내기	• 선생님의 언어적 촉구를 통해 개별판 풀어내기	◎ 채집도구로 장난치지 않도록 지도하기	(자) 퍼즐판 채집도구 (유) 채집도구를 가지고 장난치지 않도록 지도한다.
		• 답을 맞추는 경우 채집할 수 있는 채집도구 증정하기	• 받은 채집도구들을 가지고 있기			
		활동3. 곤충 동산에 놀러가요!				
	활동 3	❑ 활동3 제시하기 • 곤충동산에서 지켜야 할 점 설명하기	• 지켜야 할 점을 잘 듣고 약속하기			(자) 곤충카드 채집장, 배경음악 (유) 곤충카드를 제시하여 차례대로 채집 활동을 한다.
		• 준비된 채집도구를 들고 채집하는 곳으로 들어가기	• 잠자리채와 손을 이용하여 곤충을 채집하여 채집통에다 넣기	• 선생님의 도움을 통해 잠자리채나 손을 이용하여 채집하고 채집통에 넣기		

단계 (시간)	학습 내용	교수 학습 활동				자료(재) 및 유의점(유)
		교사 활동	학생활동 가	학생활동 나	보조 교사	
문제 해결 하기 (2') 일반화 하기 (4')	활동 3	• 곤충의 이름에 따라 분류판에 분류하기	• 앞으로 나와 자신이 채집한 곤충들을 이름에 따라 분류하기	• 앞으로 나와 선생님의 촉진을 받아 곤충들을 분류하기	◎아이들이 앞으로 나올 경우 남은 아이들이 자리를 이탈하지 않도록 지도하기	재 분류판
	정리	❑ 정리하기 • 곤충박사의 감사영상 보여주기 • 분류판에 붙인 곤충들 다시 한 번 정리하기	• 박수를 치며 곤충박사의 감사 영상 보기 ● 선생님의 설명 듣기		◎아동이 ppt에 집중할 수 있도록 지도하기	재 곤충박사의 감사영상, 곤충연필
	다음 차시 예고	❑ 차시 예고 ● 곤충들의 사는 곳을 알고 사는 곳에 따라 분류하기	● 차시 예고 듣기		◎ 태도 바르게 할 수 있도록 지도하기	재 차시예고 PPT
	인사 하기	❑ 마침 인사하기 ● 노래를 부르며 수업 마치기	● 마침 노래를 즐겁게 부르며 수업 마치기			재 마침노래

5. 평가 계획

가. 평가목표

곤충의 종류와 특징을 알고 이름에 따라 분류할 수 있다.

나. 성취 기준 및 평가 기준

집 단	평 가 내 용	평가 방법	평가 기준
가	곤충의 종류와 특징을 알고 곤충을 찾을 수 있는가?	학습 과정 관찰 평가 및 질문법	상 :독립적 수행
나	언어적 촉구를 받아 곤충의 종류와 특징을 알고 곤충을 찾을 수 있는가?		중 : 교사의 도움을 받아 수행 하 : 수행 곤란

6. 참고 문헌

❑ 교육과학기술부(2008). 기본교육과정지도서. 과학

❑ 부산광역시교육청 교실 수업 마이더스

• 수업지도안 예시-5

Ⅰ. 단원의 개관

1. 단원명

가. 대단원 : 12. 교통수단

나. 영 역 : 기본교육과정 사회 2

다. 제 재 : 교통기관의 이름과 다니는 장소 알기

2. 단원의 목표

교통수단의 종류를 알고 잘 이용하며, 안전하게 길을 건널 수 있게 한다.

- 교통수단의 종류에 대하여 안다.
  - 교통수단을 다니는 곳에 따라서 분류한다.
  - 교통수단의 편리한 점을 안다.
  - 목적지에 알맞은 교통수단을 선택할 줄 안다.
- 안전하게 길을 건널 줄 안다.
  - 길을 건널 수 있는 곳을 안다.
  - 횡단보도를 건너는 방법을 안다.
  - 자전거를 안전하게 탈 줄 안다.
  - 교통안전을 위하여 우리가 지킬 일을 안다.

3. 단원의 개관

이 단원은 학교 버스 이외의 다른 탈 것을 이용할 기회가 부족한 장애학생들의 상황을 고려하여 버스 이외의 탈 것의 이름과 다른 탈 것에 대한 정보를 제공하고 가정과 연계를 바탕으로 하여 학생들이 다른 탈 것들을 경험하게 하는 단원이다. 이를 통하여 학생들이 교통수단의 이용 방법을 정확하게 알고 편리하게 이용하여 생활이 더 유익해지고자 하는데 그 목적이 있다. 또한 장애 학생들은 여러 가지 이유로 교통수단의 위험성에 노출되어 있고 이동에 따른 안전 의식과 다양한 교통수단을 이용해 본 경험이 부족하기 때문에 위험 상황에 따른 주의 사항을 알고 안전하게 길을 건너고 스스로 다닐 수 있도록 하는 것은 매우 중요한 요소이다. 따라서 이 단원에서는 각종 교통수단의 종류와 특징을 알고 필요에 따라서 안전하게 길을 건널 수 있도록 지도하기 위한 것으로, 학습 활동으로는 여러 가지 교통수단의 종류를 알고 이동 장소에 따라서 알맞은 교통수단 선택하기, 길을 건널 수 있는 장소를 알고 건너기, 횡단보도를 안전하게 건너는 방법과 자전거 타기, 그리고 교통안전을 위하여 우리가 지킬 일 알기로 구성하였다.

4. 단원의 지도계획

소단원	차시	학습주제	주요 학습 활동
12-1 교통 수단의 종류 알기	1/4	· 교통기관의 종류 알기	· 교통기관의 모습 알기 · 교통기관의 이름 알기
	2/4 (본시)	· 교통기관의 이름과 다니는 장소 알기	· 교통기관의 이름 알기 · 교통기관이 다니는 장소 알기
	3/4	· 다니는 곳에 따라 탈 수 있는 곳 구분하기.	· 교통기관이 다니는 장소 알기 · 장소에 따라 알맞은 교통기관 선택하기
	4/4	· 탈 수 있는 곳의 이용방법과 유의점을 알고 이용하기	· 교통기관의 이용 방법 알기 · 교통기관을 이용할 때의 유의점 알기

5. 단원의 연계

단계	단원명	활동명
2	2. 학교 가는 길	3. 인사하고 학교 가기
	11. 공공 기관과 공공시설	1. 공공 기관 이용하기 2. 공공시설 이용하기
3	5. 안전한 생활	1. 여러 가지 표지판 알기 2. 대중교통 이용하기
	18. 보람된 여가 생활	2. 여행하기

6. 단원 지도상의 유의점

- 안전 의식이 부족한 학생들을 지도하는데 있어서 교통수단의 이용은 등·하교시의 버스 이용 뿐만 아니라, 일상생활에서도 많이 이용되어 부모들의 관심이 특히 요구되는

부분이다. 따라서 교통수단에 대해 알고 그에 대한 정보를 실생활에 적용함으로써 가족과 집을 떠나 학생 스스로가 대중교통을 적절히 선택하여 알맞게 이용하는 방법과 안전하게 이용하는 방법을 익힐 수 있는 기회를 만들어 주도록 지도한다.

- 실제 생활에서 활용할 수 있도록 실제상황과 같이 지도하는 것이 중요하다.

7. 단원의 평가 중점

- 우리가 탈 수 있는 교통수단을 식별할 수 있는지, 각 교통수단을 땅, 물, 하늘에 따라 분류할 수 있는지, 가는 곳에 따라서 적절한 교통수단을 선택할 수 있는지에 관점을 두고 평가한다.
- 안전에 유의하여야 할 학생들에게 교통 의식을 심어 주기 위해서 길을 건널 때는 반드시 지정된 장소로 건너야 한다는 것을 알게 하고, 횡단보도를 바르게 건널 수 있는지, 교통 규칙과 질서를 지킬 수 있는지, 위험한 곳을 피할 수 있는지, 안전한 곳으로 다닐 수 있는지에 평가의 중점을 둔다.
- 현장 학습을 통하여 횡단보도 건너기, 신호등 지키기, 교통안전을 위하여 알아야 할 일들을 수시로 점검하여 생활 속에서 유지되고 있는지 평가한다.

8. 실생활과의 연계

- 등・하교 지도시 뿐만 아니라 가정에서도 생활 주변의 교통수단을 보고 어떤 장소에 있는지 이름은 무엇인지 어떤 역할을 하는지 알고 그에 알맞은 이용방법에 따라 사용할 수 있도록 가정과 연계하여 지도하도록 한다.
- 현장학습 및 등하교시 다양한 교통수단을 이용하여 생활할 수 있도록 지도한다.

9. 자리 배치도

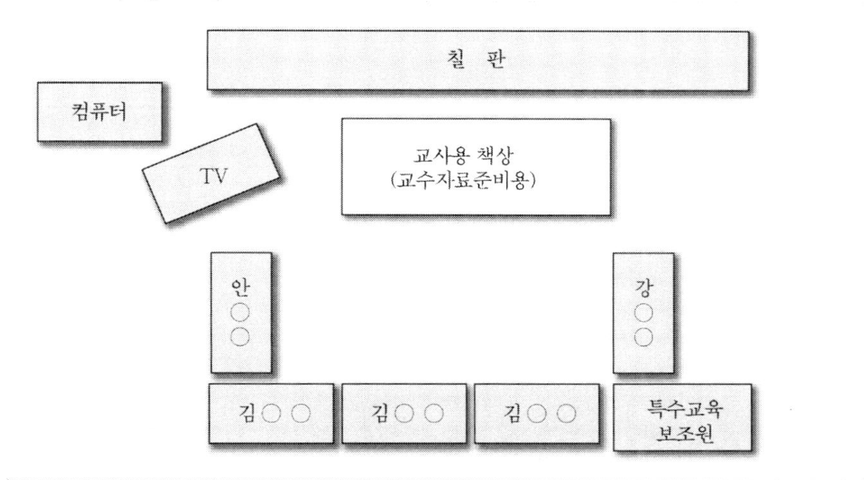

10. 특수교육 보조원 활용 계획

- 담당한 학생(강○○)의 학습이 원활하게 진행될 수 있도록 교재교구의 조작 및 카드의 사용을 돕는다.
- 착석이 어려운 학생이 있을 경우 교사의 지시에 따라 착석을 돕는다.

Ⅱ. 본시 교수학습 활동 계획

1. 본시 관련 학생 실태

이름	성별	장애 유형	행동특성 및 유의사항	본시학습관련 수행능력	모둠
최○○	남	지적장애 1급	약복용으로 인해 힘이 없고 수업시간에 축 늘어져 있는 경우가 있다. 그러나 의사소통이 가능하고 교사의 질문에 대답할 수 있다. 그러나 교사의 질문에 반말로 대답하는 경향이 있다.	교통수단의 종류에 대해 알고 있으며, 교사의 질문에 간단한 단어와 동사로 대답한다. 교통수단에 따른 소리와 모양을 알고 있다. 교통수단에 대하여 관심이 많다.	가
목○○	여	언어장애 2급	의사소통이 가능하고 스스로 알아서 할 수 있으나 교사의 지시 따르기와 질문에 답하기는 잘하지 않는다. 기분에 따라 행동의 기복이 크다.	교사의 교통수단에 관한 질문에 간단한 단어와 동사로 대답한다. 날개와 바퀴가 달려있는 교통수단을 구분한다.	가
안○○	남	자폐성 장애 2급	간단한 의사소통이 가능하며 호기심이 많아 여기저기 기웃거린다. 수업시간에 관심이 있는 활동이 생기면 자리에서 곧 잘 일어난다.	교통수단의 모양 맞추기를 하며, 교통수단에 관심이 많아 집중하여 본다. 교사의 질문에 몸짓으로 대답한다.	나
심○○	남	정신지체 2급	잘 웃고 성격이 온순하여 교사의 지시에 잘 따른다. 그러나 열린 문은 꼭 닫거나 완전히 열어야 하는 상동행동을 보인다.	교통수단의 이름을 다 알지는 못하나, 교사의 언어적 도움이 있으면 알맞은 위치에 교통수단 카드를 배치한다. 또한 교사의 발문을 모방하여 대답한다.	나
강○○	남	발달장애 1급	사물을 쳐다보지 않고 행동하고 반응이 느리다. 의사소통은 가능하지 않지만 신체적 도움으로 활동에 참여한다.	ICT 자료나 그림 등 관심있는 활동은 집중하여 쳐다본다. 교사의 신체적 도움이 있으면 카드를 붙이고 놀이판을 조작한다.	다

2. 본시 교수-학습 과정안

<table>
<tr><td rowspan="2">일 시</td><td colspan="3" rowspan="2">20**.*.*(수)1교시</td><td rowspan="2">대상</td><td rowspan="2">초등부 2학년 1반
(남4명,여1명,계5명)</td><td>수업자</td><td>김OO</td></tr>
<tr><td>지도교사</td><td>손OO</td></tr>
<tr><td>교 과</td><td colspan="2">사회 2</td><td>단 원</td><td>12. 교통수단</td><td>제 재</td><td colspan="2">교통수단의 이름과
다니는 장소 알기</td></tr>
<tr><td rowspan="3">학 습
목 표</td><td>가</td><td>최○○
목○○</td><td colspan="5">탈 것의 이름을 말하고 알맞은 장소에 교통수단 카드를 붙일 수 있다.</td></tr>
<tr><td>나</td><td>안○○
심○○</td><td colspan="5">탈 것을 보고 교사의 언어적 촉구를 받아 알맞은 장소에 교통수단 카드를 붙일 수 있다.</td></tr>
<tr><td>다</td><td>강○○</td><td colspan="5">탈 것을 보고 교사의 신체적 도움을 받아 알맞은 장소에 교통수단 카드를 붙일 수 있다.</td></tr>
<tr><td>학 습
자 료</td><td colspan="7">자석교통판, 교통수단 카드, 학습문제 안내판, 활동 안내판, 움직이는 책, 교통수단 아파트, 학생 개별 활동판, 마술 지퍼 체인지백, 교통수단 카드, 교통수단 상자, 정리활동 영상. 요술풍선, 강화 스티커</td></tr>
</table>

<table>
<tr><td rowspan="3">학습
단계</td><td rowspan="3">학습
과정</td><td colspan="5">교수 · 학습 활동</td><td rowspan="3">시량
(분)</td><td rowspan="3">자료㉶ 및
유의점
(유)</td></tr>
<tr><td rowspan="2">교사 활동</td><td colspan="3">학생 활동</td><td rowspan="2">보조원
역할</td></tr>
<tr><td>가</td><td>나</td><td>다</td></tr>
<tr><td rowspan="5">도입</td><td>학습 분위기 조성</td><td>○인사하기</td><td colspan="3">•바르게 앉아 인사하기</td><td rowspan="4">○'다'수준의 학생이 동기유발 자료를 집중해서 수 있도록 신체적 도움 주기</td><td rowspan="5">7</td><td rowspan="4">㉶자석 교통판, 자석이 붙어 있는 교통수단 카드, 동기유발 자료, 강화 스티커</td></tr>
<tr><td>전시학습 상기</td><td>○전시학습상기하기</td><td colspan="2">•전시학습 자료 보며 전시학습 상기하기</td><td>•전시학습 자료 보기</td></tr>
<tr><td>학습동기 유발</td><td>○학습동기 유발하기</td><td colspan="2">•동기유발 자료를 보고 공부할 문제에 접근하기</td><td>•동기유발 자료를 관심을 가지고 보기</td></tr>
<tr><td>강화물 제시 예고</td><td>○강화물 제시 예고하기</td><td colspan="3">•교사가 제시한 강화물 보기</td></tr>
<tr><td>학습목표 제시</td><td>○학습목표 제시하기</td><td colspan="3">•학습목표 듣기
[학습목표]
가. 탈 것의 이름을 말하고 알맞은 장소에 교통수단 카드를 붙일 수 있다.</td><td>○공부할 문제를 집중하여 응시하도록 신체적 촉구하기</td><td>㉶학습 목표 안내판</td></tr>
</table>

학습 단계	학습 과정	교수 · 학습 활동: 교사 활동	학생 활동: 가	학생 활동: 나	학생 활동: 다	보조원 역할	시량 (분)	자료㉶ 및 유의점 (유)
전개	학습문제 제시	○학습활동 안내하기 [활동1] 탈 것들이 움직여요! [활동2] 탈 것들은 이곳에! [활동3]탈 것들의 자리를 찾아주세요!	나. 탈 것을 보고 교사의 언 어적 촉구를 받아 알맞은 장소에 교통수단 카드를 붙일 수 있다. 다. 탈 것을 보고 교사의 신체적 동무를 받아 알맞은 장소에 교통수단 카드를 붙일 수 있다. •학습할 순서 확인하기			○ 교사의 발문에 집중할 수 있도록 신체적 촉구 제공하기		㉶활동 안내판 (유) 활동을 안내 시 학생들이 수업의 내용을 이해하기 쉽도록 보이는 결과물로 제시할 것
	활동 1	활동1. 탈 것들이 움직여요! ○ 움직이는 책 제시하기 - 움직이는 책의 조작방법 설명하기 ○ 움직이는 책에 있는 교통수단이 있는 장소와 움직임 보여주기	•교사의 설명을 듣고 움직이는 책을 조작하기 •책을 조작하여 보고 교통수단이 있는 위치와 움직임 관찰하기		•보조원의 신체적 도움을 받아 책을 집중해 보기 •보조원의 도움을 받아 책 조작하기	○'다' 그룹 학생에게 신체적 도움을 주어 움직이는 책을 조작할 수 있도록 한다.	10	㉶개별 움직이는 책, 교사용 움직이는 책 (유) 손으로 움직이는 데에만 집중하지 않고 교통수단이 있는 장소도 살펴 보도록 지도하기

학습 단계	학습 과정	교수 · 학습 활동					시량 (분)	자료㉮ 및 유의점 ㊐
		교사 활동	학생 활동			보조원 역할		
			가	나	다			
전개	활동 2	활동2. 탈 것들은 이곳에!				○'다' 수준의 학생들이 그림자에 맞게 카드를 붙이도록 신체적 도움을 제공한다.	9	㉮ 교통수단 아파트, 학생 개별 활동판 ㊐ 개별활동에서 바른 위치에 붙일 수 있도록 지도하기
		○ 교통수단 아파트 제시하기	•교사의 언어적 지시를 듣고 교통수단 아파트를 보고 교통수단 카드를 받기					
		○ 교통수단 카드와 활동판 제시하기	•교통수단 카드를 받아 활동판의 알맞은 장소에 붙이기	•교통수단 카드를 받아 교사의 언어적, 신체적 도움을 받아 활동판의 알맞은 장소에 붙이기 (그림자에 맞게 카드 붙이기.)				
	활동 3	활동3. 탈 것들의 자리를 찾아주세요!				○'다' 수준의 학생에게 신체적 도움을 제공하여 교통수단 카드를 알맞은 장소에 붙이도록 한다.	10	㉮ 마술 지퍼 체인지백, 교통수단 카드, 교통수단 상자 ㊐ 학생이 직접 카드를 꺼내도록 하여 흥미 유발하기
		○마술주머니에서 교통수단 카드를 꺼내도록 지도하기	•순서에 따라 마술 주머니에서 교통수단 카드 한 개를 꺼내기					
		○ 교통수단 카드를 교통수단 상자의 알맞은 장소에 배치하도록 지도하기	•교통수단 카드를 그림판의 알맞은 장소에 배치하기	• 교사의 언어적 촉구를 받아 교통수단 카드를 알맞은 곳에 배치하기	• 교사의 신체적 도움을 받아 교통수단 카드를 알맞은 곳에 붙이기			

<table>
<tr><th rowspan="3">학습
단계</th><th rowspan="3">학습
과정</th><th colspan="5">교수 · 학습 활동</th><th rowspan="3">시량
(분)</th><th rowspan="3">자료(㉶)
및 유의점
(㊌)</th></tr>
<tr><th rowspan="2">교사 활동</th><th colspan="3">학생 활동</th><th rowspan="2">보조원
역할</th></tr>
<tr><th>가</th><th>나</th><th>다</th></tr>
<tr><td>정리</td><td>확인
하기

정리
하기

다음
차시
예고
인사
하기</td><td>○카드가 부착된 그림판 제시하기

○정리 활동 영상 보여주기
○강화물 제공
○다음차시 예고
○인사하고 정리하기</td><td>•완성된 그림판을 보고 교통수단의 알맞은 위치 확인하기</td><td colspan="2">•교사의 언어적 지시에 따라 완성된 그림판 응시하기</td><td rowspan="1">○마지막 정리 활동까지 '다' 수준의 학생이 관심을 가지고 참여할 수 있도록 지원한다.</td><td>4</td><td>㊌ 완성된 그림판을 보고 수준에 따라 알맞게 붙였는지 위치를 확인하기

㉶ 정리 활동 영상, 요술풍선</td></tr>
<tr><td></td><td></td><td></td><td colspan="3">•교사가 제시하는 영상을 관심을 가지고 본다.

•수업결과에 따른 강화물 받기

•교사의 다음차시예고를 듣는다.

•인사하고 자신의 주변을 정리한다.</td><td></td><td></td><td></td></tr>
</table>

3. 본시 평가 계획

<table>
<tr><th rowspan="2">평가
영역</th><th rowspan="2" colspan="2">평 가 관 점</th><th colspan="3">평가척도</th><th rowspan="2">평가
방법</th><th rowspan="2">평가
시기</th></tr>
<tr><th>잘함</th><th>보통</th><th>노력</th></tr>
<tr><td rowspan="3">개별
평가</td><td>가</td><td>탈 것의 이름과 다니는 장소를 알고 설명할 수 있는가?</td><td></td><td></td><td></td><td rowspan="3">관찰법,
수행평가</td><td rowspan="3">활동3,
정리·
확인
과정</td></tr>
<tr><td>나</td><td>탈 것의 이름을 말하고 알맞은 장소에 교통수단 카드를 붙일 수 있는가?</td><td></td><td></td><td></td></tr>
<tr><td>다</td><td>탈 것을 보고 교사의 신체적 도움을 받아 알맞은 장소에 교통수단 카드를 붙일 수 있는가?</td><td></td><td></td><td></td></tr>
<tr><td rowspan="2">전체
평가</td><td colspan="2">1. 적극적인 태도로 학습활동에 참여하는가?</td><td></td><td></td><td></td><td rowspan="2">관찰법</td><td rowspan="2">수업
전 과정</td></tr>
<tr><td colspan="2">2. 교사의 지시에 따라 주어진 과제를 잘 수행하는가?</td><td></td><td></td><td></td></tr>
</table>

• 수업지도안 예시(약안)-6

1. 본시 교수-학습 지도안

<table>
<tr><td>일 시</td><td colspan="3">20**년 *월 *일 (월) 2교시</td><td>대 상</td><td>5학년 1반</td><td>교 사</td><td>오OO</td></tr>
<tr><td>단 원</td><td colspan="5">11. 어느 가게에서 살까요 (기본교육과정 사회 I 단계)</td><td>차 시</td><td>2/3</td></tr>
<tr><td>주 제</td><td colspan="7">식료품 파는 가게 알기</td></tr>
<tr><td rowspan="3">학습 목표</td><td colspan="2">전체목표</td><td colspan="5">식료품 가게에서 파는 물건의 종류를 알맞게 분류할 수 있다.</td></tr>
<tr><td rowspan="2">개별 목표</td><td>㉮ 모둠</td><td colspan="5">식료품 가게에서 파는 물건의 종류를 알맞게 분류할 수 있다.</td></tr>
<tr><td>㉯ 모둠</td><td colspan="5">교사의 도움 받아 식료품 가게에서 파는 물건의 종류를 분류할 수 있다.</td></tr>
</table>

<table>
<tr><td rowspan="3">단계</td><td colspan="4">교수 · 학습 활동</td><td rowspan="3">시간(')</td><td rowspan="3">자료(㉾) 및 유의점(㉸)</td></tr>
<tr><td rowspan="2">학습 내용</td><td rowspan="2">교 사</td><td colspan="2">학 생</td></tr>
<tr><td>㉮ 모둠</td><td>㉯ 모둠</td></tr>
<tr><td rowspan="5">도 입</td><td>학습 분위기 조성</td><td>◎ 인사하기</td><td>-반장의 구호에 맞추어 큰 목소리로 함께 인사한다.</td><td>-교사와 눈을 마주친다.</td><td rowspan="2">1'</td><td rowspan="5">㉾ 사진자료 (ppt)

㉾ 학습 문제 제시자료 (ppt)</td></tr>
<tr><td>전시 학습 상기</td><td>◎ 전시학습 상기하기
-지난 시간 함께 공부한 내용 이야기하기</td><td colspan="2">-교사를 바라보면서 교사의 물음에 대답한다.</td></tr>
<tr><td>동기 유발</td><td>◎ 'OO에 가면~' 사진 제시하기
-본시 학습과 관련된 동기유발 자료 제시하기</td><td colspan="2">-화면을 바라본다.</td><td>1'</td></tr>
<tr><td rowspan="2">학습 문제 제시</td><td>◎ 학습 문제 제시하기
-학습 문제 읽기</td><td>-학습 문제를 함께 읽는다.</td><td>-학습 문제를 바라본다.</td><td rowspan="2">1'</td></tr>
<tr><td colspan="3">식료품 가게에서 파는 물건의 종류를 알맞게 분류할 수 있다.</td></tr>
</table>

전개	활동 1	◎ 식료품 가게에서 파는 물건 찾아보기 -광고지를 보면서 교사가 제시하는 사진과 일치하는 그림에 스티커를 붙일 수 있도록 안내하기	-교사의 설명을 잘 듣고 교사가 보여주는 사진과 같은 그림을 찾아 스티커를 붙인다.	-교사의 도움을 받아 교사가 보여주는 사진과 같은 그림을 찾아 스티커를 붙인다.	7'	자 광고지, 스티커, 사진자료(ppt)
	활동 2	◎ 식료품 가게에서 파는 물건의 종류 분류하기 -과일, 채소, 슈퍼마켓, 빵 가게에 있는 물건의 종류에 대해서 설명하고 함께 분류해보기	-교사의 설명을 잘 듣고 교사의 지시에 따라 물건의 종류를 알맞게 분류한다.	-교사의 시범을 보고 교사의 지시에 따라 물건의 종류를 알맞게 분류한다.	15'	자 분류판 교재교구
	활동 3	◎내가 사고 싶은 물건 찾아보기 -사고 싶은 물건을 모두 찾아 메이킹북에 붙여볼 수 있도록 안내하기	-교사가 제시하는 자료를 보며 자신이 사고싶은 물건의 그림을 메이킹북에 붙인다.		10'	자 메이킹북, 물건 그림, 풀
정리	정리 및 평가	◎ 학습 내용 정리하기 -아이들이 붙인 메이킹북을 보면서 식료품 가게에서 파는 물건의 이름을 확인하고 가게별로 정리하여 이야기해보기	-친구들이 완성한 메이킹북을 보면서 식료품 가게에서 파는 물건의 종류에 대하여 교사의 질문에 대답한다.		5'	자 ppt 자료
	차시 예고	◎ 차시 예고 -다음 시간에 공부할 내용을 설명하기	-교사의 말에 귀를 기울인다.			
	인사하기	◎ 인사하기	-다 함께 큰소리로 인사한다.			

2. 본시 학습 평가

<table>
<tr><th>모둠</th><th>평가 목표</th><th>평가 기준</th><th>평가 방법</th></tr>
<tr><td rowspan="3">㉮ 모둠</td><td rowspan="3">식료품 가게에서 파는 물건의 종류를 알맞게 분류할 수 있다.</td><td>상</td><td rowspan="6">아동의 수업 과정에서의 태도와 결과를 직접적으로 관찰하여 교사가 개별 평가</td></tr>
<tr><td>중</td></tr>
<tr><td>하</td></tr>
<tr><td rowspan="3">㉯ 모둠</td><td rowspan="3">교사의 도움 받아 식료품 가게에서 파는 물건의 종류를 분류할 수 있다.</td><td>상</td></tr>
<tr><td>중</td></tr>
<tr><td>하</td></tr>
</table>

3. 판서 계획

11. 어느 가게에서 살까요 (2/3)
♠ 학습문제 : 식료품 가게에서 파는 물건의 종류를 알맞게 분류할 수 있다.

5. 실습소감문 예시

아래의 소감문은 교육실습을 끝내고 학생들이 작성한 실습소감문의 예들입니다. 이것은 잘 작성한 소감문의 예가 아니라 학생들이 실습에 대해서 어떤 느낌, 어떤 경험을 하는지에 대한 이해를 돕기 위한 것입니다.

교육실습생 김○○

○○학교에서 실습을 시작한 게 엊그제 같은데 벌써 실습이 끝나갑니다.

4주라는 짧다면 짧을 수도 있겠지만 그 기간 동안 정말 많은 경험들과 일들이 제게 일어났습니다. 우선 연구수업을 하게 된 것이 가장 큰 일이었습니다. 아이들의 특성도 잘 모르고 가르친 경험도 짧은 제가 여러 선생님들을 모시고 수업을 한다고 생각하니 몇 날 며칠을 제대로 잘 수 없었습니다. 여러 날을 고민한 끝에 주제를 정하고 자료를 모으고 그 자료들 중에서 필요한 부분을 조합하면서 많은 고민과 많은 좌절을 겪었습니다. 돌이켜 보니, 지금까지 대학을 다니고 모의수업을 여러 번 준비하면서 그렇게 많이 고민하고 그렇게 많이 생각해본 적이 없는 것 같습니다. 제가 지금까지 살아오면서 가장 많은 에너지와 가장 많은 정열을 쏟았던 것 같습니다. 물론 그렇게 애정을 쏟고 힘을 실었던 만큼 많은 아쉬움이 남습니다.

아직도 제가 많이 부족한 사람이구나 하는 생각이 머릿속을 떠나지 않아 수업을 마친 날은 마음이 너무 괴로워 오히려 더 잠이 오지 않았습니다. 조금 더 잘할 수 있지 않았을까, 조금 더 우리 아이들에게 도움이 되는 수업을 했으면 어땠을까 하는 아쉬움이 남습니다. 준비를 하는 동안에는 많이 힘들고 그만두고 싶단 생각들마저 불쑥불쑥 들었습니다. 그러나 나를 도와주고 지켜봐주고 힘을 주는 많은 이들과 또 내가 이끌어가야 하는 우리 아이들을 생각하면서 힘을 내야겠다고 생각했습니다. 수업하는 동안 열심히 따라와 줘서 정말 고마운 우리 초등부 2학년 ○반 아이들, 아마도 평생 잊지 못할 아이들일 것입니다. 아이들에 비해 오히려 제가 제대로 하지 못한 것 같아 그게 너무 미안할 뿐 이였습니다.

늘 다음이란 없다는 것을 뻔히 알면서도, 한번 주어진 기회를 잡지 않으면 다시는 그런 기회는 오지 않는다는 것을 알면서도 제대로 하지 못해서 그 기회를 제대로 잡지 못해서 너무 안타깝고 너무 가슴이 아팠습니다.

이제 얼마 있지 않으면 이 학교를 떠나게 됩니다. 정들고 그리운 우리 반 아이들의 모습이 눈앞에 떠올라 마음이 찡합니다. 너무 순하고 착한 우리 철수, 이 녀석 덕분에 학교생활에 즐거웠던 우리 미성, 감정기복이 심하지만 너무 귀여운 우리 호섭이, 듬직하지만 세상에서 가장 순수한 우리 병찬이 이 네 명의 아이들을 생각하면 잘해주지 못한 시간들이 너무도 후회가 되고 가슴이 아픕니다. 그리고 부족한 저를 지도하시느라 너무 고생 많이 하신 저희 담임선생님이신 이○○선생님께 진심으로 감사드립니다. 또한 우리 실습생들이 여기서 열심히 실습할 수 있도록 많은 도움을 주신 여러 선생님들과 교장선생님, 교감선생님 정말 감사드립니다.

이렇게 아무것도 제대로 해놓고 가지 못하는 것 같아 그저 죄송스럽기만 합니다. 다음번에 제가 교사가 되었을 때 그 때 정말로 교장 선생님의 말씀처럼 지금 ○○학교에서의 경험들이 많은 밑거름과 에너지가 될 것 같습니다. 다시 한번 진심으로 감사드립니다.

교육실습생 김○○

특수교육을 전공하면서 걸어 온 4년이라는 시간들 속에 나에게 가장 기억에 남는 것이 있다면 그것은 바로 5월 한 달간 교생실습을 하는 시간이었다고 말할 수가 있다. 대학 2학년 때 처음 자원봉사로 알게 된 ○○학교는 정신지체 특수학교로서 30년이 넘는 긴 역사와 전통을 자랑하는 학교이기에 기회가 주어진다면 꼭 실습을 하고 싶었던 학교였고, 다행히도 학교의 허락을 받아 5월 한 달간 교생실습을 할 수 있게 되어서 무엇보다도 기뻤다.

4월 27일 목요일 오리엔테이션이 있는 날 긴장하는 마음과 설레는 마음으로 ○○학교를 방문하게 되었다. 그러나 긴장했던 나에게 교장선생님을 비롯하여 교감선생님과 모든 선생님들께서 반갑게 맞아 주셔서 한결 편안한 마음을 가질 수 있게 되었다. 나는 이번 한 달 동안 초등○학년 ○반 홍○○ 선생님 반에서 교육실습을 하게 되었다.

5월 1일 첫 출근 날 교육실습생 소개하는 시간을 잠시 가진 뒤 전교생 걷기 훈련이 있는 날로 ○○○○에 가서 우리 아이들과 함께 하루를 보내는 귀한 시간이었다. 이날 나는 초등5학년 1반 최○○ 선생님의 지시에 따라 철수와 철민이를 도와서 함께 걷기 훈련에 참여하게 되었다. 아이들 손을 잡고 걷기훈련을 하는 시간이 얼마나 뿌듯하고 소중했는지 모른다. 몸은 조금 피곤했지만 마음은 가벼웠던 그런 하루였다. 5월 2일은 교장선생님의 연수와 함께 직무연수, 현장 실무 연수 등 바람직한 교사의 역할과 교직자의 사명과 보람, 공무원 복무규정, 전·입학 학적, 공문서 관련, 행사 등 많은 연수를 받게 되었다. 5월 3일은 A반 수영을 ○○체육공원에서 실시하게 되어 함께 수업참관을 하게 되었고, 5월 4일은 초등고학년 인라인을 타는 시간이어서 역시 ○○체육공원에서 수업참관을 하게 되었다. 또한 방과후학교를 운영 중인 오후 7,8교시에는 미술치료실에서 수업참관을 하게 되었다. 5월 8일 어버이날은 학교 운동장에서 ○○놀이한마당을 통해 학부모님을 모시고 행복한 시간들을 가졌는데 나는 전통 문양찍기 코너에 투입이 되어서 먹물을 가지고 한지에 전통무늬가 그려진 다양한 종류의 기와들을 가지고 찍어서 모양을 내는 곳에서 담당 선생님을 보조하는 것을 맡게 되었다. 다양한 놀이들을 함께 하면서 우리 ○○학교의 모든 학생들이 행복해 하는 모습들을 볼 수가 있었다.

5월 9일부터는 담임선생님과 의논하여서 실제수업을 해보는 시간을 가지게 되었다. 실습 마지막 주간에 실시하는 교생연구수업을 하는 선생님만 수업하는 것으로 한정 짓는 것이 아니라 모든 교생들이 각 반에서 수업을 직접 해볼 수 있게 많은 배려를 해주셨다. 우리 아이들과 많이 만나고 부딪히면서 아이들의 현행수준과 특성을 빨리 파악하여야 했으며 비록 짧은 한 달간의 교생실습이지만 배치된 각 반에서 평소에 수업준비를 잘 하여서 실제로 수업을 해보는 귀한 시간이었던 것 같다.

5월 12일 금요일은 전교생 춘계 현장 학습을 실시하는 날이었다. 이 날은 ○○공원에서 아이들과 함께 박물관도 관람하고 놀이기구도 탔으며, 미니게임도 하는 등 다양한 행사를 펼쳤으며, 나는 중학부 2학년 1반 이○○ 선생님의 지시에 따라 준호와 석호를 챙겨야 했다. 이 날 날씨는 비가 올듯 하면서도 학교의 모든 일정이 마칠 때까지 비가 오지 않아서 참 다행인, 그런 멋진 하루였다.

5월 19일 금요일에는 참으로 많은 비가 쏟아진 날로 교장선생님께서 특별히 배려해 주셔서 각 그룹별 주제별토론을 갖는 등 뜻 깊은 하루의 시간들을 보내게 되었다.

담임선생님의 배려로 내가 ○학년 ○반에서 담임선생님 수업시간에 국어와 사회 수업 등 다양한 수업들을 해 볼 수 있는 시간이 주어졌고 너무나 감사했다. 교육실습 동안에 몇몇 교생들만 연구수업을 한다면 교생연구수업을 하지 않는 실습생들에게 큰 의미가 없을 수도 있는데, 교장선생님의 방침과 담임선생님의 배려로 ○학년 ○반에서 수업을 할 수 있는 기회가 주어졌다는 것만으로도 감사했다. 비록, 내가 수업해야 하는 하루 전날은 학습교구들을 만들기 위해 수면이 많이 부족했지만 수업을 하고 난 후 그 뿌듯함이란 이루 말할 수 없을 정도로 행복했다. 그와는 반대로, 수업을 했으나 내가 구상하고 계획해서 수업을 철저하게 준비한다고 했을지라도 그때그때 마다 상황에 따라 부족한 부분들을 많이 발견하게 되었다. 학교일이 많이 바쁘실 텐데도 불구하고 실습일지의 소감문을 하루도 빠짐이 없이 일일이 자상하게 챙겨주시고 격려해 주신 담임선생님이 계셔서 감사했다.

실습을 종료하게 될 시점에서 교장선생님의 말씀 중 가장 기억에 남는 것 3가지가 있다. 그 첫째는 바로 ○○학교는 학생이, 학부모가, 교사가 행복한 학교라는 것과, 둘째는 열심히 공부해서 꼭 임용고시에 합격하라는 당부의 말씀, 셋째는 한 달간의 교생실습기간이 지금은 잘 모르겠지만 먼 훗날 많이 그리워질 것이기에 좋은 추억을 만들라는 말씀이었다. 정말 잊을 수 없는 말씀이다. 소감문을 작성하는 지금 이 순간, 마음이 뭉클하면서 금방이라도 눈물이 날 것 같다. 그 이유는 28명이나 되는 많은 교육실습생들 한명 한명을 다 챙겨주시고 만날 때마다 격려해 주신 교장선생님과 여러 선생님들이 생각나고 우리 ○학년 ○반 친구들이 생각나기 때문이다. 앞으로 정말 많이 보고 싶을 것 같다.

이처럼 내게 있어서 대학 4년의 시간 속에 ○○학교에서의 5월 교생실습기간은 참으로 소중한 시간들이었으며, 지금도 그리고 미래에도 결코 잊혀지지 않을 학교로 가슴속에 깊이 간직할 수 있을 것 같다.

특수교사는 항상 겸손한 자세로 학생들을 돕는 진정한 조력자의 역할을 감당하는 자가 되어야 한다고 생각한다. 그런 내가 되기 위해서는 겸손한 자세로 꾸준히 노력하면서 학생들에게 용기와 자기에 대한 확신을 심어줄 수 있도록 이끌어 줄 수 있는 교사가 되고 싶다.

한 달간의 교생실습은 대학에서 배우지 못한 많은 다양한 경험들을 맛볼 수가 있는 귀한 시간들이었다.

정신지체 학교/ 교육실습생 김○○

설레는 마음으로 ○○학교의 교정에 들어서던 때가 생각난다. 평소에 잘 입지 않던 정장을 하고 구두를 신고서 나름대로 가장 단정한 옷차림으로 학교에 왔다. 선생님들은 어떤 분들이실까, 특히 담임선생님은 누구실까, 어떤 아이들을 만나게 될까, 어떤 일들이 일어날까, 다른 학교 교생선생님들은 어떤 분들일까 등 이것저것 궁금하고 기대되고 설렜었다.

오리엔테이션 때 많은 수의 교생들이 왔다는 것을 알게 되었고, 다들 좋은 분들인 것 같은 느낌을 받았다. 학교를 소개 받고 둘러보면서 빨리 우리 반 선생님과 아이들을 만나고 싶다는 생각에 조금은 마음이 들떴다.

배정 받은 교실을 보니 의자가 4개, 책상도 4개, 서랍장도 4개인 것을 보고 학생들이 모두 4명인 것을 알게 되었다. 적은 수의 아이들이라 더 자주 더 친밀하게 지낼 수 있을 것 같았다. 담임선생님과 아이들이 함께 찍은 사진을 보니 참 다정해 보였다. "항상 웃음과 행복이 넘치는 교실"이라는 글귀처럼 사진 속의 아이들은 모두가 행복한 웃음을 짓고 있었다.

오리엔테이션 날은 담임선생님과 아이들을 보지 못했다. 실습을 본격적으로 시작하면서 만난 담임선생님과 반 아이들은 역시 나의 기대를 저버리지 않았다. 담임선생님은 항상 웃음으로 우리 교생들을 대해 주셨고 아이들을 향해서도 미소를 잃지 않는 밝은 분이셨다. 아이들은 저마다 개성이 있지만 귀여움이 넘쳐났다.

수업시간에 적극적으로 답을 해서 교사에게 힘을 실어주는 한나, 친구를 도울 줄 아는 따뜻한 마음을 지닌 아이다. 친구인 철수가 자신보다 더 많이 아픈 아이라고 챙겨 주고 도와주는 아이다. 가끔 험한 말이 입에서 나오긴 하지만 장난기가 넘치는 민석이, 등교 지도 때 손을 잡고 가려면 손을 뿌리치지만 다시 잡으면 잡혀 주는(?) 석진이의 행동이 밉지 않다. 오히려 귀엽다. 웃는 얼굴이 사랑스러운 효성, 눈웃음치는 모습에서 정감이 흐른다. 교사를 잘 따르고 친구랑 장난치며 웃는 모습이 사랑스럽다. 토실토실 귀여운 선홍이, 수업시간에 자리를 자꾸 벗어나려 해서 선생님들을 힘들게 만드는 아이다. 화나고 짜증나면 자신의 머리를 마구 때리는 자해 행동도 하고 소리 내어 서럽게 울기도 한다. 다행히 길지 않다. 다시 기분이 좋아지면 배시시 웃고 간질이면 웃는다. 그리고 안기기도 잘 한다. 막무가내로 고집을 피울 땐 힘들지만 선홍이의 미소를 보면 어느덧 힘들었던 일이 없어지는 것 같다.

담임선생님과 함께 특별실이나 식당으로 이동해 갈 때 칙칙폭폭 기차처럼 한 줄로 서서 가는 모습이 참 귀엽다. 석진이가 어깨에서 손을 떼기라도 하면 뒤에 있는 민석이가 석진이 손을 잡아 다시 어깨에 올려 준다. 효성이는 신발장에서 선홍이 신발이라며 신으라고 내어준다. 아이들끼리 사용하는 어휘는 몇 안 되지만 눈빛만으로도 마음이 통하는지 마주보며 깔깔깔 웃어대며 장난치는 모습 보면 나도 마음이 흐뭇해진다. 말을 많이 하진 않아도 마음으로 통하는 게 있는가 보다. 그리고 자기보다 더 힘든 친구라는 걸 알고 도와 주려하는 마음이 있어서 서로 개성과 장애 정도가 다르지만 같이 한 반 친구로서 함께 할 수 있는 것 같다.

담임선생님의 수업과 다른 선생님들의 수업, 교생선생님 몇 분의 연구수업을 보면서 배우는 것이 많았다. 특히 우리 담임선생님은 아이들이 좋아하는 노래와 율동을 했는데 아이들이 매우 좋아하고 생기가 넘쳤다. 매일의 날짜와 요일, 날씨에 대한 반복 학습을 하셨는데, 우리 아이들의 특성상 반복이 중요하고 효과가 있음을 다시 한번 알게 되었다. 선생님께서는 또한 우리 아이들에게 가장 필요한 기능적인 내용의 수업을 주로 하셨다. 여러 선생님들의 교재 교구, 환경구성을 보면서 다들 솜씨가 뛰어남에 놀랐는데 솜씨는 정성과 열정에서 나오는 것 같다.

기대만큼이나 아니 그 이상으로 ○○학교에서의 실습은 좋은 기억으로 남을 것 같다. 교장 선생님이 유머가 있으시고 말씀에서 정감이 묻어나서 너무 좋았다. 특히 ○○학교에서 교생실습을 하게 된 우리들에게 ○○학교를 친정처럼 생각하라고, 다른 학교에도 많이 가게 되겠지만 교육실습을 한 학교가 마치 친정처럼 기억된다고 하셨던 말씀이 기억난다. 그리고 지금은 잘 느끼지 못할 수도 있지만 언젠가는 지금 이 실습기간이 아주 좋은 추억으로 남을 것이라고 하신 말씀이 내 마음에 와 닿았다.

한 달이라는 어쩌면 짧다고 할 수 있는 실습이었지만 이것이 앞으로의 내 인생에서 좋은 추억이 될 것이라고 생각한다. 또한 추억으로만 끝나지 않고 ○○학교에서 만난 인연이 앞으로도 계속 이어지길 바란다. 나 역시 현장에서 일하는 특수교사가 되기 위해 노력 또 노력해야 한다는 생각을 다시 한번 하게 된다. 언젠가 현장에서, 그 때는 교생이 아니라 교사로서 만나게 될 아이들을 기대해 본다.

〈실습 소감문〉

○○○학교 교생실습을 마치면서

농학교/ ○○대학교 특수교육과 김○○

한껏 기대에 부푼 마음으로 2학년 ○반 교실문을 열었을 때, 호기심 가득한 눈을 가진 지섭이가 우리를 맞이했다. 2학년이라 체구도 작고 키도 아담한 지섭이가 나에게 말을 걸어왔다. 처음에는 우리가 목에 걸고 있는 수첩에 관심을 가지더니 이내 이름표를 보고 "김"자를 가르키면서 "엄마"라고 말했다. 그래서 "엄마 이름에도 '김'자가 들어가니?"라고 물었더니 그렇다고 고개를 끄덕였다. 그렇게 지섭이와 함께 하는 교생실습이 시작되었다. 시간이 지나고 지섭이와 친해지면서 정이 정말 많이 들었다. 집에 가서도 눈을 감으면 지섭이의 목소리와 얼굴이 떠오를 정도였으니 말이다. 그렇게 실습 1,2주가 지나가고 3주째를 맞았는데 지섭이의 행동이 조금 달라졌다. 우리와 많이 친해진 탓인지 함께 공부하자고 하면 싫다는 표현의 수화를 계속했다. 우리뿐만 아니라 담임선생님의 수업, 심지어 교과선생님의 수업도 하기 싫다고 했다. 그래서 담임선생님과 우리는 지섭이의 학습문제를 두고 긴급회의를 열었다. 회의 결과 지섭이에게는 좀더 자극적인 "강화"가 필요하겠다고 의견이 모아졌다. 그래서 담임선생님과 함께 "칭찬해 주세요~"라는 칭찬강화판을 만들어 교실 한쪽벽에 붙여두고 활동을 잘할 때마다 스티커를 붙여 주었다. 그리고 나서부터 지섭이의 행동이 조금씩 변하기 시작했다. 하루에도 몇 번씩이나 사용하던 "싫다"라는 수화도 사라졌고, 수업시간의 집중시간이 늘어갔다. 그리고 실습초기에 지섭이가 책을 많이 읽었으면 좋겠다는 말씀을 듣고 쓰레기장 근처에서 스티로폼을 구해다가 입체집 형태로 지섭이가 들어갈 수 있을만한 크기로 "미니도서관"을 교실 안에다 설치해 놓고 수업을 잘 한 날은 거기 들어가서 놀 수 있게 해 주었다. 어쨌든 지금 넷째주에 들어와서 지섭이는 정말 수업도 잘하고 항상 밝은 모습이라 너무 흐뭇하다.

첫날은 결석을 해서 얼굴을 보지 못했던 명훈이를 실습 이틀째 되는 날 체육관 앞에서 만날 수 있었다. 첫날 명훈이를 보는 순간, 이 아이가 정말 좋아질 것이라는 예감이 들었고, 지금 명훈이를 보면 그 때 그 예감처럼 그렇게 좋을 수가 없다. 특히 웃는 모습이 너무 예뻐서 명훈이가 나를 보고 한번 웃어주면 정말 황홀한 기분마저 든다. 명훈이는 미술적 색채감각이 매우 뛰어나고 생활에서 쓰이는 대부분의 물건이름을 알고 있었다. 그렇게 시간이 지나고 명훈이의 행동이 문제점이 보이기 시작했다. 텔레비전이나 컴퓨터를 너무 좋아해서 그것을 중단시키고 다른 과제를 주면 발로 차거나 침을 뱉는 행동, 울면서 바닥에 누워버리는 등의 행동을 보였다. 평소에는 그런 행동을 전혀 하지 않는 명훈이었기 때문에 처음 이 광경을 목격하고 나는 많이 놀랐다. 그리고 그 원인에 대해서 담임선생님께 여쭤봤더니 어렸을 때부터 텔레비전이나 컴퓨터를 많이 해서 거기에 집착을 하는 것 같다고 말씀해 주셨다. 나는 너무 안타까운 마음이 들었다. 그것이 명훈이의 학습과 생활전반에 영향을 많이 미치고 있는 것 같아 안타까움이 더 컸다. 그래서 수업시간과 쉬는 시간을 명확하게 구분하여 컴퓨터를 사용할 수 있도록 지도하는데 중점을 두었다. 초반에는 매우 심하게 거부를 했으나 4주째 접어들면서 조금씩 나아지고 있다. 어쨌든 명훈이의 잠재력을 키우는데 그것이 방해가 되지 않았으면 하는 바람이다. 갈수록 사랑스러워지는 명훈이와 이제 헤어질 생각을 하니 조금 서글픈 생각이 든다. 어제는 내 손에 대고 뽀뽀를 해 주었는데 그때의 기분은 말로 표현하기 힘들다.

보석같은 두 아이들과 함께 하는 시간들은 나의 평생 내 가슴속에 기억될 것이다. 그리고 나는 그것에 의지하여 열심히 최선을 다해서 특수교육의 길을 걸어갈 것이다.

항상 밝은 모습으로 회의를 진행하셨던 인자하신 연구부장 선생님, 웃어야 주름이 안 생긴다며 밝게 웃으시는 교감선생님, 항상 좋은 말씀으로 교훈을 주신 교장선생님께 깊은 감사를 드린다. 그리고 연구수업을 할 때와 모든 실습기간을 통해 나의 가장 든든한 버팀목, 힘이 되어 주셨던 문○○ 선생님께 진심으로 감사드린다.

6. 교육실습일지 예시

교육실습일지

OOOO 대 학 교

최종결재	실습생	담임교사	연구부장 (수석교사)	교감	교장

<table>
<tr><td rowspan="4">실습학교</td><td>학교명</td><td colspan="3"></td></tr>
<tr><td>주 소</td><td colspan="3">전화</td></tr>
<tr><td>지도교사</td><td colspan="3"></td></tr>
<tr><td>실습기간</td><td colspan="3">20 년 월 일 ~ 20 년 월 일 / 주간</td></tr>
<tr><td rowspan="3">실습생</td><td colspan="4">○○○○ 대학교 대학 학과 전공</td></tr>
<tr><td>학 번</td><td></td><td>이 름</td><td></td></tr>
<tr><td>담당
학년(반)</td><td colspan="3">학년 반</td></tr>
</table>

학교연혁 및 교육목표

설립연도	
교육목표	
학교장 경영 중점사항	
학교연혁	

학교조직 및 교사

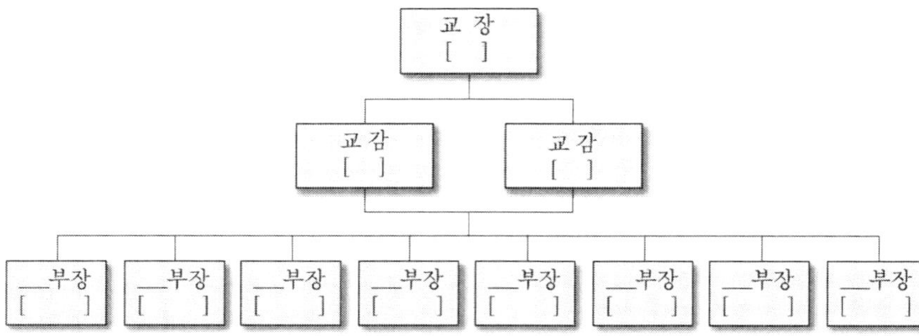

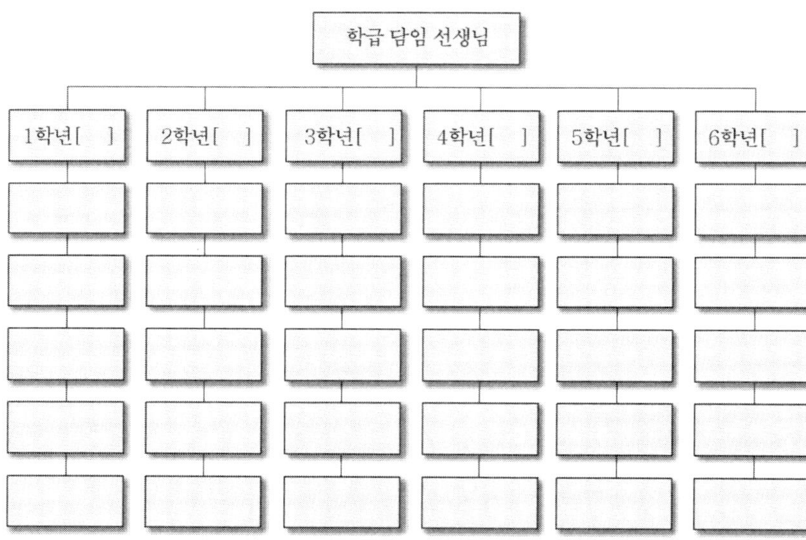

교직원수: 교사[명], 직 원: 총 [명]
학 급 수: 총 [학급], 학생수: 총 [명]

실습학교 오리엔테이션 및 실습생 유의사항

년 월 일(요일)

오리엔테이션
실습생 유의사항

월간 학교행사 및 실습일정

주	월 일( )	월 일( )	월 일( )	월 일( )	월 일( )	월 일( )
학교행사						
실습일정						
주	월 일( )	월 일( )	월 일( )	월 일( )	월 일( )	월 일( )
학교행사						
실습일정						

월간 학교행사 및 실습일정

주	월 일( )	월 일( )	월 일( )	월 일( )	월 일( )	월 일( )
학교행사						
실습일정						
주	월 일( )	월 일( )	월 일( )	월 일( )	월 일( )	월 일( )
학교행사						
실습일정						

학급현황 및 운영

<table>
<tr><td>학급명(학반)</td><td colspan="5"></td></tr>
<tr><td>급 훈</td><td colspan="5"></td></tr>
<tr><td>담임 선생님
교 육 방 침</td><td colspan="5"></td></tr>
<tr><td rowspan="2">학생현황 및 특성</td><td>아동명</td><td>성별</td><td>진단평가내용</td><td>장점</td><td>기타(행동특성)</td></tr>
<tr><td></td><td></td><td></td><td></td><td></td></tr>
<tr><td>기타</td><td colspan="5"></td></tr>
</table>

수 업 시 간 표

담당학급: 학년 반/ 반

요일 교시	월	화	수	목	금	토
1						
2						
3						
4						
5						
6						
7						

<table>
<tr><td colspan="2" rowspan="2">교 육 실 습 일 지</td><td>담 임</td><td>부 장</td><td>교 감</td><td>교 장</td></tr>
<tr><td></td><td></td><td></td><td></td></tr>
<tr><td>월 일</td><td colspan="5">200 년 월 일 요일 날씨:</td></tr>
<tr><td>전달 및
지시사항</td><td colspan="5"></td></tr>
<tr><td>〈실습내용〉

교생교육
수업지도
학급경영</td><td colspan="5"></td></tr>
<tr><td>생활지도</td><td colspan="5"></td></tr>
<tr><td>하루에 한가지씩 아동의 장점 찾기</td><td colspan="5"></td></tr>
<tr><td>소감 및
반성</td><td colspan="5">교육실습생 (인)</td></tr>
<tr><td>지도교사 조언</td><td colspan="5"></td></tr>
</table>

수 업 참 관 록

20 년 월 일 (요일) 교시

수 업 자		학 반	
과 목		단 원 명	

단 계	수 업 내 용	자료, 환경구성
도입		
전개		
정리 및 평가		
배운점		

연 수 록

200 년 월 일 (요일)

연수주제		연수담당		장 소	
구분	연 수 내 용			적용, 느낀 점	
연수 목적					
연수 내용					
적용 및 응용					

연구수업평가

*본인의 연구수업에 대한 평가내용 및 반성을 적습니다.

20 년 월 일 (요일)

평가내용	지적된 문제에 대한 대안 및 앞으로의 각오
평가 후 소감	

교육실습 평가

*교육실습 이후 본인에 대한 실습평가 내용 및 앞으로의 대안을 적습니다.

20 년 월 일 (요일)

평가내용	지적된 문제에 대한 대안 및 앞으로의 각오
평가 후 소감	

사례연구

사례연구계획서

<table>
<tr><td>아 동 명</td><td></td><td>성별</td><td></td><td rowspan="3">생년월일</td><td>년 월 일</td></tr>
<tr><td rowspan="2">진단평가 결과</td><td colspan="3"></td><td rowspan="2">만______세</td></tr>
<tr><td colspan="3"></td></tr>
<tr><td>대상선정의 이유</td><td colspan="5"></td></tr>
<tr><td>장애유형 및
행동특성</td><td colspan="5"></td></tr>
<tr><td>아동의 장점</td><td colspan="5"></td></tr>
<tr><td rowspan="2">중재목표</td><td colspan="2">부적응 행동
(소거행동)</td><td colspan="3"></td></tr>
<tr><td colspan="2">긍정적 행동
(대안행동)</td><td colspan="3"></td></tr>
<tr><td rowspan="5">중재방법 선택</td><td colspan="2">방 안 1</td><td colspan="3"></td></tr>
<tr><td colspan="2">방 안 2</td><td colspan="3"></td></tr>
<tr><td colspan="2">방 안 3</td><td colspan="3"></td></tr>
<tr><td colspan="2" rowspan="2">최종
적용방안</td><td colspan="3"></td></tr>
<tr><td colspan="3"></td></tr>
<tr><td>중재기간</td><td colspan="5">200 년 월 일부터 200 년 월 일까지</td></tr>
<tr><td rowspan="9">중재계획</td><td>기간</td><td colspan="4">중 재 내 용</td></tr>
<tr><td>-</td><td colspan="4"></td></tr>
<tr><td>-</td><td colspan="4"></td></tr>
<tr><td>-</td><td colspan="4"></td></tr>
<tr><td>-</td><td colspan="4"></td></tr>
<tr><td>-</td><td colspan="4"></td></tr>
<tr><td>-</td><td colspan="4"></td></tr>
<tr><td>-</td><td colspan="4"></td></tr>
<tr><td>-</td><td colspan="4"></td></tr>
<tr><td>담임선생님 조언</td><td colspan="5"></td></tr>
</table>

사례연구 진행일지

날 짜	중재내용	중재결과
월 일 요일		
월 일 요일		
월 일 요일		
월 일 요일		
월 일 요일		
월 일 요일		
월 일 요일		
월 일 요일		
월 일 요일		
월 일 요일		
월 일 요일		
월 일 요일		
참고사항:		

교재·교구 제작 계획서

<table>
<tr><td>과 목</td><td></td><td>단 원</td><td></td></tr>
<tr><td>활동주제</td><td colspan="3"></td></tr>
<tr><td>활동목표</td><td colspan="3"></td></tr>
<tr><td>재 료</td><td colspan="3"></td></tr>
<tr><td>제작방법</td><td colspan="3"></td></tr>
<tr><td>적용방법</td><td colspan="3"></td></tr>
<tr><td>응용방법</td><td colspan="3"></td></tr>
<tr><td colspan="4">참고사항(사진 등)</td></tr>
</table>

실습평가서

소속: OOO대학교 특수교육과

교생: ______________________

평 가 사 항		평 가 관 점	평점	평 가 척 도
1	실습태도	• 출퇴근 시간을 정확히 지키는가? • 선생님들과 원만한 관계를 갖는가? • 교생들간에 서로 돕고 협력하는가? • 늘 배우려는 태도를 보이는가? • 학교의 모든 일에 솔선수범하는가?	15	
2	교사로서의 자질	• 아동에 대한 관심과 사랑을 보이는가? • 민주적이고 합리적인 태도를 보이는가? • 창의적 발상과 시도를 하는가?	15	
3	학습지도	• 아동에 대한 정확한 이해를 하는가? • 교과지도에 대한 이해가 있는가? • 다양한 교수방법들을 시도하는가? • 수업준비를 철저히 하는가?	15	
4	학급경영	• 학급의 특성을 적절히 이해하는가? • 학급경영에 적극적인가? • 담임선생님을 따르고 적절히 보조하는가?	15	
5	생활지도 및 교내활동	• 적극적으로 아동생활지도를 하는가? • 특별활동에 적극적으로 참여하는가?	15	
6	연구활동	• 사례연구 능력을 갖추고 있는가? • 다양한 중재방법들을 시도하는가? • 창의적인 교재교구제작을 시도하는가?	15	
7	실습록 작성 및 활용	• 실습록을 성실하게 기록하는가? • 실습록의 기록한 내용들을 실천하는가?	5	
8	기 타	• 기타사항	5	
점수		총____________점		
총평		지도교사 (인)		

교육실습생 출근부

실습생:____________________

주	월 일( )	월 일( )	월 일( )	월 일( )	월 일( )	월 일( )
출근						
지각						
조퇴						
결근						

주	월 일( )	월 일( )	월 일( )	월 일( )	월 일( )	월 일( )
출근						
지각						
조퇴						
결근						

주	월 일( )	월 일( )	월 일( )	월 일( )	월 일( )	월 일( )
출근						
지각						
조퇴						
결근						

주	월 일( )	월 일( )	월 일( )	월 일( )	월 일( )	월 일( )
출근						
지각						
조퇴						
결근						

7. 사도헌장 및 강령

사 도 헌 장 및 사 도 강 령

(대한교육연합회, 1982년 5월 15일 공포)

가. 사도헌장

오늘의 교육은 개인의 성장과 사회의 발전과 내일의 국운을 좌우한다. 우리는 국민 교육의 수임자로서 존경받는 스승이요, 신뢰받는 선도자임을 자각한다. 이에 긍지와 사명을 새로이 명심하고 스승의 길을 밝힌다.

-우리는 제자를 사랑하고 개성을 존중하며 한마음 한뜻으로 명랑한 학풍을 조성한다.
-우리는 폭넓은 교양과 부단한 연찬으로 교직의 전문성을 높여 국민의 사표가 된다.
-우리는 원대하고 치밀한 교육 계획의 수립과 성실한 실천으로 맡은 바 책임을 완수한다.
-우리는 서로 협동하여 교육의 자주혁신과 교육자의 지위 향상에 적극 노력한다.
-우리는 가정교육, 사회교육과의 유대를 강화하여 복지국가 건설에 공헌한다.

나. 사도강령

민주 국가의 주인은 국민이므로 나라의 주인답게 길러내는 교육은 가장 중대한 국가적 과업이다. 우리 겨레가 오랜 역사와 찬란한 문화를 계승·발전시키며, 선진제국과 어깨를 나란히 하여 인류 복지증진에 주도적으로 기여하려면, 무엇보다도 문화 국민으로서의 의식 개혁과 미래 사회에 대비한 창의적이고 자주적인 인간 육성에 온 힘을 기울여야 한다.

그러기 위하여 우리 교육자는 국가 발전과 민족중흥의 선도자로서의 사명과 긍지를 지니고, 교육을 통하여 국민 각자의 능력을 최대한으로 계발하여 개인의 자아실현과 국력의 신장, 그리고 민족의 번영에 열과 성을 다하여야 한다.

또한 교육자의 품성과 언행이 학생의 성장 발달을 좌우할 뿐만 아니라 국민 윤리 재건의 관건이 된다는 사실을 명심하고 사랑과 봉사, 정직과 성실, 청렴과 품위, 준법과 질서에 바탕을 둔 사도 확립에 우리 스스로 헌신하여야 한다.

이러한 우리의 뜻은 교직에 종사하는 모든 교육자가 공동체 의식을 가지고 노력하여야만 이루어질 수 있다는 것을 인식하고 사도헌장 제정에 때맞추어 우리의 행동 지표인 현행 교원 윤리 강령을 사도 강령으로 개정하여 이를 실천함으로써 국민의 사표가 될 것을 다짐한다.

제1장 스승과 제자

스승의 주된 임무는 제자로 하여금 고매한 인격과 자주 정신을 가지고 사회에 봉사할 수 있는 유능한 국민을 육성하는 데 있다. 그러므로

1. 우리는 제자를 사랑하고 그 인격을 존중한다.
2. 우리는 제자의 심신발달이나 가정의 환경에 따라 차별을 두지 아니하고 공정하게 지도한다.
3. 우리는 제자의 개성을 존중하며, 그들의 개인차와 욕구에 맞도록 지도한다.
4. 우리는 제자에게 직업의 존귀함을 깨닫게 하고, 그들의 능력에 알맞은 직업을 선택하도록 지도한다.
5. 우리는 제자 스스로 원대한 이상을 세우고, 그 실현을 위하여 정진하도록 사제동행한다.

제2장 스승의 자질

스승은 스승다워야 하며 제자의 거울이 되고 국민의 사표가 되어야 한다. 그러므로

1. 우리는 확고한 교직관과 긍지를 가지고 교직에 종사한다.
2. 우리는 언행이 건전하고 생활이 청렴하여 제자와 사회의 존경을 받도록 한다.
3. 우리는 단란한 가정을 이룩하고 국법을 준수하여 사회의 모범이 된다.
4. 우리는 학부모의 경제적, 사회적 지위를 이용하지 아니하며, 또 이에 좌우되지 아니한다.
5. 우리는 자기 향상을 위하여 전문적인 지식과 전문화된 기술을 계속 연마하는 데 주력한다.

제3장 스승의 책임

스승은 제자 교육에 열과 성을 다하여 맡은 바 책임을 다하여야 한다. 그러므로

1. 우리는 사회의 일원으로 모든 책임과 의무를 다한다.
2. 우리는 교재연구와 교육자료 개발에 만전을 기하여 수업에 최선을 다한다.
3. 우리는 생활지도의 중요성을 인식하여 제자들이 올바른 사람이 될 수 있도록 지도의 철저를 기한다.
4. 우리는 교육의 성과를 공정하게 평가하고 이를 교육에 충분히 활용한다.
5. 우리는 제자와 성인들을 위한 정규교과 외의 활동에 적극 참여한다.

제4장 교육자와 단체

교육자는 그 지위의 향상과 복지의 증진을 위하여 교직단체를 조직하고 적극 참여함으로써 단결된 힘을 발휘할 수 있다.

1. 우리는 교직단체 활동을 통하여 교직자의 처우와 근무조건의 개선을 꾸준히 추진한다.
2. 우리는 교직단체 활동을 통하여 교직자의 자질 향상을 기함으로써 교원의 확립에 박차를 다한다.
3. 우리는 편당적, 편파적 활동에 참여하지 아니하고 교육을 그 방편으로 삼지 아니한다.
4. 교직단체는 국가 주요 교육정책 결정에 참여하여 교육자의 여망과 주장을 충분히 반영시킨다.
5. 교직단체는 교육자의 혁신과 국가의 발전을 위하여 다른 직능단체나 사회단체와 연대 협동한다.

제5장 스승과 사회

스승은 제자의 성장 발달을 돕기 위하여 학부모와 협력하여 학교와 사회간의 상호작용의 원동력이 되고 국가발전의 선도자가 된다. 그러므로

1. 우리는 학교방침과 제자의 발달상황을 가정에 알리고, 학부모의 정당한 의견을 학교 교육에 반영시킨다.
2. 우리는 사회의 실정을 정확하게 파악하고 지역사회의 생활과 문화향상을 위하여 봉사 한다.
3. 우리는 사회적 요구를 교육계획에 반영하며 학교의 교육활동을 사회에 널리 알린다.
4. 우리는 국민의 평생 교육을 위하여 광범위하게 협조하고 그 핵심이 된다.
5. 우리는 확고한 국가관과 건전한 가치관을 가지고 국민의식 개혁에 솔선수범하며, 국가발전의 선도자가 된다.

참고문헌

경남혜림학교(2004). 예비특수교사를 위한 현장 교육실습 프로그램 개발・적용, 교육과학기술부 지정 대용부설 특수학교 운영보고서(2/2).
교육과학기술부(2009). 2009 특수교육통계.
교육과학기술부(2010). 교원자격검정 실무편람.
국립특수교육원(2009). 2008년 개정 특수학교 교육과정에 따른 개별화교육계획 수립・운영자료.
국립특수교육원(2009). 『특수교육학 용어사전』, 안산: 국립특수교육원.
김남순(2006). 『특수교육행정 이론과 실제』, 서울: 교육과학사.
김희수(2006). 『유아교육실습을 위한 교육실습의 실제』, 서울: 일문사.
남정걸(1996). 『특수교육행정론』, 서울: 교육과학사.
남정걸(1997). 『교육행정 및 교육경영(제2개정판)』, 서울: 교육과학사.
박은혜・조운주(2006). 『반성적 실천을 위한 유아교육실습』, 서울: 창지사.
변경계・김영환(2007). 『교육방법 및 교육공학 3판』, 서울: 학지사.
부산광역시교육연수원(2010). 특수학교(초등)1급 정교사 자격연수.
신현기・이성봉・이병혁 외(2008) 『자폐범주성 장애아동 교육의 실제』, 서울: 시그마프레스.
안병환・윤치연・이영순 외(2002). 『행동수정』, 서울: 시그마프레스.
이기숙・강영희・정미라 외(1997). 『영유아를 위한 안전교육』, 서울: 양서원.
이소현・박지연・박현옥・윤선아(2008). 『장애학생을 위한 개별화 행동지원』, 서울: 학지사.
이유훈(2006). 『특수교육경영론』, 서울: 교육과학사.
전병운(2003). 『특수교육과 교과교육』, 서울: 교육과학사.
한국교원교육학회(2001). 『교육실습의 이론과 실제』, 서울: 교육과학사.
한국특수교육교과교육학회(2008). 『특수교육 교과교육론』, 서울: 교육과학사.
한국특수교육교과교육학회(2009). 『특수교육 교과교재 연구 및 지도법』, 서울: 교육과학사.
한국특수교육학회(1997). 특수아동의 학교 생활지도 방안. 제12회 한국특수교육학회 심포지움.

[저자 약력]

• 이 경 면
· 강남대학교 특수교육과
· 단국대학교 대학원 석사 및 박사(정서장애아교육)
· 현 부산장신대학교 특수교육과 교수

〈논문〉
· 가정 및 지역사회 환경맥락을 중심으로 한 자폐성 장애유아의 가족중심 교육활동에 관한 생태학적 연구, 교육실습생의 수업대화 연구, 장애영유아교육과정 편성운영에 관한 실체 및 요구, 2008 개정 특수학교 기본교육과정 미술과에 나타난 활동분석 및 수업 운영 방안 외

〈저서 및 역서〉
· 『장애유아 진학지도』, 『특수교육 국어과 교육론』, 『자폐 범주성 장애아동 교육의 실제』, 『특수교육학 개론』, 『특수교육미술교육론』 외.
· 홈페이지: www.childdream.com : 특수교육실습과 관련하여 추가적인 질문과 답변을 주고받으실 수 있습니다.

특수교육실습의 실제

2011년 4월 5일 초판인쇄
2011년 4월 11일 초판발행

저 자 이 경 면
발행인 유 성 열
발행처 청목출판사
서울특별시 영등포구 신길동 233-96
전화 (02) 849-6157(代) · 2820
FAX (02) 849-0817
등록 제318-1994-000090호

파본은 바꾸어 드립니다. 값 15,000원

http : //www.chongmok.co.kr

ISBN 978-89-5565-408-0

※인지는 생략합니다.